合意形成モデルとしてのASEAN

国際政治における議長国制度

鈴木早苗 ──［著］

東京大学出版会

ASEAN GOVERNANCE AS A CONSENSUS-BUILDING MODEL
The Chairship System in International Politics
Sanae SUZUKI
University of Tokyo Press, 2014
ISBN978-4-13-036253-5

目　次

略語一覧　iv

序　章　ASEANにおける合意形成 ―――― 1
1. 国際レジームとしてのASEAN　1
2. ASEANの意思決定はどのように分析されてきたのか　5
   (1) 不文律の意思決定手続き　5
   (2) ASEANにおけるコンセンサス制の運用　13
3. 本書の議論と構成――合意形成と議長国の役割　22

第1章　ASEANと利害調整ルールとしての議長国制度 ―――― 27
1. ASEANとはどのようなレジームか　27
   (1) 定例会議の重要性とコンセンサス制の採用　27
   (2) 意思決定の場としての年次閣僚会議（AMM）　31
2. 利害調整ルールとしての議長国制度　36
   (1) 議長国制度の特徴　36
   (2) 議長国制度にもとづく利害調整　40
   (3) AMMの議長国制度の特徴　45
   (4) AMM議長国の議事運営と利害調整パターン　48
3. 利害対立下での議長国の立場　52
   (1) 対立が先鋭化した政治・安全保障問題　52
   (2) 加盟国の利害対立と議長国の立ち位置　54

第2章　事務局の設置と権限に関する合意形成 ―――― 59
1. 事務局の設置と権限をめぐる利害対立　59
2. 事務局の設置をめぐる駆け引き　60

（1）事務局設置の検討開始に向けた合意形成　60
　　　（2）インドネシアとフィリピンによる誘致合戦とインドネシアへの設置決定　62
　3．事務局の権限をめぐる攻防　65
　　　（1）事務局設置協定における事務局への限定的役割の付与　65
　　　（2）インドネシアによる権限強化の試みと挫折　68
　4．小括——議長国制度の成立　70

第3章　カンボジア紛争における対ベトナム強硬路線の策定 ——— 75
　1．対ベトナム強硬派と柔軟派の対立　75
　2．親ベトナム路線の模索と挫折　78
　　　（1）ベトナム非難の回避　78
　　　（2）クアンタン原則によるベトナムとの対話の模索と挫折　80
　3．反ベトナム路線の確立　84
　　　（1）対抗勢力の結集　84
　　　（2）民主カンプチア連合政府（CGDK）の樹立　89
　　　（3）ベトナムとの対話提案の否決とベトナム軍撤退要求　92

第4章　カンボジア紛争におけるベトナムとの対話路線の策定 ——— 95
　1．ベトナムとの対話路線の再開　95
　　　（1）ASEANアピールにおけるベトナムへの歩み寄り　95
　　　（2）ASEANの仲介による間接対話構想　100
　2．ASEAN対話者・インドネシアによる対ベトナム外交と対話の模索　102
　　　（1）ASEAN対話者の役割と逸脱　102
　　　（2）インドネシアの非公式会合提案への不信感　105
　　　（3）非公式会合開催合意と和平計画採用見送り　109
　　　（4）インドネシア主張の部分的解決案への合意不成立　114
　3．小括——議長国制度の定着　119

第5章　ミャンマー・カンボジアの加盟承認 ——— 125
　1．新規加盟をめぐる利害対立　125

2. ミャンマーの早期加盟に至る協議　127
　　（1）タイの東南アジア10カ国会議構想に対するマレーシアの危機感　127
　　（2）ASEAN10の実現をめざして　131
　　（3）ミャンマーの早期加盟に対するインドネシアの支持　135
　　（4）マレーシアの対ミャンマー民主化要求とミャンマーの加盟承認　139
　3. カンボジアの加盟遅延に至る紛糾　142
　　（1）カンボジアの加盟への当初の順調な道のり　142
　　（2）カンボジアの政変と加盟延期決定　144
　　（3）カンボジアの上院設置と加盟承認　146

第6章　内政不干渉原則の見直し論議　149
　1. ASEANの組織原則をめぐる対立　149
　2. 内政不干渉原則の見直しをめぐる応酬　150
　　（1）ミャンマーの民主化遅延と建設的関与政策変更論の浮上　150
　　（2）タイの内政不干渉原則見直し提案　153
　3. 内政不干渉原則の再確認と相対化の試み　156
　　（1）タイ提案への合意不成立と内政不干渉原則の維持　156
　　（2）内政不干渉原則の相対化とASEANトロイカの設置　159
　4. 小括――議長国制度の持続　161

終章　国際合意の形成と議長国制度　165
　1. 拒否権の不行使と議長国に不利にならない帰結　165
　2. 2000年以降のASEANと議長国制度の持続　173
　3. 国際政治における議長国制度の有用性　176

付　表　181
参考文献　189
あとがき　203
索　引（人名・事項）　207

略語一覧

ABIM：マレーシアイスラム青年運動　Angkatan Belia Islam Malaysia
AEM：ASEAN経済閣僚会議　ASEAN Economic Ministers Meeting
AFTA：ASEAN自由貿易地域　ASEAN Free Trade Area
AMM：ASEAN年次閣僚会議（外相会議）　ASEAN Ministerial Meeting
APEC：アジア太平洋経済協力（会議）　Asia-Pacific Economic Cooperation
ARF：ASEAN地域フォーラム　ASEAN Regional Forum
ASC：ASEAN常任委員会　ASEAN Standing Committee
ASEAN：東南アジア諸国連合　Association of Southeast Asian Nations
AU：アフリカ連合　African Union
CGDK：民主カンプチア連合政府　Coalition Government of Democratic Kampuchea
CPP：カンボジア人民党　Cambodian People's Party
CPR：ASEAN常駐代表委員会　Committee of Permanent Representatives to ASEAN
CSCE：欧州安全保障協力会議　Conference on Security and Cooperation in Europe
CSIS：戦略国際問題研究所（インドネシア）　Centre for Strategic and International Studies
DK：民主カンプチア（党）　Democratic Kampuchea
EAEC：東アジア経済会議（協議体）　East Asian Economic Caucus
EAEG：東アジア経済グループ　East Asian Economic Group
EC：欧州共同体　European Communities
ECOWAS：西アフリカ諸国経済共同体　Economic Community of West African States
EEC：欧州経済共同体　European Economic Community
EPG：賢人会議　Eminent Persons Group
EU：欧州連合　European Union
GATT：関税及び貿易に関する一般協定　General Agreement on Tariffs and Trade
IAEA：国際原子力機関　International Atomic Energy Agency
ICC：国際監視委員会（カンボジア和平のための）　International Control Commission
ICJ：国際司法裁判所　Internatioinal Court of Justice
ICK：カンプチア国際会議（国際連合）　International Conference on Kampuchea
ILO：国際労働機関　International Labour Organization
IMF：国際通貨基金　International Monetary Fund
IPKF：国際平和維持軍（カンボジア和平のための）　International Peace-Keeping Force

JIM：ジャカルタ非公式会議　Jakarta Informal Meeting
KPNLF：クメール人民民族解放戦線　Khmer People's National Liberation Front
KR：クメール・ルージュ（ポルポト派）　Khmer Rouge
NAM：非同盟諸国（会議）　Non-Aligned Movement
NATO：北大西洋条約機構　North Atlantic Treaty Organization
NLD：国民民主連盟（ミャンマー）　National League for Democracy
NPT：核兵器不拡散条約　Treaty on the Non-Proliferation of Nuclear Weapons
OAS：米州機構　Organization of American States
OECD：経済協力開発機構　Organisation for Economic Co-operation and Development
OSCE：欧州安全保障協力機構　Organization for Security and Cooperation in Europe
PMC：ASEAN拡大外相会議　Post-Ministerial Conferences
SEANWFZ：東南アジア非核兵器地帯　Southeast Asia Nuclear Weapon Free Zone
SEOM：経済高級事務レベル会合　Senior Economic Officials Meeting
SLORC：国家法秩序回復評議会（ミャンマー）　State Law and Order Restoration Council
SOM：高級事務レベル会合　Senior Officials Meeting
SPDC：国家平和開発評議会（ミャンマー）　State Peace and Development Council
TAC：東南アジア友好協力条約　Treaty of Amity and Cooperation in Southeast Asia
UNDP：国連開発計画　United Nations Development Programme
UNEP：国連環境計画　United Nations Environment Programme
UNHCR：国連難民高等弁務官事務所　United Nations High Commissioner for Refugees
WTO：世界貿易機関　World Trade Organization
ZOPFAN：平和・自由・中立地帯　Zone of Peace, Freedom and Neutrality

序 章　ASEANにおける合意形成

　東南アジア諸国連合(ASEAN)は，1967年にインドネシア，マレーシア，フィリピン，シンガポール，タイにより設立され，現在は10カ国から構成される政府間国際組織である．特に1990年代以降，ASEANはさまざまな局面で注目されてきた．それは，ASEANが東南アジアの地域秩序および経済統合において一定の役割を果たしてきたこと，また，ASEANがアジア太平洋や東アジアの地域協力において中心的な役割を果たしてきたことによる．こうしたASEANの域内・域外協力の成果は，ASEAN諸国が利害を対立させながらも，合意を蓄積してきた結果である．ASEANにおける合意形成は，きわめてシンプルな組織構造のもとに，全加盟国が参加する会議を中心になされてきた．これは，主権国家を主な構成単位とする国際社会に一般的な方法である．本書は，ASEAN諸国が合意を作る上でどのように対立する利害を調整しているのかを分析することにより，ASEANにおける合意形成が国際合意形成のモデルとしてとらえられることを明らかにするものである．序章では，まずASEANの意思決定についてどのような研究の蓄積があるのかを紹介するとともに，本書の議論のアウトラインを説明する．

1. 国際レジームとしてのASEAN

　現在ASEANの名のもとに行われる協力は，政治，経済，社会，文化など多岐にわたるが，ASEANの協力の重要性は政治・安全保障分野において注目されてきた．1970年代には「平和・自由・中立地帯(ZOPFAN)宣言」(1971　以下，ZOPFAN宣言)や「東南アジア友好協力条約(TAC)」(1976)，「ASEAN協和宣言(Declaration of ASEAN Concord)」(1976)などが発表，締結された．これらの宣言や条約は，その後の東南アジア地域の安全保障秩序を維持してきた重要な合意である．1980年代には，1978年末にベトナムがカンボジアに侵攻

したことで東南アジア地域に安全保障上の危機が高まったことを受けて，ASEAN諸国はASEANとしての方針を国際社会に発信し続けた．1990年代，ASEAN諸国はベトナム，ラオス，ミャンマー，カンボジアを加盟国に迎え入れることに合意していく．国際社会におけるASEANの認知度が増すにつれ，また，加盟国が増えることに伴う様々な問題が顕在化するにつれ，ASEANという組織に求められる活動は増していった．このような状況下，加盟国はASEANの組織原則やルールの再検討にも少しずつ合意していく．

また，ASEAN諸国は，日本や中国，米国，豪州など，東南アジアの地域秩序にとって重要な国々との関係を強化する上で，ASEANを核とする様々な協力体制を確立し，拡大してきた．ASEAN地域フォーラム（ARF）やASEAN＋3（日本・中国・韓国），東アジアサミットなどのアジア太平洋および東アジアの地域協力はその典型である．このような広域の協力体制において，ASEAN諸国はASEANとしての方針や見解を発信することで影響力を行使してきた．

このようにASEAN諸国は，さまざまな合意を形成し，ASEANの方針や政策として打ち出してきた．しかし，これらの合意を形成する上で，ASEAN諸国間に対立がなかったわけではない．つまり，ASEAN加盟国は，ある問題について合意を形成する必要があるという点では一致しても，その中身について必ずしも同一意見を持っていたわけではない．加盟国は対立する利害をどう調整しているのか．いいかえれば，相反する利害が存在するなかでどうやって「利害の一致箇所」を決めているのか．これが本書の問題意識である．

利害調整のメカニズムを探る上で重要なのは意思決定手続きである．この点でASEANの組織的性格をとらえることがまず必要となろう．ASEANの設立は，加盟国政府代表による宣言という形でなされた．政府代表による宣言は，一般的な国際組織の設立の根拠となる，加盟国の権利・義務や意思決定手続き，政策立案を行う内部機関などを規定した設立条約・協定とは質的な違いがある．また，国際組織の存在を象徴する事務局は設立後10年を経て設置された．2007年末，ようやく設立条約に相当するASEAN憲章が署名され，意思決定手続きについて第20条で「協議とコンセンサスに基づく意思決定」（コンセンサス制）を採用すると明記された［ASEAN 2007: 22; 鈴木 2008］．しかし，ASEAN憲章は，基本的に，ASEAN諸国がこれまで合意し，蓄積してきたル

ールや原則の一部を明文化した簡素な文書であり，意思決定手続きについてもコンセンサス制を採用する点を明記するにとどまっている．つまり，ASEAN は，意思決定手続きなどの組織の諸ルールが十分に明文化されていないインフォーマル[1]な組織だといえる．

このように ASEAN は国際組織としての法的基盤が曖昧なため，国際組織として十分に分析されていない[2]．後述するように，ASEAN 諸国は協力の基盤を ASEAN の組織ではなく，全加盟国が参加する国際会議に求めた．その意味で，ASEAN は典型的な主権国家間の協力体制であるといえる．このような特徴をもつ ASEAN を既存研究は「国際レジーム」(以下，レジーム)として位置づけたうえで，その諸制度の解明を目指してきた．国際レジーム論(以下，レジーム論)は，国際機構や条約のような明文化されたあるいは法的な位置づけをもつ組織・制度だけでなく，暗黙裡の原理，規範，ルール，意思決定手続きを視野に入れ，包括的に国際制度を分析するための枠組みを提供している[3]．すなわち，「レジーム」とは，「明示的なあるいは暗黙裡の原理，規範，ルール，意思決定手続きのセットである」と定義される［Krasner 1983: 2］．本書の主眼である意思決定手続きは，レジームを構成するひとつの要素であり，「集団的選択の決定そしてその実施の際にとられる支配的形式・慣行」と定義される［Krasner 1983: 2］．このようにレジーム論は，不文律のルールや原理，意思決定手続きを「制度」として分析射程に入れることで，国際組織論や国際機構論とは異なる新たなアプローチを提供した．

しかし，レジーム論に基づく分析には，レジームのルールや原理，規範，意思決定手続きが明示的な(明文化されたあるいは法的な位置づけを持つ)事例を主に扱うという問題があった[4]．このような事例分析が蓄積されるとともに，

---

1) 「インフォーマル」とは一般にアドホックな，あるいは略式・非公式のという意味であるが，ここでは明文化されていない，あるいは何らかの明示的な方法で表現されていない，という意味で用いる．
2) ASEAN の国際組織法的側面について，村瀬(1987)は ASEAN が国際組織の特徴を十分に備えていない点を指摘し，ASEAN を「緩やかな連合体」と呼んだ．この指摘は，現在の ASEAN にも当てはまるところが多い．
3) 国際レジーム論の包括的な検討については山本(1996)を参照．暗黙裡の原理と規範，ルール，意思決定手続きを含む広範な定義は，レジームが間主観的性格を持つことを物語る［石田 2000; Kratochwil and Ruggie 2001］．

レジーム論自体も変化する．すなわち，Keohane(1989: 162-66)は，レジームを「国家間で合意された明示的なルールを持つ制度」と再定義し，レジームの構成要素を明文化されたルールに限定する．不文律の規範や慣習が無視されるようになったわけではないが，それらは明文化されたルールを理解する上で重要だとする補完的な位置づけしか与えられなくなった．あるいは，レジームは国際機構・組織と同義とはされないものの，その分析には国際機構・組織との関連性が重視されるようになる［Young 1989: 31-57］．他方，国際機構論の立場からは，レジームと（法的な位置づけを持つ）国際法との明確な区別ができないとの批判もされるに至った［最上 1996: 256-58］．この点は，レジームの定義に含まれる意思決定手続きについても同様である．Gehring(1992: 60-61)は，レジームが意思決定手続きを構成要素に持つにもかかわらず，レジーム論に基づく分析は，参加者間の相互作用の過程で変化あるいは発展しうる集団的意思決定の内的メカニズムに注目していないと批判した．

　このようにレジーム論の分析では，レジームの定義上含まれていたはずの，不文律の制度に関心が払われてこなかった．その後，レジームに代わり，国際制度(international institution)という概念がつかわれるようになる［Martin and Simmons 2001］．しかし，山本(2008: 36-42)が国際制度とレジームを互換的に使うとしているように，この二つの概念は似通っている．そのため当然のことながら，国際制度に関する論考は，不文律の制度を扱わないというレジーム論に基づく分析の問題点をいまだ克服できていない．Koremenos, Lipson and Snidal(2001)は，合理主義モデルを用いて国際制度の多様性を分析しようとしたが，彼らは，国際制度を「行為を規定，禁止，あるいは許可する，国際的なアクター間の交渉の結果できあがった明示的な枠組み」とし，暗黙裡のガイドラインは一般的な協力の形態としては重要だとしつつも国際制度の定義からは排除するとしている．この定義について Duffield(2003)は合理主義モデルの限界を指摘する．すなわち，Koremenos らの国際制度論からは国際制度が間主

---

4)　代表的なものに，貿易レジームとして取り上げられる「関税及び貿易に関する一般協定(GATT)」［Finlayson and Zacher 1983］や，環境レジームを構成する「気候変動に関する国際連合枠組み条約」，海洋レジームとしての「海洋に関する国際連合条約」，金融レジームでは国際通貨基金(IMF)［Cohen 1983］，核管理レジームとしては「核兵器不拡散条約(NPT)」や国際原子力機関(IAEA)［Müller 1993］等の条約や国際機構がある．

観性を内包する点が抜け落ちており，暗黙裡のガイドラインなどを無視することは，国際制度という形態を包括的に描いたことにはならないというのである．しかしこの批判は，レジーム論の本来の定義に立ち戻るべきであると指摘するに留まり，実証分析に基づいていない．

　本書の目的は，レジーム論が本来射程に入れていた不文律の制度の存在に注目し，新しい分析概念を用いてASEANの利害調整メカニズムを解明することにある．レジーム論に対する理論的貢献という国際政治学上の意義に加えて，ASEANの利害調整メカニズムを解明する意義は三つある．第一に，ASEANの合意がどのようにできあがるかを知ることは，レジームとしてのASEANの展開や動向を捉える上で重要である．というのは，ASEANにおける協力の中身や性質を規定するのは，蓄積された加盟国間の合意だからである．第二に，ASEANが核となっているアジア太平洋ならびに東アジアの地域制度のあり方を理解する手がかりともなる．ASEANの合意は，こうした広域の地域制度の方向性を一部で規定してきたからである．第三に，ASEANにおける合意形成は，主権国家間の国際合意形成のモデルになりうる．ASEANでは，その組織的基盤が曖昧なままに，さまざまな合意が形成されてきた．このことは，ASEANというレジームが，主権国家間で最も一般的な協力形態をとってきたことを意味する．したがってASEANにおける合意形成を分析することは，国際合意形成のメカニズムを理解する一助になると考えられる．

　以下では，ASEANをレジームとして捉え，その構成要素である意思決定手続きとその運用方法について既存研究をレビューし，それらが意思決定に必要な利害調整について十分な分析枠組みを提示していない点を指摘する．

2．ASEANの意思決定はどのように分析されてきたのか

(1) 不文律の意思決定手続き

　ASEANをある種のレジームだとする研究の多くは，ASEANを「安全保障レジーム (security regime)」と捉える．Jervis (1982: 357) によれば，「安全保障レジームとは，国家が他の国家が互恵的であるという信念に基づいて行動を自制することを可能にする原則，ルール，規範の束」である．Jervisの定義を踏

襲した Buzan (1991: 218) は，安全保障レジームを「自らと他国の行為に対する推測によって安全保障のジレンマを緩和することにより，紛争を管理し，戦争を避けるために協力する国家グループ」と位置づけた．この定義に基づき，Huxley (1993: 4) は，ASEAN が紛争回避の慣行を重ね，地域の安全保障問題を地域の強靭性という概念に基づき，自助努力によって解決しようとしているという意味でレジームの基本的性格を備えているとした．しかし，加盟国が依然として未解決の二国間問題を抱えている点で「限定的安全保障レジーム (limited security regime)」であると主張した．また，Leifer (1992: 167-69) は，紛争解決のための理事会 (High Council) を設置する手続きが存在することを根拠に ASEAN をレジームであるとしたが，この理事会が設置されたことがないことから，ASEAN 諸国のレジーム作りへの意志だけを認め，「現出しつつある安全保障レジーム (emerging security regime)」として位置づけている．

以上の視点はレジームの根拠を ASEAN の合意文書に明文化された原則や行動規範，手続きに求める．Huxley が注目する「地域の強靭性」は，1976 年の TAC に明記された概念であり，その内容は，ASEAN 加盟各国がそれぞれ経済的，政治的，社会的に強靭な国家を建設・維持することによって東南アジア地域全体が強靭になるというものである．Leifer が言及した理事会も，TAC で明記された紛争解決手続きである[5]．明文化された制度を重視する点は，レジーム論に基づく分析が抱える問題であることはすでに述べたとおりである．

しかし一方で，慣習に代表される不文律の制度に目を向けた研究もある．Emmers (2003: 10-29) は ASEAN を「協調的安全保障レジーム (regime for cooperative security)」とし，レジームの構成要素である原理や規範を自制とコンセンサス重視の慣行，対話と協議に基づく協力方式といった明示的ではない意思決定に関する制度に見出している[6]．また，Acharya (1995: 176-81) は Jervis や Buzan の定義よりも広く安全保障レジームを捉え，原理やルール，規範の

---

5) 理事会は，TAC 締約国の閣僚級の代表が参加する会議で，地域の平和および調和を害するおそれのある紛争又は事態が発生した場合に，必要に応じて設置される [ASEAN 2003: 49-70]．日本は 2004 年に TAC に加入した．TAC の日本語訳は外務省 (2004) を参照．

6) Emmers は，ASEAN の交渉は非公式性 (informality) によって特徴づけられるとしている．具体的には，公式の会議だけでなくゴルフや非公式会合，必要に応じて臨時にセットされた会合などを交渉の場として活用するというものである．

2. ASEANの意思決定はどのように分析されてきたのか

存在は不可欠であると認めつつも，勢力均衡や戦争抑止など力の行使が回避された状態が見出されれば，それを安全保障レジームと呼ぶとしている．この定義にもとづいて Acharya は，ASEAN には認識可能な規範と原則があり，力の行使を意図的に回避する努力がなされていることから，比較的抽象的で，略式で心理的なものではあるが，安全保障の規範や紛争を管理する手続きがあると主張する．また，山影(1991: 263-95)は，ASEAN は組織運営のほとんどが慣行の積み重ねによって作り上げられたレジームであるとし，レジームの構成要素を，会議開催の巡回ルールや各種委員会運営の分担ルール，反対意見を尊重するという意味でのコンセンサス制などに求めている[7]．

ASEAN の意思決定手続きであるコンセンサス制は，しばしば「協議(インドネシア語でムシャワラ(musyawarah))を通じたコンセンサス(インドネシア語でムファカット(mufakat))形成方式」と表現される［Nischalke 2002: 93; Thambipillai and Saravanamuttu 1985: 10-13; Thambipillai 2000: 157-58］．また，ASEAN 独特の協力方法とされる「ASEAN ウェイ(ASEAN Way)」[8]は，意思決定手続きにも見出される［Nischalke 2000: 90; Acharya 2001: 67-70］．Acharya (1997: 328-33)は ASEAN ウェイを「協議とコンセンサスに基づく意思決定と各国間の行動規範」として定義し，既定の方式(formula)や手順(modality)なく協議する意思決定の方法であると述べた[9]．

ASEAN には不文律の制度があると主張するこれらの研究は，少なくとも，2008 年末に発効した ASEAN 憲章で明文化されるまで，国際社会で一般的に活用されているコンセンサス制を不文律の制度として ASEAN 諸国が採用してきたことを指摘したといえる．「単純多数決」や「加重特定多数決」といった表現で意思決定手続きが明文化されない限り，コンセンサス制が採用されてい

---

7) 山影(1997a: 22-23)はまた，ASEAN とアジア太平洋経済協力(会議)(APEC)を一つの条約に基づく通常の意味での「条約レジーム」ではなく，幾多の条約などの合意から構成される「複合的レジーム」，あるいは確認された一定の合意に基づいて運営される通常のレジームではなく，随時変化していく「ダイナミック・レジーム」であるとしている．
8) ASEAN ウェイについては湯川(2009)を参照．
9) ASEAN ウェイとはしていないが，Weatherbee(1984: 262)も ASEAN の意思決定のやり方が「漸進的，道具的，アドホック的(incremental, instrumental and ad hoc-ism)」であるとする．

ると推測することは妥当である．したがってこれらの研究は，不文律の制度としてのコンセンサス制に注目する点で，レジームの概念を忠実に適用しようとしており，不文律の制度を軽視してきたレジーム論分析の問題に取り組んでいるといってよい．ただ逆に言えば，この取り組みは，ASEAN 諸国がコンセンサス制を不文律の制度として採用している点を様々な表現で言い換えることに終始している．不文律の制度の特徴については，「ASEAN の合意は非公式に形成される」，「ASEAN 諸国は非公式に，対話・協議を重ねるなかで，集団的意思を決定していく」といった曖昧な言い方に終始する．ASEAN ウェイを主張する論者はその独特な表現とは裏腹に，その特殊性・独自性は何かを特定していない．つまり，不文律の制度であるコンセンサス制が意思決定あるいは利害調整の帰結にどう作用するのかについては何も語らないのである．

では，コンセンサス制が持つ特徴について既存研究を検討してみよう．意思決定手続きには，大きく分けてコンセンサス制と表決制がある[10]．利害調整の観点からみれば，コンセンサス制と表決制の一つである全会一致制とは，全参加国の合意あるいは反対する国がいない状態を生み出す意思決定手続きであるという点で集団的意思決定に同様の効果をもたらす［Sohn 1974: 442］．いいかえれば，コンセンサス制や全会一致制のもとでは，参加した国それぞれが拒否権を持つということである[11]．このことは同時に，コンセンサス制や全会一致制が意思決定に時間を要する手続きでもあることを意味する．決定に参加する国の意見が割れていた場合は特にそうである．意思決定の遅延をふせぐため，

---

10) 国際会議における意思決定手続きとしてコンセンサス制が最初に明示的な形で登場したのは，宇宙空間利用に関する国際立法過程においてであると Zemanek(1983: 862)は指摘する．1961 年の宇宙空間の平和利用に関する国際連合（国連）委員会の参加国は，投票ではなく，反対表明をする参加国がいなくなるまで交渉を続けるという方法を採用することに合意したという．また，M'Bow(1978: 894)は，1975 年の欧州安全保障協力会議（CSCE）ヘルシンキ首脳会議に先立つ CSCE ヘルシンキ外相会議（1973 年）で，加盟国はコンセンサス制を採用することで合意し，コンセンサスを「決定に際し，反対意見の表明がなされない状態」と定義した点を紹介した．

11) Zemanek(1983: 860)は，国連のような普遍的な国際機構に比べ，経済協力開発機構（OECD）や北大西洋条約機構（NATO）などの地域機構では，力関係がより直接的に加盟国に及ぶため，全加盟国の同意を必要とする全会一致制が採用されやすいとした．加盟国間の力関係はこうした制度によって制御されやすい．

2. ASEANの意思決定はどのように分析されてきたのか

多くの国際機構では多数決が採用されているが，実際には全ての決定にこの手続きが活用されることはまれである [Zemanek 1983: 860]．Sohn(1974)は，多数決制を導入している国際連合(以下，国連)総会での決定のほとんどが全会一致によるものであり，全員が一定の満足を得る決定とするために，反対意見に対する妥協案作りや緊密で建設的な交渉に焦点が当てられていることを示した[12]．

全参加国の同意を強調する全会一致制に対し，コンセンサス制での決定は，全参加国が積極的な賛成を表明する「完全な合意(full agreement)」から，数少ない反対や棄権の存在を許容する「擬似コンセンサス(quasi consensus)」まで意味するところはさまざまである [Sohn 1974: 442; 渡部 1985: 210]．基本的にコンセンサス制は，より多くの参加者の合意を得るための手段であるので，この手続きのもとで成立した合意は遵守されやすい傾向にある．表決制のもとで決裂すると危機的な結果を招くような場合や，多数決で決定しても実効性が見込めないと判断されたとき，コンセンサス制の採用が慣行化する [M'Bow 1978: 896-98]．一方でコンセンサス制は，最大公約数的合意という帰結を生み出しやすく，合意内容が玉虫色になりがちであるため，権利・義務の規定を作るための意思決定手続きには適さないとも指摘される [Zemanek 1983: 878]．

コンセンサス制に関する以上の論考は，この手続きが反対意見の表明がなくなるまで公式・非公式の地道な協議を参加者に要請することを示した点で，利害調整の「過程」に注目したものとして評価できる．しかしながらこれらの論考は，ASEANにおける不文律の制度の存在を指摘する既存研究と同様に，コンセンサス制のもとで利害調整の「帰結」がどのように決まるのかについては十分な答えを示せていない．

この点をもう少し具体的に捉える試みが山本(1995: 11-16)によってなされている．山本はレジームのタイプを「硬いレジーム」と「軟らかいレジーム」

[12) 全員が一定の満足を得るための交渉の重要性が最初に指摘されたのは，第3回国連海洋法会議(1973年)においてであるといわれる [Zemanek 1983: 865-66]．同会議では，実質的な問題について合意を形成するためにあらゆる努力を重ねるべきだとされた．ここでは表決制は，交渉の結果に正当性を与える「技術的な手段(technical tool)」にすぎないとみなされている．

に分けて，前者を「明文化されたコードの体系」と捉え，後者を「基本的な原則を宣言的に採用し，行動のルールについても明文化された細かい厳密なルールは存在せず，裁量の余地の多いものをもち，モニタリングとか，ましてや制裁措置などはまったく明文化されていないレジーム」とした．山本は，硬いレジームにおいては合意の内容をできるかぎり明確化し，権利・義務の関係を明文化し，自主性／裁量性を最小限に抑えようとするダイナミズムが働くとしている[13]．硬いレジームにおける意思決定では，条約の締結や規定改定といった明示的なルール策定に向けて，加盟国が最大限の利益を求めて脅迫や影響力の行使を行う「交渉」スタイルが主にとられる．そして，どのような合意が得られるかは力関係によるところが大きい．一方，軟らかいレジームにおいては，交渉とは対照的に「奉賀帳外交(tote-board diplomacy)」が展開される傾向にあるという．奉賀帳外交では，ある問題についてルールを決めようとするとき，まず協議によって一定の「モデル」となるもの(ルール)を設定する．ただし，これはぎりぎりの交渉の結果でもなく，必ずしも全ての事項にわたって100%詰められたモデルでもなく，ましてやメンバーが強制的に守らされるものでもない．このモデルを付して，「奉賀帳」が各国に回覧される．それぞれの国は，奉賀帳に自分がそのモデルを採用するかしないかを自主的に書き込む(書き込まなくてもよい)．最初は曖昧なルールから出発し，次第に合意できる部分を増やしていくという方法が取られるため，意思決定スタイルとして「対話の慣習(habits of dialogue)」が重視される．このスタイルでは，参加者は，最大限の利益を求めるというよりも，相互にある程度のところで満足するという満足化原理で行動する．

　山本は，硬いレジームをとるか軟らかいレジームをとるかはイッシュー領域と参加国の志向とその分布によって決まってくる(したがって文化の差異に由来するものではない)とする．核拡散の防止のような，ルール違反がきわめて甚大なダメージを与えるような領域については，ルールの維持と強い措置を含

[13) 山本(1996: 35)は，多国間交渉の研究の多くが貿易や環境，軍備管理などのレジームの形成に関連するものであると述べ，多国間交渉研究として，GATTやオゾン層を破壊する物質に関するモントリオール議定書，欧州通常戦力条約(Treaty on Conventional Armed Forces in Europe)などの「硬いレジーム」を分析対象としたHampson and Hart(1995)を参照している．

む硬いレジームが求められ，通常兵器の移転登録などに関しては軟らかいレジームが作られるだろう．また，各国が自立性・自主性を互いに尊重し維持しようという志向性が強いときは，軟らかいレジームが作られる傾向がみられる．そして，山本によれば，ASEANは軟らかいレジームに属するという．ASEANと組織的，制度的特徴を共有する事例は国際社会に数多く存在し，主要先進国の首脳会議であるG8サミット[14]や欧州安全保障協力会議(CSCE)[15]，非同盟諸国(会議)(NAM)，アジア太平洋経済協力(会議)(APEC)などが例として挙げられる．したがって，ASEANは東南アジアに特有のレジームではなく，軟らかいレジームの一事例であるといえよう．

奉賀帳外交に代表される協議や対話による意思決定のスタイルは，ASEANや軟らかいレジームに属する他の事例の分析においても指摘されている．山影(1997a: 17)は，ASEANでは交渉ではなく協議を通じて合意が作られると主張する．山影によれば，交渉とは，各国の利害対立状況から明確に定義された争点をめぐって，限定された時間的余裕の中で各国代表が妥協点を見いだすための取引を可能にする一連の双方向コミュニケーションのことである．これに対し協議は，議題は設定するものの時間については制限を設けず，自国の立場を主張し他国を非難するというよりは，一連の双方向コミュニケーションの中から相互に自他の立場を修正し妥協が成立することを目指すやり方である．

山影(1997a: 4-5)は以上のASEANの方式をAPECが採用したと主張する．また，菊池(1995: 238)は，APECの意思決定方式について参加メンバーにはコンセンサスを重視するとの合意があるが，それは協定や条約によって裏打ちされたものではないとし，APECは継続的なコミュニケーションとそれを通じての合意形成のための「傘」を提供するものであると述べた．船橋(1995: 195-

---

14) フランス，米国，英国，ドイツ，日本，イタリア，カナダ，ロシア8カ国首脳と欧州連合(EU)の欧州委員会委員長が参加する首脳会議．このレジームは，1997年(この年からロシアがほぼ全面参加)までは，「G7サミット」(あるいは「先進国首脳会議」)と呼ばれていた(「G7」は「7カ国財務大臣・中央銀行総裁会議」を指す場合もある)．G7サミット時代に関するこのレジームの特徴を記述する際には「G7サミット」を使用する．

15) CSCEは1995年，抜本的な機構改革の末，欧州安全保障協力機構(OSCE)に名称を変更した．さらなる検討の必要はあるが，OSCEはその組織的・制度的特徴から硬いレジームに分類されると考えられ，CSCEからOSCEへの変化は，軟らかいレジームから硬いレジームへの変化とみることもできる．

222）も，APEC は協議の場であり交渉の場ではないという点が常に強調されてきたとした．また，APEC で採用されている意思決定方式を「APEC ウェイ」と呼び，普通の国際機構と比べると物事の進め方がかなりユニークである点を指摘し，それは「構造や規則で組み立てるというより，接触と流れで関係づけていく」やり方であるとしている．

　一方で，力関係に利害調整の規定要因を求める事例分析もある．G7 サミット（現在の G8 サミット）を分析した Putnam and Bayne（1987）は，それぞれの国内事情を抱えた加盟各国，特に大国の利益と大国間の力関係の相互作用として G7 サミットの意思決定を描いている．船橋（1980; 1991）も，会議の準備過程において実際に行われた議題の設定や絞り込み，宣言草案の作成などを実証的に紹介している点で意思決定の制度的側面に関心を払っているが，基本的に Putnam と Bayne と同様，力関係が利害調整のあり方を決めると主張している．

　以上の論考は，協議や対話というスタイル，あるいは奉賀帳外交という方式を意思決定に関する不文律の制度として見いだし，参加国間の利害調整が漸進的になされていくことを示した．奉賀帳の自主的な書き込み方法などに代表されるように，奉賀帳外交では，参加者全員がある程度満足する合意が作られることがめざされる．

　しかし，これらの論考では次の二点が明らかでない．第一に，奉賀帳外交において回覧される「モデル」はどのように作られるのかについて言及がなされていない．つまり，合意を生み出すために協議や対話による利害調整が行われるわけだが，そもそも協議の出発点はどのように設定されるのかという問題がある．この点は，ASEAN や APEC などの意思決定を分析した既存研究においても指摘できる．この点と関連して，第二に，硬いレジームでは利害調整の帰結である合意の内容は力関係によって規定される場合が多いとされるが，軟らかいレジームにおいて合意の内容を左右する要因が示されていない．G7 サミットの研究でも見られるように，軟らかいレジームでも参加国間の力関係は合意の内容に大きく影響する．軟らかいレジームにおいて，力関係は国家間の利害調整とその結果としての合意にどう作用するのか．以上の二つの問いに答えるには，協議や対話による意思決定スタイルが不文律の制度として力関係による利害調整にどのように介在するのかを明らかにする必要がある．

(2) ASEAN におけるコンセンサス制の運用

　以上の既存研究は，ASEAN ではコンセンサス制が不文律の制度として採用されてきたことと，その利害調整スタイルは協議や対話を重視したものであることを指摘したが，コンセンサス制のもとで利害調整がどのようになされ，その結果，どのような帰結が生み出されるのかという点が説明されなかった．そこで本項では，ASEAN において，コンセンサス制という意思決定手続きがどのように運用されているかを分析した既存研究をレビューする．既存研究は大別して二つに分類できる．本項ではこれを「各国拒否権方式モデル」と「力関係反映方式モデル」と呼ぶ．ただしこの二つの方式は並列の関係にあるのではなく，力関係反映方式は各国拒否権方式の一形態として提示される．

　各国拒否権方式は，各国が拒否権を持ち，あるイッシューに関して反対の国もしくは消極的な国が自国に不都合な提案に同意しないことを許容する意思決定の方式である．この方式は二面性を持つ．第一に，この方式のもとでは，あるイッシューについて利害が対立し，強い反対意見があった場合，決定が見送られる場合がある．これを Hoang(1996: 70-71)と Caballero-Anthony(1998: 60-61)は「合意しないことに合意する(agreeing to disagree)」と言い表している．第二の側面は，決定をする場合には誰もが受け入れられるような内容を作るということである．この側面は「共通項のみを合意する方式」や「対立事項棚上げ方式」[Antolik 1990: 99-101; Thambipillai and Saravanamuttu 1985: 14]，「最小公倍数方式(lowest common denominator arrangement)」[Kurus 1995: 406; Jorgensen-Dahl 1976: 532]，「最も消極的な国でさえ合意できる最大公約数的合意」[山影 1997a: 17]，などと表現されている[16]．

　この点を山影(1991: 263-95)はさらに敷衍して，「反対意見を尊重するという意味でのコンセンサスによる意思決定方式」あるいは「推進派(積極派)の反対派(消極派)に対する譲歩を意味する最大公約数的妥協方式」と表現した[17]．黒柳(1997: 8)も「合意できることを合意できる範囲と速度で実施する(逆にいえば弱者がペース・メーカーになる〈弱者の拒否権〉が成立する)」と表現す

---

16) 「最小公倍数方式」とは，山影のいう「最大公約数的合意」と同義であると考えられる．
17) この方式は「あるイッシューに対し最も弱いコミットメントが最終的な合意となる『最弱コミットメントの原則』に基づく方式」とも言い換えられる [山影 1980]．

る．以上から，各国拒否権方式モデルは，消極派・反対派の加盟国がもつ拒否権が利害調整の帰結に与える影響に着目するものといえる．

コンセンサス制のもう一つの運用方法は力関係反映方式である．この方式では，ASEAN 域内の力関係，すなわち ASEAN 内の大国インドネシアの意向が ASEAN の合意に反映される．ただし，力関係反映方式は各国拒否権方式の一形態として提示されている．Kurus(1995: 408)は，ASEAN の意思決定方式は消極的な加盟国の意向が反映される各国拒否権方式だと認めた上で，あるイッシューや具体的方針に消極的な加盟国がインドネシアだった場合はなおさらこの方式が効力を持つと述べている[18]．したがって，力関係反映方式モデルは，大国が消極派・反対派に属する場合に大国の拒否権の行使・不行使が結果を左右することに着目する．

以上の二つのモデルは，コンセンサス制のもとでの ASEAN 諸国間の利害調整では，消極派・反対派の加盟国の拒否権が尊重されると主張する．以下では，ASEAN の政治・安全保障協力において加盟国の利害が対立した事例に関する研究を取り上げ，二つのモデルの有用性を検討する．

ZOPFAN 宣言　1971 年に ASEAN 諸国の外相によって発表された ZOPFAN 宣言は，「東南アジアの中立化」は望ましいとする趣旨の宣言である．1970 年に東南アジア中立化案を提起したマレーシアは，米国と中国，ソ連という三つの域外大国の保証によって，東南アジアの中立化を達成すべきだと主張した．これに対し，インドネシアは大国からのいかなる干渉も排除しようとする立場を取った．一方，タイは，ベトナム戦争の激化で米国との同盟を重視したため，その同盟関係を否定しかねない中立化を前面に押し出すような合意には消極的であり，シンガポールは，域外大国による中立化への保証が大国の不当な介入を招きかねないことを懸念し，マレーシア案で想定されている中国との関係重視には慎重であった［Wilson 1975: 47-85］．こうした加盟国間の立場の違いから，ZOPFAN 宣言は，域外大国がどう関与するかは具体的に明記せず，東南アジアの中立化は望ましいとする宣言に留まった．

---

18)　Kurus は，マレーシアが 1990 年末に提案した東アジア経済グループ(EAEG)を事例として取り上げ，大国であるインドネシアが反対したためにこの提案は修正を迫られたとしている．

ZOPFAN宣言が当初のマレーシアの案から後退し，曖昧な内容になった理由についてWilson(1975: 29, 47)は，基本的にマレーシア以外の加盟国がマレーシア案に積極的反対，もしくは懐疑的な立場を示したためと説明しつつ，特にインドネシアの強い反対を覆すことは難しかったと説明している．他の既存研究も，インドネシアがマレーシア案に異議を唱え，他の加盟国も同調した結果としてZOPFAN宣言の内容を説明する［Leifer 1983: 147-50; Caballero-Anthony 1998: 61］．

ASEAN事務局の設置と権限問題 ASEANの事務局は1976年に設置されたが，その設置場所と権限をめぐり加盟諸国の利害は対立した．インドネシアが事務局誘致に意欲を示し，続いてフィリピンも誘致の意思を表明する．事務局の誘致はこの2カ国によって争われ，結局，フィリピンが立候補を取り下げ，インドネシアに事務局を設置することが合意された．山影(1991: 244)はこの結果を，「平等のなかの優位」を自認するインドネシアにフィリピンが譲歩したと説明した．

その後，事務局とその長である事務局事務総長の権限(以下，事務局の権限)について加盟国は意見を異にした．加盟国の多くはASEANとしての政策を立案する際，国家主権の制限につながる強い権限を事務局に付与することに消極的だった．そのため1976年のASEAN事務局設置協定では，事務局の役割が加盟国間の連絡や調整といった行政的なものに限定され，その他の役割については必要に応じてASEAN諸国外相が指示することになった．しかし，その後インドネシアは，自国が事務局誘致に成功したこともあり，事務局の権限強化をめざして事務局設置協定の見直しを提案する．この提案に対してフィリピンは，事務局の権限は行政的なものに限られるべきと主張した．話し合いは1977年8月まで続いたが，インドネシアの提案は他の加盟国の賛同を得られず議論は立ち消えとなった．事務局の権限強化を見送るという決定には，事務局の権限強化に消極的な国の意向が反映されたと分析されている［山影1991: 247-48, 276］．

この事例は，フィリピンの拒否権の行使・不行使が結果を左右したと説明される．すなわち，同国は事務局誘致問題では，インドネシアとの力関係を理由に拒否権を行使せず，事務局権限問題では，他の加盟国とともに，インドネシ

アの提案に拒否権を行使した．この説明では，加盟国間の力関係が，どのような条件や状況下で拒否権の不行使を導くのかという疑問が生じる．

ベトナムのカンボジア侵攻に対するASEAN方針　1978年末のベトナムのカンボジア侵攻はタイにとって直接的な軍事的脅威になるだけでなく，他のASEAN諸国にとっても安全保障に関わる重大な問題であった．ASEAN諸国はベトナムに対して何らかの統一方針を策定する必要性で一致したが，方針の中身を決める上で利害が対立した．ASEAN諸国のなかで唯一カンボジアと陸続きであったタイは，ベトナムの軍事的脅威に対処しなければならない「前線国家」として反ベトナム路線をとり，同じ立場をとる中国との連携を模索しようとした．ベトナムを背後から支援するソ連の脅威を重視したシンガポールも反ベトナム路線でタイに同調した．一方，インドネシアとマレーシアは中国に脅威認識を抱いていた．中国は反ベトナムの立場から東南アジア地域に影響力を行使しようとしており，インドネシア，マレーシア両国は中国とASEAN諸国との緩衝地帯となっているベトナムに柔軟に対応しようとする立場をとったのである．この問題について既存研究は，ASEAN諸国がタイの利害を重視して対ベトナム強硬路線をASEANの基本方針としたと結論づけた［Hoang 1996: 68; パリバトラ 1987: 235-65; Funston 1998］．

では，なぜタイの利害が優先されたのか．Leifer(1989: 152-54)は，インドネシアが1971年のZOPFAN宣言に至る過程においてマレーシア提案を修正させたとし，その影響力の行使を指摘する一方，1979年以降のベトナム軍によるカンボジア侵攻問題に関してはそのような影響力の行使が顕著にみられなくなったとして，インドネシアがASEANの結束を重視することに一定の利益を見いだすようになったとしている．つまり，インドネシアは自国の本来の意向とは一致しないベトナム批判をASEANとして一致して打ち出すことを優先させたというわけである．Haacke(2003: 111)やEmmers(2003: 98)も同様の主張を展開する．

一方，山影(1997b: 104-25)は，ASEAN諸国が紛争地域に隣接しベトナム軍のカンボジア侵攻によって直接的に脅威を受けるタイの利益を擁護することに重心を置いたと説明する．ベトナム軍がタイの国境を侵犯するという事態をうけ，ASEAN諸国はタイの安全保障上の利害を死活的と見なさざるを得なかっ

2. ASEAN の意思決定はどのように分析されてきたのか

た。この主張を補完する説明として山影の「特定国の利益擁護」という視点を紹介する。「特定国の利益擁護」とは，ASEAN として決定がなされれば，特定の加盟国の利益になり，それが他の加盟国の不利益にならない場合，ASEAN はしばしばその特定国政府の意向に即した決断を下すという説明である［山影 1991: 276-77］。この説明に従うと，ASEAN の対ベトナム政策は以下のように捉えられよう。カンボジアに侵攻し，一時的であれタイの国境を侵犯したベトナムを非難し，ベトナム軍の撤退を求めることは，タイにとっては安全保障上の利益になる。一方，このことは，ともかく ASEAN の結束を打ち出せるし，ベトナムとの対話を阻むほどの強いメッセージではなかったため，ベトナムに対し柔軟な対応を望むインドネシアとマレーシアにとっても受け入れ可能であった。その結果，柔軟派のインドネシアとマレーシアは自国の立場をあからさまに主張することを自制した[19]。

インドネシアの自制に焦点を当てた既存研究は，対ベトナム強硬路線に消極的な大国インドネシアによる拒否権の不行使を重視しており，消極派の大国による拒否権の行使・不行使が結果を左右するという力関係反映方式に基づく説明を展開している。一方，山影は，柔軟派の拒否権の不行使がタイの利害を優先させるという結果を生み出したと指摘し，各国拒否権方式によって合意がなされたとみている。

しかし既存研究は，あるイッシューに対し消極的なあるいは反対の国が拒否権を行使しない理由や条件を示していない。重要なのは，タイの意向と反対の立場にたっていたインドネシアやマレーシアが，どのような状況下で自制の姿勢を見せたのかということである。インドネシアの自制を主張する既存研究は自制の理由を ASEAN の結束の重視に求める。しかし，ASEAN の結束の重視

---

19) 特定国の利益擁護のために統一行動を取るという方法は他の事例でも見られる。ベトナムのカンボジア侵攻前に問題となっていたインドシナ難民問題についても，難民の流入に苦しむタイとマレーシアのために，ASEAN としてこの問題への国際社会の関心を喚起し，ベトナムに対策を講じるよう要求した［山影 1997b: 98-104］。また，1973 年以降，日本の合成ゴム輸出が ASEAN 諸国経済に脅威を与えている問題に対して何らかの方策を講じることを日本に要求した。これは，天然ゴム産業を主要な輸出産業としていたために日本製合成ゴムの輸出拡大に打撃を受けたマレーシアの経済的利益を擁護するものであった［山影 1991: 176-80］。

がどのような条件下で問題となるのかが十分に説明されないために，自制を促す要因としては説得力を欠いている．また，容易には解消しそうもない利害対立をふまえると，タイの利益を擁護するためにインドネシアとマレーシアが自制するには何らかの条件が必要だったと推測されるが，この点は「特定国の利益擁護」では説明されていない．

　また，ベトナムに対する ASEAN の方針は微妙かつ曖昧なメッセージを含んでおり，実際には，ベトナムに対して柔軟姿勢を打ち出す方針も作られた．第4章で詳述するように，ASEAN の柔軟路線は，柔軟派だったマレーシアとインドネシアが主導して成立している．具体的には，ベトナムとの対話の可能性を探り，ベトナムが擁立したヘン・サムリン政権をカンボジア和平の取り組みに取り込んでいくという内容のものである．この内容は，インドネシアの提案を元に ASEAN 諸国外相が発表した「カンプチア独立のための共同アピール（ASEAN アピール）」（1983 年）や，マレーシアの提案が下敷きとなって ASEAN 提案となった「間接対話構想」（1985 年）において示された．したがって強硬派と柔軟派は，互いに譲歩して ASEAN としての方針を策定したといえる．この点を山影（1997b: 112）は「ASEAN の対ベトナム政策は比較的強硬な立場とベトナムへの妥協的立場という矛盾したイメージができあがってしまった」と表現した．既存研究の多くは，ベトナムに対する ASEAN の強硬な立場を分析することに重点を置き，ベトナムに対する妥協的立場がなぜ形成されたのかについて十分な検討を行っていない．

　ミャンマーの ASEAN 加盟　ミャンマーは 1997 年に ASEAN に加盟する．1995 年にベトナムが加盟した後，ASEAN 諸国はカンボジアとラオス，ミャンマーを加えた全東南アジア諸国で構成された「ASEAN10（ASEAN10 カ国体制）」を実現することで意見の一致をみた．1995 年の ASEAN 首脳会議では，「21 世紀を迎えるにあたり，全東南アジアから構成される ASEAN の実現に向けて努力すること」を目標に掲げる［ASEAN 1995］．つまり，2000 年までには ASEAN10 を実現しようという合意が成立していたのである．

　しかしその後，ミャンマーの加盟時期について加盟国の利害が対立した．冷戦終結後の 1990 年代には，欧米諸国が民主化圧力を強めるなか，人権侵害問題を抱えるミャンマーも批判の的となった．タイとフィリピン，シンガポール

はミャンマーの国内情勢を見極めた上で加盟を慎重に検討すべきとし，早期加盟に消極的だったが，インドネシアとマレーシアは，国内情勢の好転を加盟条件とせずミャンマーを早期に加盟させ，ASEAN10を実現すべきだと主張した．結局，早期加盟消極派の反対は抑えられ，2000年より早く，1997年にはミャンマーの加盟が実現する．

　この問題に関しては，ASEAN諸国が欧米諸国のミャンマー批判をかわすために敢えてミャンマーの加盟を急いだとする論考が目立つ．すなわち，欧米の批判がいずれは東南アジア地域への大国の介入に発展すると判断したASEAN諸国が，ミャンマーをASEANに加盟させASEANの問題とすることで欧米の批判や介入を拒否しようとしたというものである [Narine 1999: 367-68; Nischalke 2002: 105; Crone 1998: 11-12]．また，Haacke (2006: 42-43) は，欧米諸国からの圧力に加え，ASEAN外相会議の議長国として1997年にASEAN10を実現したいと強く望んだマレーシアに加盟国の多くも賛同したため，1997年のミャンマー加盟が実現したと説明する．

　しかしこれらの既存研究は，特定の外部要因に対するASEAN諸国間の利害対立とその調整に目を向けていない．ASEAN諸国は，ミャンマーに対する欧米諸国の民主化要求と人権侵害批判という国際的圧力を受け，ASEANとして何らかの方針を打ち出すべきだという点では意見が一致したかもしれない．しかし，ミャンマーを「早期に」ASEANに加盟させることで合意したわけではなかった．多くの既存研究は欧米諸国の圧力の下，ASEAN諸国がミャンマーの加盟を急いだと主張するが，欧米諸国の圧力が逆に作用したとする論考もある．たとえば，Funston (1998: 296) は，タイがミャンマーの早期加盟に消極的であったとし，その背景には欧米諸国の圧力があったと指摘する．つまり，ASEAN各国は欧米のミャンマー批判という国際的要因にASEANとしてどう対処するかについて意見の食い違いを見せたのであり，その利害調整がどう行われたかについて以上の論考では説明されていない．特定の外部要因が，特定の合意 (ここではミャンマーの早期加盟) を促すことは決して自明ではない．

　一方，山影 (2001: 120) は，早期加盟消極派のシンガポールとタイの意向に反して，積極派のインドネシアやマレーシア，ベトナムの主張が通ったと説明する．この事例の場合，大国インドネシアは積極派に属しているため，力関係

反映方式モデルでは結果を説明できない．各国拒否権方式モデルに基づくと，ミャンマーの早期加盟が実現したのは早期加盟に反対したタイとフィリピン，シンガポールが拒否権を行使しなかったからだということになる．しかし，上記の論考では消極派がなぜ拒否権を行使しなかったのかについては分析されていない．

内政不干渉原則見直し問題　ASEAN 諸国は，ASEAN の組織原則の一つとして加盟国の国内問題への不干渉を重視してきた．しかし，冷戦終結後の世界的な民主化や自国の民主化を受けて，タイがこの内政不干渉原則を柔軟に解釈し，加盟国の国内問題についても ASEAN として何らかの対処を打ち出せるようにするべきだと主張した．この主張にフィリピンは賛同したが，インドネシアやマレーシア，シンガポールなど他の加盟国は消極的だった．

　結局，この問題が ASEAN の議題となった 1998 年の会議では内政不干渉原則を見直すことは見送られた．同原則見直しを唱える積極派を抑え，見直し消極派の意向が反映されたのである［山影 2001: 129-32; Luhulima 2000: 129-30］．

　各国拒否権方式モデルと力関係反映方式モデルは，消極派・反対派の拒否権の行使・不行使が重要であると主張する．そこで，以上に挙げた事例を，加盟国が拒否権を行使した事例と行使しなかった事例に分けた（表1）．拒否権の行使が結果を説明する事例は，ZOPFAN 宣言と事務局の権限問題，内政不干渉原則見直し問題である．これらの事例では，各国拒否権方式モデルと力関係反映方式モデルの有用性が示されたといえよう．このうち ZOPFAN 宣言は，大国の拒否権の行使によって内容が形作られた合意である．

　一方，拒否権の不行使が結果を説明する他の事例では，この二つのモデルの問題点が浮き彫りになった．それは，これらのモデルが消極派・反対派の拒否権の行使・不行使が重要であると主張するにもかかわらず，消極派・反対派の加盟国が拒否権を行使せずに譲歩・自制する理由や条件を提示していないことである．拒否権を行使することで決定を阻むことができる消極派・反対派は，しばしばその利益を結果に反映することを自制している．対ベトナム方針策定におけるインドネシアとマレーシア，ミャンマー加盟問題におけるタイとフィリピン，シンガポールの行動はその典型である．

表1　既存研究と事例との適合性

意思決定手続きの運用方式 \ 説明要因	拒否権の行使	拒否権の不行使
各国拒否権方式	事務局の権限 内政不干渉原則見直し	対ベトナム方針 ミャンマー加盟 事務局の誘致問題
力関係反映方式	ZOPFAN宣言	対ベトナム方針

出所：筆者作成

　そもそも，各国拒否権方式は，コンセンサス制という手続きのもとで想定されうるものである．コンセンサス制では，反対が欠如した状態が生み出されない限り合意は成立しない．合意の成立を分析する際に検討すべき問題は，ある方針や提案が合意される際，その提案に消極的あるいは反対の意向をもつ加盟国が，どのような条件下で反対を取り下げるかにある．各国拒否権方式モデルと力関係反映方式モデルはこの点を十分に説明していない．いいかえれば，これらのモデルは，利害調整の帰結，つまり「利害の一致箇所」の決まり方を十分に説明できていないといえる．

　また，各国拒否権方式における消極派・反対派の自制や譲歩に力関係はどのように作用しているのかという問題にも取り組む必要がある．力関係反映方式は各国拒否権方式の一形態として提示されているため，大国の影響力が重要になるのは大国が消極派・反対派に属しているときであった．しかし，大国が積極派に属し，消極派・反対派の加盟国に譲歩を迫るという状況は現実には想定されうる．事務局誘致問題はフィリピンの拒否権の不行使が結果を説明するため，各国拒否権方式に分類されるが，拒否権不行使の理由は加盟国間の力関係にある．すなわち，この問題は，大国インドネシアが自国への誘致について積極派となり，消極派・反対派(フィリピン)の自制や譲歩を促した例である．ただし，他の多くの事例においてはこのような状況は観察されていない．したがって，どのような状況や条件において，力関係が拒否権の不行使をうながすのかについて検討する余地がある．コンセンサス制では加盟国に拒否権が与えられるが，この手続きの運用において拒否権の保証は自明ではない．大国の圧力のために小国は拒否権を行使できず，成立する合意は常に大国にとって有利な内容となる場合もある．同じコンセンサス制が採用されていても，その手続き

の運用にどのような方法をとるかはレジームの加盟国の政治的意思にゆだねられる．

3. 本書の議論と構成——合意形成と議長国の役割

　レジーム論に基づく分析には明文化された制度に注目したものが多い一方，ASEANをレジームと捉える既存研究は，不文律の制度としての意思決定手続きの存在を重視した点でレジーム論に基づく分析が抱える問題に取り組もうとしている．しかしそれらの研究は，不文律の制度とはコンセンサス制のことである点を指摘するに留まっており，その制度が利害調整の帰結にどう影響するかという利害調整メカニズムに対する注意が希薄であった．この点は，コンセンサス制に関する論考でも同様である．関連して，ASEANのような軟らかいレジームでは奉賀帳外交や協議・対話による意思決定がなされると指摘されたが，協議の出発点はどのように設定されるのかという問題や，力関係がそうした意思決定にどう影響するのかという点が明らかにされていない．またASEANにおけるコンセンサス制の運用方法の分析モデルとして，各国拒否権方式モデルと力関係反映方式モデルが提示されたが，これらのモデルは加盟国がなぜ拒否権を行使しない場合があるのかを十分に説明していない．すなわち加盟国が自国の主張を抑制し譲歩するメカニズムについてはいまだ解明の余地があるということである．既存研究のこれらの問題点を克服することで，利害調整の帰結，つまり「利害の一致箇所」の決まり方を説明できると考えられる．

　そこでまず，利害調整という観点からASEANというレジームの特徴を改めてとらえなおす必要がある．利害調整に着目した場合のASEANの特徴は以下の三つである．こうした特徴は，ASEANと同様に軟らかいレジームに属するAPECなどにもあてはまる（前節参照）．第一に，ASEANにおける意思決定（利害調整）の場は，全加盟国が一堂に参加する定例会議にある．いいかえれば，事務局等の常設機関は意思決定に実質的に関与するような権限を有しないということである．第二に，ASEANでは，意思決定手続きが十分に明文化されていない．しかし，意思決定手続きが十分に明文化されていないことは，手続きの未整備を必ずしも意味しない．慣習として定着した意思決定手続きも存在し

うるからである．ASEANの諸会議では，国際社会で一般的な集団的意思決定方法であるコンセンサス制が長く慣習とされてきた．コンセンサス制を採用する点は，合意文書において確認できる場合もある．利害調整の帰結を説明する上で重要な手続きは，コンセンサス制の運用方法，つまり利害調整手続きである．ASEANでは，この利害調整手続きが十分に明文化されていない．この点は，設立条約に相当するASEAN憲章が発効した2008年末以降も基本的には変わらない．同憲章は，コンセンサス制を採用すると明記したが，コンセンサス制の運用方法，つまり利害調整手続きについては十分に明文化していないからである．第三の特徴は，既存研究でも指摘されたように，ASEANが加盟国間の「協議」を重視するレジームであるという点である．この点は，ASEANがコンセンサス制を採用していることと関連している．コンセンサス制では自己の利益の最大化を狙う交渉ではなく，協議によってお互いが一定の満足を得ることが重視される．つまり，協議を通じて「利害の一致箇所」を見いだす努力がなされるということである．

では，以上のような制度的特徴を有するASEANにおいて，加盟国はどのように利害調整を行っている(つまり「利害の一致箇所」を決めている)のか．ASEANでは，会議が定例開催されているのが一つの特徴である．国際会議において参加国間で利害調整を行う仕組みは，「会議外交」とよばれる．佐藤(2003: 34)は，ASEANを「会議外交レジーム」であるとし，交渉よりも対話の維持・継続を優先させる意思決定手続きなどによって特徴づけられるとした．山影(1997a: 19-20)は，ASEANとAPECにおける協力方式を「制度化された継続的会議外交方式」とよび，加盟国には，会議を定例開催して，協力の深化にコミットすることが期待されていると述べた．以上をふまえると，会議で加盟国は，様々なイッシューについて協議や対話を重ねることで合意を形成しているといえる．

会議外交には会議運営に関してさまざまな規則や慣習があり，参加国はそれらのルールに基づいて利害調整を行う．会議運営の諸ルールのなかで，参加国の「利害の一致箇所」を決める上で重要なルールは議事運営である．議事運営を担う主体は，議題設定などを通じて，争点の創出や議題の重点化・排除などの議事操作を行うことが可能である．欧州連合(EU)のように常設機関が意思

決定に関与するレジームなどでは，立案機能や利害調整機能を与えられた常設機関が，議事運営の一部を担っているといえる．他方，全加盟国から構成される会議を主な利害調整の場にしている ASEAN でこの議事運営を主に担うのは，会議の議長である．

　そこで本書では，ASEAN において利害調整の帰結，つまり「利害の一致箇所」の決まり方を分析する視角として議長国制度モデルを提示する．議長国制度とは「加盟国が一定のルールのもとで会議の議長（議長国）を担当し，議事運営を担う利害調整に関する制度」である．第1章で詳述するように，この制度は主に以下の特徴を持つ．第一に，議長国制度は，レジームそのものではなく，レジーム内の「定例会議」に存在する制度である．第二に，議長国は，議事運営の役割を実践することで利害調整の帰結に影響を与えうる立場にある．第三に，議長国制度では加盟国が議長を担当する．そのため，加盟国にとって議長を担当することは，自国利益を結果（帰結）に反映させる機会が与えられることを意味する．第四に，議長国の担当ルールがあることである．担当ルールとは，将来の会議の議長を担当する加盟国を特定する制度である．第五に，議長国制度は，明文化されない制度であってよい．たとえば，議長国担当ルールは，合意文書等で明文化されなくてもよい．

　議長国制度が成立する背景には，加盟諸国が集団的意思決定の必要性を認識するようになることがある．定例会議は，定例化された当初は，会議に参加する加盟国同士の「意見交換の場」として機能する場合も多い．定例会議が「意思決定の場」として捉えられるようになると，加盟国は合意成立を容易にするために利害調整手続きを必要とする．つまり，利害調整ルールである議長国制度が成立するのは，加盟国が意思決定の場として定例会議をとらえるようになることによると考えられる．議長国制度は議長国担当ルールが決まった時点で成立する．議長国担当ルールが決まることは，一定の手続きに則って議長が選出される点が確認されることである．このルールによって議長の議事運営という役割が制度化されたとみなすことができる．

　利害調整ルールである議長国制度のもとでは，加盟国は拒否権を重視することよりも，説得材料が提示されれば拒否権を行使しない（譲歩する）ことが適切であるとみなすようになると考えられる．意思決定の場としての定例会議にお

いて，加盟国は，関心のあるテーマやイッシューについていつでも提案を行うことができる．議長国制度のもとで，加盟国の提案に合意が成立するためには，協議を通じて，提案に反対する側が拒否権の行使を控えるような説得材料の提示が提案した側からなされなければならない．議長国の議事運営とは，説得材料の提示を通じて拒否権の行使が控えられる「適切な状況」を設定すること，具体的には，加盟国間の協議の場を設定することである．

　加盟国が議長を担う議長国制度では，議長を担当する加盟国が自国の利益を利害調整の帰結に反映させようとする．つまり，議長国の利益とは議長を担当する加盟国の利益を指す．議長国の利益が帰結に反映される程度は，議長国に与えられた議事運営上の権限の強弱に依存する．加盟国から出された提案は基本的に協議の対象となるが，協議の対象となった提案を利害調整の対象としてどう扱うかをどの程度決められるかによって，議長国に与えられる議事運営上の権限には一定の幅があると考えられる．議長国に強い権限が与えられた場合には，自国の提案を重点的に議題として取り上げることができ，また，自国に不都合な提案に対する協議を打ち切るという判断ができる．その結果，すくなくとも議長国に不利にならない帰結をもたらすことができる．逆に弱い権限しか与えられない場合には，議長国に不利な帰結がもたらされる可能性を排除できない．議長国の権限は，議事運営に関する加盟国の共通理解を反映したものであり，議長国担当ルールの性質や加盟国数，加盟国間関係，意思決定に関して共有する価値観（効率性や平等性など）等にもとづいて加盟諸国は議長国の権限の中身を決めていると考えられる．

　2008年までASEANの各会議の議長は，異なる時期（会議開催後）に交代し，同一西暦年でも異なる加盟国によって担われていた．ASEAN憲章では，同一西暦年に開催されるASEAN関連会議の議長を同一加盟国が担う「単一の議長国」の制度が導入された（第31条）．言い換えれば，2008年末まで，「ASEAN議長国」は存在せず，ASEAN内に定例化した会議それぞれに議長国が存在したと考えられる．本書では，外相会議を取り上げ，この会議で話し合われた重要な政治・安全保障上の諸問題において，加盟国が議長国制度を活用することで利害を調整してきたこと，つまり「利害の一致箇所」を決めてきたことを実証する．外相会議はASEAN設立とともに定例化され，その議長国制度は，議

長国担当ルール(加盟国の英語表記のアルファベット順に基づく輪番制)が確立する 1974 年頃に成立し,その後,利害調整ルールであり続けていると考えられる.比較的少ない加盟国で運用する輪番制が外相会議の議長国制度の特徴である.この点をふまえて本書では,加盟国が,議事運営上,強い権限を議長国に与えているとの仮説を提示し,議長国制度のもとでは,外相会議における利害調整の帰結(利害の一致箇所)が少なくとも議長国の不利にならない内容となっている点を実証する.

　本書の構成は以下のとおりである.第 1 章では,ASEAN はどのようなレジームなのかを説明し,議長国制度が ASEAN においてどのように機能しているかについて仮説を提示する.第 2 章から第 6 章が実証部分である.実証部分では,ASEAN 設立から 2000 年までの外相会議における利害調整の対象として四つのイッシューを取り上げる.すなわち,1970 年代は事務局の設置と権限の問題(第 2 章),1980 年代はベトナムのカンボジア侵攻に対する ASEAN 方針を策定する問題(第 3 章・第 4 章),1990 年代はミャンマーとカンボジアの加盟承認(第 5 章)と ASEAN の組織原則である内政不干渉原則の見直し論議(第 6 章)である.これらのイッシューは,既存研究(前節参照)で加盟国間の利害が対立した問題として取り上げられているだけでなく,ASEAN 設立から 1990 年代末にかけて外相会議の中心的な討議事項であった(第 1 章第 3 節参照).終章では,実証部分を総括するとともに,議長国制度の有用性を指摘する.

　なお,1990 年代には ASEAN 首脳会議も重要な利害調整の場として活用されるようになったため,本書では部分的に首脳会議の議長国にも触れることとする.実証分析は,加盟各国の政策担当者(主に,外相や外務省高官)の発言や行動に基づいて行う.一次資料として,ASEAN の合意文書や加盟各国の政府公刊物などの公式文書や現地新聞・雑誌,また政策担当者へのインタビューで得た知見を活用する.

第1章 ASEAN と利害調整ルールとしての議長国制度

　序章では，既存研究が ASEAN の利害調整メカニズムを分析する制度的分析視角を十分に提示していないことを示した．本章ではまず，利害調整という観点から ASEAN というレジームの特徴を示すことで，議長国制度が機能する素地を ASEAN が備えている点を明らかにする．次に，議長国制度が ASEAN における利害調整においてどのように機能しているのかについて仮説を提示する．

1. ASEAN とはどのようなレジームか

(1) 定例会議の重要性とコンセンサス制の採用

　ASEAN とはどのようなレジームなのか．利害調整あるいはひろく意思決定の観点からみた ASEAN の制度的特徴は主に三つある．

　第一に，ASEAN では，全加盟国が一堂に参加する会議が定例化され，この会議が主な利害調整の場となっている．ASEAN は 1967 年にインドネシア，マレーシア，フィリピン，シンガポール，タイの5カ国政府代表[1]が ASEAN 設立宣言(The ASEAN Declaration)に署名することで設立された［ASEAN 2003: 1-6］．この宣言において，経済，社会，文化，科学，技術，行政の分野で協力を開始することが明記された．これらの協力推進のため，加盟国外相から構成される「ASEAN 年次閣僚会議(AMM)」とその準備会合である「ASEAN 常任委員会(ASC)」，協力分野ごとに臨時委員会(Ad-Hoc Committee)と常設委員会(Permanent Committee)，加盟各国に国内事務局(National Secretariat)が設置された［ASEAN 2003: 4］[2]．この設立宣言を根拠として AMM は定例開催

---

[1] 各国の代表は，マリク外相(インドネシア)，ラザク副首相(マレーシア)，ラモス外相(フィリピン)，ラジャラトナム外相(シンガポール)，タナット外相(タイ)である［ASEAN 2003: 1-6］．

[2] ASEAN の組織化についての以下の記述は山影(1991: 第8章)を参照した．

されるようになる(付表1).したがってASEANは,設立時から定例会議をもつレジームであったといえる.

また,1976年にインドネシアのバリで開かれた第1回首脳会議でASEAN協和宣言が発表され,ASEAN経済閣僚会議(AEM)を設置すると明記された[ASEAN 2003: 16].ASEAN加盟国の経済閣僚はこの合意前にすでに何度か会合を開いていたが,この首脳会議でASEANの閣僚会議として正式に認知されたのである.その後AEMは,1983年以降,年1回の頻度で定期的に開催されている(付表1).首脳会議に関しては1976年に第1回を開催して後,不定期に開かれていた.1992年,シンガポールで開かれた第4回首脳会議で,加盟諸国は3年に1回公式会議を,公式会議が開かれない年に非公式会議を開くことで合意した[ASEAN 1992a].事実上の年次開催が実現するのは,1995年以降である(付表1).2001年から,公式・非公式の区別がなくなり,すべて公式の首脳会議ととらえられるようになる[3].

定例会議が主な利害調整の場となっていることと関連して,ASEANでは常設機関である事務局には意思決定に実質的に関与する権限は付与されていない.国際組織設立のメルクマールといわれる事務局がインドネシアのジャカルタに設置されたのは,ASEAN設立から10年後の1976年である.1976年の首脳会議で調印されたASEAN事務局設置協定によると,事務局はASEANの意思決定においてASEAN加盟国政府から独立した権限を与えられず,その任務はAMMの準備会合であるASCから付託されるものとされた[ASEAN 1976].1992年の首脳会議では,ASEAN事務局事務総長(Secretary General of ASEAN Secretariat)を大使級から閣僚級に昇格させ,「ASEAN事務総長(Secretary General of ASEAN)」と名称を変更することが決定された.しかし,この変更によって事務総長がASEANの意思決定に関与できるようになったわけではない.つまり,ASEANの常設機関である事務局は,設置時から今日まで,意思決定

---

[3] 加盟国が公式首脳会議と非公式首脳会議を区別していた点は,1996年以降の首脳会議において発表された声明(Chairman's Press Statement, Press Statement, Declaration 等)で確認できる.非公式首脳会議は第1回(1996年),第2回(1997年),第3回(1999年),第4回(2000年)と計4回開催された[ASEAN 1996a; 1997a; 1999; 2000a].公式の首脳会議については,1998年に第6回が開催され,2001年からは年次開催されている[ASEAN 1998; 2001; 2002].

において実質的な権限を与えられていないのである．

　レジームとしてのASEANの第二の特徴は，意思決定手続きが十分に明文化されていない，あるいは明確な形で十分に示されていないことである．意思決定手続きが十分に明文化されていないことは，この手続きが十分に整備されていないことを必ずしも意味しない．意思決定手続きは慣習として存在する場合があるからである．また，ここでいう意思決定手続きは，コンセンサス制や表決制だけでなくその運用ルール，つまり利害調整のルールも含む．利害調整のルールとは，利害調整(意思決定)の対象をどのように特定するかという議題設定や対立する利害をどう調整するかに関する方法などが挙げられる．

　ASEANでは，慣習として，国際社会で一般に採用されているコンセンサス制が採用されてきた．1967年のASEAN設立宣言と1976年のASEAN協和宣言では，協力のために諸会議を設置すると合意しただけで，ASEANがどのような意思決定手続きを採用するのかは明記されていない．ASEANの公式文書において，ASEANの意思決定手続きがコンセンサス制であるという点が初めて明確に示されたのは，2003年の「ASEAN第二協和宣言(Declaration of ASEAN Concord II)」においてである．この宣言は，ASEAN諸国が，安全保障共同体，経済共同体，社会文化共同体を目指すことを謳った文書である．安全保障共同体の項目に「国連憲章，そのほかの国際法の原則を遵守し，ASEANの原則である内政不干渉，<u>コンセンサスに基づく意思決定(consensus-based decision-making)</u>，国家的・地域的強靭性，国家主権の尊重，威嚇や武力行使の放棄，平和的解決を遵守する」とある［ASEAN 2003: 113, 下線筆者］．その後，2008年末に発効したASEAN憲章において第20条で「協議とコンセンサスに基づく意思決定を採用する」と明記された．しかし，ASEAN第二協和宣言とASEAN憲章では，コンセンサス制の運用方法については明文化されていない．いいかえれば，ASEAN憲章が策定された後も，ASEANでは利害調整手続きが明文化されないままである．

　ASEANの第三の特徴は，その意思決定において交渉ではなく，協議が重視されてきたということである．この点は，ASEANでコンセンサス制が採用されてきたことと関係がある．コンセンサス制では，最終的に反対意見の表明がなくなるまで話し合いを続けることが重視される．コンセンサス制のもとで行

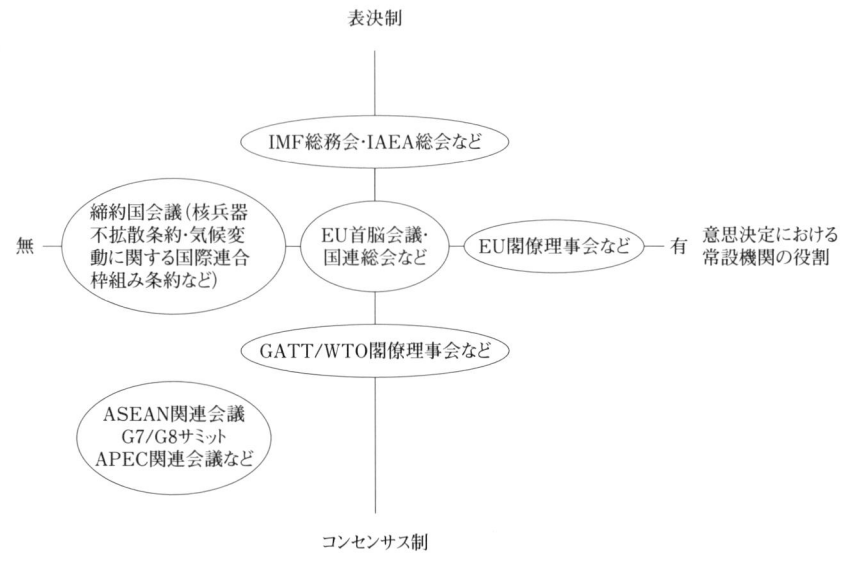

```
                    表決制
                      │
          ┌───────────────────────┐
          │   IMF総務会・IAEA総会など   │
          └───────────────────────┘

  ┌─────────────┐  ┌──────────────┐  ┌──────────────┐
  │ 締約国会議(核兵器 │  │              │  │              │   意思決定における
無 │ 不拡散条約・気候変│  │ EU首脳会議・   │  │ EU閣僚理事会など │ 有 常設機関の役割
  │ 動に関する国際連合│  │ 国連総会など    │  │              │
  │ 枠組み条約など)  │  │              │  │              │
  └─────────────┘  └──────────────┘  └──────────────┘

          ┌───────────────────────┐
          │  GATT/WTO閣僚理事会など    │
          └───────────────────────┘

  ┌─────────────┐
  │ ASEAN関連会議  │
  │ G7/G8サミット   │
  │ APEC関連会議など │
  └─────────────┘
                      │
                  コンセンサス制
```

図1　意思決定手続きに基づくレジーム内の定例会議の類型

出所：筆者作成

われる協議において，各国は自国利益の最大化よりもお互いが一定の満足を得ることに主眼を置く．つまり，協議を通じて妥協点を探ることが重要だとされているのである．

　以上のASEANの特徴は，他の形態のレジームと比較するとより明確になるだろう(図1参照)．一般的に国際機構や地域機構，国際条約とよばれるレジームは，定例会議をもつという点でASEANと特徴を共有するものの，レジーム内の定例会議のなかには常設機関が意思決定に実質的に関与するものがある．たとえば，EUの閣僚理事会(閣僚会議に相当)では，欧州委員会や欧州裁判所などの常設機関が意思決定において重要な役割を担う．また，赤根谷(1992: 123, 138-39)は，関税及び貿易に関する一般協定(GATT)の事務局長には調整機能や立案・企画機能があると述べている．この機能は，GATTの後身である世界貿易機関(WTO)においても踏襲されていると考えられる．こうした常設機関の役割は，公式文書において規定される場合が多い．また，多くの国際機構やEUなどの地域機構，そして国際条約をベースとする締約国会議では，表決制が導入され，公式文書で規定されている．したがって，多くの国際機構や地域

機構，国際条約では，利害調整手続きを含む意思決定手続きが明文化あるいは法制化される傾向にあるといえよう．

　他方，ASEANと似通った特徴をもつレジームとして，APECやG7/G8サミットが挙げられる．他の事例と比較するとASEANは，意思決定における常設機関の役割がない定例会議のみを包摂し，コンセンサス制を採用しつつもその運用ルールを十分に明文化していないレジームであるといえる．

　このような特徴を持つASEANにおいて利害調整メカニズムを解明するには，まず特定の会議に注目する必要がある．利害調整は，レジームというよりもレジーム内に存在する個々の会議においてなされるからである．本書では，ASEANの諸会議のなかでもASEAN設立時から定例化され，各国の外相が参加する会議で，政治・安全保障分野の協力を中心的に担ってきたAMMに焦点を当てる．

　定例開催される会議をもつというのがASEANというレジームの特徴だと述べたが，会議が定例化されることと，その会議が利害調整の場，つまり「意思決定の場」となっていることとは同義ではない．定例化の直後は，「意見交換の場」として機能する場合もあるからである．AMMも，定例化後しばらくは，加盟国間の意見交換の場として機能していた．しかし会議の開催を継続していくにつれ，国際環境への対応などの必要からレジームとしての方針を発信していく場，つまり意思決定の場となっていった．また，ASEANでは交渉ではなく協議が重視されてきたため，意思決定の場となった後も，最初から話し合うべき議題は明確に決められていない．つまり，加盟諸国はその時々で話し合いが必要と判断したイッシューを議題としてきたのである．

(2) 意思決定の場としての年次閣僚会議（AMM）

　ASEANというレジームに存在する複数の定例会議のなかで，政治・安全保障協力を担っているのがAMMである．本項では，このAMMが政治・安全保障分野における意思決定の場となっていった点を説明する．

　ASEANは経済，社会，文化分野など非政治・安全保障協力を目的とした組織として設立された．こうした分野の協力を行うための会議として，1967年のASEAN設立宣言は，年次開催のAMMと必要に応じて開催される「特別外

相会議」の設置を規定した．しかし，実際には，政治・安全保障分野での協力の重要性が早くから見出されていた［FSI 1997: 32-33］．AMM と特別外相会議とは別に ASEAN 諸国外相たちは「非公式外相会議」を開き，政治・安全保障問題に関する討議を開始する．ただし，ASEAN 設立当初，冷戦という国際環境に対する配慮から，ASEAN 諸国外相はこうした協力を ASEAN の名の下に推進することを意識的に避ける必要があった．ASEAN 設立直後は，ASEAN 諸国外相で構成され，政治・安全保障問題が討議された会議は「ASEAN 諸国外相による非公式会議」として「ASEAN の枠外」であることが強調されている［山影 1991: 127-28］．

　最初の非公式外相会議は 1968 年の AMM の際に秘密裏に開催された．国際環境としては，米国のインドシナ政策が国内のベトナム反戦運動の高まりを受けて転換を迫られ，インドシナ和平会談が開始されたころである．また，英国が打ち出した「スエズ以東の兵力半減計画」によって，東南アジア諸国，とりわけシンガポールとマレーシアに安全保障上の懸念が広がっていた．1968 年の会議はこのような国際情勢を話し合うために開催されたと考えられるが，具体的な議題や会議後の声明は発表されなかった．しかし，ASEAN 諸国は，東南アジア地域の安全が脅かされるような事態が生じたときは非公式かつ緊急に会議を招集することに合意している［山影 1991: 129］．

　非公式外相会議の結果が明確な形で発表されたのは，1971 年 11 月のクアラルンプールでの会議においてである．この会議で，東南アジアを平和・自由・中立地帯とする宣言，いわゆる ZOPFAN 宣言が発表された．この ZOPFAN 宣言が ASEAN 政治・安全保障協力の出発点となった．そして，1972 年頃から，非公式外相会議を ASEAN の公式会議である特別外相会議の呼称で表現する場合がみられるようになる．すなわち，非公式外相会議は，「ASEAN の枠内」の会議として理解されるようになったのである．また，1972 年の AMM にあわせて，ASEAN 諸国外相は非公式会議を開き，少なくとも年 1 回は外相会議を開いて国際情勢を検討することに合意した［山影 1991: 134-36］．

　なお，特別外相会議は設置時には非政治・安全保障協力を担う会議のはずだったが，上述のように非公式外相会議との区別がなくなっていき，政治・安全保障協力を担う会議ととらえられるようになる．1975 年 1 月の「ASEAN 事務

局設置に関する高級事務レベル会合(SOM)」(パタヤ,タイ)では,ASEAN の組織改革の一環として,地域の平和と安定にとって緊急かつ重要な事態が生じたときに特別外相会議を開くことが合意されている［SOM 1975a］.

ASEAN 諸国外相による実質的な政治・安全保障協力を踏まえて,1976 年の首脳会議で発表された ASEAN 協和宣言でこの分野での協力は ASEAN として推進すべき協力の一つとして正式に認知された.同時に,AEM が正式に ASEAN の会議として設置されたため,経済協力は AEM が担当することとなり,AMM は政治・安全保障協力に専念することとなった.

以上のように,ASEAN の政治・安全保障協力は,1972 年頃までに ASEAN のなかに根付き,1976 年の首脳会議で正式に ASEAN の協力分野として認知された[4].第 3 章と第 4 章で詳述するように,ベトナムのカンボジア侵攻に対する ASEAN 方針を話し合うようになる 1970 年代末から,特別外相会議および非公式外相会議[5]が扱う議題と AMM の議題との関連性が見出されるようになる.したがって,特別外相会議と非公式外相会議は,ASEAN 諸国外相たちが AMM で何らかの合意に到達するために必要に応じて開かれる会議となっていったといえる.

AMM は,少なくとも本書の分析対象時期である 2000 年までは,政治・安全保障協力を主体的に担うとともに,ASEAN の最高意思決定機関でありつづけた.その理由の一つは,首脳会議が年次開催されていなかったことにある.特に 1990 年代前半まで,首脳会議における意思決定の機会はきわめて限られていた.第 1 回首脳会議が 1976 年に,そして第 2 回が 1977 年に開催された後,第 3 回の開催は 10 年後の 1987 年であった.前述のように,第 4 回首脳会議(1992 年)で定例開催が合意されたものの,年次開催ではなく 3 年に 1 回というものだった.事実上,年次開催されるのは 1995 年以降である.意思決定のヒエラルキーとしては首脳会議の決定が外相会議のそれに優先する.ASEAN の場合にも,数少ない機会ではあったが首脳会議で重要な合意が形成され,そ

---

[4] 1970 年代の ASEAN 諸国外相による会議(AMM も含む)の開催状況については山影(1991: 142)を参照.

[5] 資料によっては「臨時外相会議」や「緊急外相会議」という呼称が使用されている場合もある.混乱を避けるため,公式文書で呼称が特定できないものについてはすべて「非公式外相会議」で統一する.

の合意を受けて，AMM ではその合意を具体化するさまざまな決定がなされてきた．したがって，首脳会議は，開催機会は限られていたものの，AMM の合意を方向づける重要な利害調整の場であるといえる．以上をふまえ，本書では，政治・安全保障問題における利害調整の帰結を決定する中心的な場を AMM に求め，特別外相会議・非公式外相会議や首脳会議を利害調整のチャンネルの一つと捉えることとする．

　ASEAN の政治・安全保障協力が AMM の主要な役割になっていくと同時に，そのための準備会合も整備された．すなわち SOM の制度化である（付表2）．すでに述べたように，AMM の準備会合として ASC[6]があり，ASEAN 加盟各国の国内事務局の局長が参加する「国内事務局長会議」も AMM の準備会合として機能していた．しかし ASC の参加メンバーは，議長国代表のほかに議長国に赴任する大使であり，国内事務局長は各国外務省内の一局長の地位でしかなかった．これに対し SOM は，各国の外務事務次官で構成されることから，各国の政治・安全保障分野の政策決定における最高位の官僚を集めた会議であるといえる．この SOM が事実上，政治・安全保障協力を担う AMM の準備会合となり，ASC は SOM と国内事務局長会議を形式的に統括する会合と位置づけられるようになる．SOM での議論は形式的に ASC を通過することになっている[7]．

　SOM は，1971 年の ZOPFAN 宣言において ASEAN 諸国が設置に合意した「中立化を検討する高官委員会」に端を発する．この委員会では，東南アジア中立化の問題や不可侵条約締結の可能性，ASEAN 諸国間の紛争処理手続きなどが議論されている［SOM 1972a; 1972b; 1973; 1974］．この委員会の活動にならい，1970 年代には話し合う議題に応じて様々な名を冠した SOM が開催されるようになる．たとえば，1976 年の首脳会議（バリ，インドネシア）の準備会議として「首脳会議のための SOM」が数回開催されている（付表2）［SOM 1976a］．1986 年 1 月の SOM（マニラ）では，フィリピンのカストロ外相代理が「1976 年の首脳会議で，ASEAN 諸国は，ASEAN 事務局とともに，ASEAN 高官（the ASEAN Senior Officials）（による会議）を新たな協力の手段（instrument）

---

6) 2008 年の ASEAN 憲章で ASC は常設化された．詳細は終章を参照．
7) 元マレーシア外務事務次官のカミル氏へのインタビュー．

1. ASEAN とはどのようなレジームか

として設置した」と発言している［SOM 1986］．また，組織改革に関するタスクフォース(1982 年の AMM で設置)が 1983 年の AMM に提出した提言書では，AMM の準備会合として「ASEAN SOM」との表現が使用されている［ASEAN 1983: 4; Castro 1989: 112］．

SOM が AMM の議題を扱うようになったのは 1975 年頃からだと考えられる．1975 年 1 月に「ASEAN 事務局設置に関する SOM」(パタヤ)が開催され，1972 年から AMM の議題に上っていた事務局設置について議論している［SOM 1975a］．事務局が設置された後，1975 年 5 月には「第 8 回 AMM 前の SOM」(クアラルンプール) ［SOM 1975b］が，1976 年 5-6 月には「組織改革に関する SOM」(マニラ)が開かれ，事務局の権限をめぐる議論が展開された(詳細は第 2 章)．SOM において事務局の設置や権限に関する協議がなされたことは，この問題が加盟国にとって重要な政治問題であったことを物語る．また 1970 年代後半からは，一部例外はあるものの，SOM の議長は AMM 議長国から出されるようになる[8]．

以上から，SOM は 1970 年代中頃に AMM の準備会合として制度化されたと考えられる．議長国に駐在する加盟国の大使を集めた ASC と異なり，SOM は各国の政治・安全保障分野を担う政府高官を集めた会議である．この SOM が事実上，AMM の準備会合となっていったことは，AMM が政治・安全保障分野で何らかの意思決定をなすための準備が必要になったことを示唆する．すなわち，SOM の制度化は，AMM が政治・安全保障問題における意思決定の場となったことをうかがわせる変化である．

本節では，ASEAN が定例会議を主要な利害調整の場とし，コンセンサス制

---

[8] SOM の議長は，SOM の議事録(*Report of Senior Officials Meeting*)で確認できる．1980 年代になると，AMM の準備会合としての SOM は他の分野にも適用された．例えば，AEM の準備会合として経済高級事務レベル会合(SEOM)が設置された．1987 年の ASEAN 首脳会議で承認された外相による報告書(*Report of Ministers to ASEAN Heads of Government adopted by the Manila Summit of December 1987*)によると，SOM と SEOM が正式に ASEAN の機構(ASEAN machinery)の一部となるとされ，SOM と SEOM は必要に応じて開催されるとある［Ho 1988: 22］．さらに，1990 年代には，外務省高官と国防関係省庁の高官が集う「特別 SOM」という会合もできあがった．これは 1992 年の首脳会議(シンガポール)で安全保障分野での協力を強化するという合意に基づいて作られたものである［ASEAN 1993-1994: 7-8］．

を慣習として採用してきたレジームであること，そして ASEAN の定例会議の一つである AMM が意思決定の場となっていく過程が示された．このことは，以下に提示する議長国制度が重要な利害調整ルールとして機能する素地が整えられたことを意味する．

2. 利害調整ルールとしての議長国制度

(1) 議長国制度の特徴

本書では，利害調整の帰結，つまり「利害の一致箇所」を決めるメカニズムを分析する視角として議長国制度モデルを提示する．本書が議長に着目するのは，ASEAN というレジームの利害調整が会議外交を中心になされているからである．会議外交とは，「国際会議の中で見られる政府間関係および，政府と国際組織との関係を管理すること(management)」である [Kaufmann 1996: 7]．加盟国は会議外交を通じて利害調整を行い，合意を形成している．その際に加盟国は，会議の開催・進行ルールに従う．

会議外交に関するルールのうち利害調整に関係するものとして，会議の議事運営があげられる．宇佐美(2000: 97-105)は，「同じルールが用いられても議事が違えば結果が異なること」を「結果の議事依存性」と呼び，一部の選択肢の除去や新たな選択肢の導入，争点空間の操作，手順の操作などの議事操作の重要性を指摘し，議事設定者が結果を誘導すると主張する．この議事運営の役割を担っているのが会議の議長である[9]．国際機構や地域機構における会議の議長が加盟国から選出される場合，議長を担当する加盟国は「議長国」（英語表記は chair, host, hosting country, presidency など）と一般的に呼ばれる．この用語はすでに新聞等，様々なメディアで盛んに登場し，一般名詞化している．加盟国が担う議長という性質上，加盟国の利益と議長の議事運営との関係が問

---

9) この点は，国際会議だけでなく，国内政治においても一般的な通念となっている．Cox and McCubbins(2005)は，米国下院の主要委員会の議長が多数派から選出され，議長が多数派の意向に沿った議題の選定を行う結果，議会で多数派に有利な決定がなされ，逆に不利な決定はなされにくいことを実証した．ただしこの議長による議事操作は，法案の可決等の最終決定が，コンセンサス制ではなく多数決制によることを前提としている．多数決制を前提とした議事操作については，他に Riker(1986)を参照．

題とされてきた.

　Kaufmann(1996: 27-29, 71-86)は，国連総会や国連安全保障理事会，国際労働機関(ILO)等の国際機構を事例に国際会議の開催に関する手続きを詳細に記述している．それによれば，国際会議の議長には手続き的機能と実質的機能がある．手続き的機能とは，会議での円滑な話し合いを促し，最終合意に至る過程を管理する役割で，その多くは議事規則といった形で明文化されている[10]．一方，実質的機能とは議事規則に明文化されていない役割であり，その中心は非公式会合の開催や妥協案の提示を通じた利害調整機能である．注目すべきは，この二つの機能を担う議長の「中立性」である．すなわち，多くの場合，議長はその会議の参加国代表から出されるが，選出された時点で参加国代表の地位（投票権など）を失い，決定の当事者ではなく調整役として参加する［Kaufmann 1996: 72］．このことは，議長を担当することによって議長担当国の利益が結果に反映されやすいことを示唆している．議長の中立性を維持するためには，議長が出身国の属性を維持しながら意思決定に参加することを防ぐ措置が必要なのである[11]．また，特筆すべきは，利害調整や仲裁機能は表決に依らないコンセンサス制においてより重要になるとの指摘である［Kaufmann 1996: 27-29］．ただし，Zemanek(1983: 877)によれば，コンセンサス制において議長が結果に影響力を行使できるかは，議長の個人的力量や国民性，参加国代表との関係などの要素に依存するという[12]．

　他方，地域機構の議長国については，EUやAPEC，G7サミットなどに関する研究がある．EUでは，議長を担当することが加盟国にとって自国利益をEUの政策に反映する機会となる可能性は潜在的だとする既存研究が多い［Wallace

---

10）　具体的には，参加者の発言の順番を決めることや，参加者の発言内容が議題から外れていないか，不適切でないかを判断すること，表決に付す内容を明確化することなどが含まれる．

11）　Bailey(1988: 96-107)は，国連安全保障理事会において議題と密接に利害関係のある加盟国（理事国）の議長就任に他の加盟国が異議を唱える場合があったと指摘する．

12）　議題設定の重要性は国際交渉理論でも指摘されている．Young(1991)は「起業家的リーダー（entrepreneurial leader）」による議題設定として，問題の提示の仕方を工夫する，あるいは交渉の障害を取り除く政策選択肢を提示するなどの作業を指摘する．また，議題設定は，私的利益のために情報を操作し，議論の焦点(focal point)を提示する作業ととらえられている［Garrett and Weingast 1993; Moravcsik 1999］．

1985: 272-74; Hayes-Renshaw and Wallace 1997: 145-46］．議長国は議題設定（agenda setting）や議題重点化（agenda structuring），議題排除（agenda exclusion）という議事操作を行うことで自国の利益を EU の政策に反映させるパワーを持つという主張もあるが［Tallberg 2003］．この主張は，そうした影響力がほんとうに認められるのかについて十分な実証分析にもとづいていない．議長担当国が自国の利益を反映しづらい傾向にあるのは，EU というレジームの制度的特徴と関係があろう．EU の政策の立案権は基本的に欧州委員会にある．EU の意思決定は超国家機関である欧州委員会と，加盟国の主権が重視される閣僚理事会および欧州理事会（首脳会議に相当）のバランスの上に成り立っている．統合の進んだ EU では，欧州委員会の権限は無視できないものである．このようなレジームにおいては，議長担当国が自国の利益を当該レジームの政策に反映させる余地は限られる．

　一方，ASEAN や APEC，G7 サミット（現在の G8 サミット）などでは，議長国の裁量の余地は大きい[13]．ASEAN については，1980 年代のベトナムに対する ASEAN 方針策定に関する山影(1997b: 110-13)の分析において，議長国の役割を示唆する記述が見受けられる．具体的には，1983 年後半のインドネシアのイニシアティブと 1984 年後半以降のマレーシアのイニシアティブは，両国の利益を反映したものであり，両国の AMM 議長国[14]就任後に発揮されたというものである．議長国のこうした役割は，ASEAN の首脳会議についても指摘されている．たとえば，2005 年末の首脳会議の議長国だったマレーシアは，一定の譲歩をしつつも自国と反対の立場をとる国々を説得して，自国が当初示した方針を少なからず維持する結果をもたらした［鈴木 2006］．

　ASEAN や APEC，G7 サミットなどのレジームでは，常設機関に意思決定における実質的権限が付与されず，全加盟国による会議が意思決定において絶対的に重要な位置を占め続けている．またこれらのレジームの会議ではコンセンサス制が採用されている．すでに指摘したとおり，コンセンサス制を採用する会議においては，議長の采配がより重視される傾向にある．したがってこれら

---

13) APEC と G7 サミットの議長国研究については鈴木(2000; 2003)を参照．
14) ここでは，ASC 議長として紹介されているが，別稿で山影(1991: 265-69)は，議長国を「ホスト役」あるいは「開催国」としている．

のレジームには，他のレジームに比べ，意思決定における議長国の影響力はより重視される土壌があるといえよう．

ただし，これらの事例の議長国研究には二つの問題点がある．第一に，議長国の役割が「制度」として捉えられるかについてはほとんど触れられていない．第二に，議長を担当する加盟国の利益が利害調整の帰結にどのように反映されるのかについては十分に分析されていない．

以上の問題点を考慮に入れつつ，本書では，ASEANにおいて「利害の一致箇所」を決めるメカニズムを分析する視角として議長国制度モデルを提示する．議長国制度は，さまざまな形態のレジームのなかでも，ASEANやAPECなど，コンセンサス制のもとで会議外交を通じて意思決定をおこなっているレジームにおいて重要な利害調整のルールとして機能すると考えられる．その定義は「加盟国が一定のルールの下で会議の議長（議長国）を担当し，議事運営を担う利害調整に関する制度」である．議長国制度には五つの特徴がある．

第一に，議長国制度はレジームそのものではなくレジーム内の定例会議に存在する制度である．レジームには首脳会議や各分野の閣僚会議など複数の会議が存在する場合が多い[15]．議長国制度は，レジーム内の定例会議において加盟国が「利害の一致箇所」を決めるための制度である．

第二に，議長国には，利害調整の帰結に影響を与えうる議事運営の役割がある．既存研究で示されたように，国際会議の議長には，会議の運営上，一定の役割が与えられており，この点は一般的な通念として国際社会において認められていると考えられる．

第三に，議長国制度では加盟国が議長を担当する．個人ではなく，第三者あるいは第三国でもなく，加盟国が議長を担当するということは，議長の議事運営が加盟国の属性（利害の所在や他の加盟国との力関係，国内要因など）に影響を受けやすいことを意味する．したがって議長国制度は，議長を担当する機会を自国利益反映の手段として加盟国に提供する．

---

[15] APECでは，毎年，経済相と外相で構成される閣僚会議と首脳会議が開催されており，同一西暦年で開催されるこれらの会議の議長は，同一の加盟国（ただし，経済単位として加盟した台湾・香港を除く）が担当している．「2009年のAPEC議長国はシンガポール」といった具合である．

第四の特徴は，議長国の担当ルールがあることである．担当ルールとは，将来の会議の議長を担当する加盟国が特定できる制度である．担当ルールの形態は，加盟国が一定順序に必ず議長を担当するという輪番制や，特定の国が継続して担当する場合，次回以降の数回の会議の議長国を立候補や選挙などに基づいて決める(互選)方式など，様々である．

第五の特徴として，議長国制度は不文律の制度であってもよい．たとえば，議長国担当ルールは，慣行という形態をとる場合もある[16]．

(2) 議長国制度にもとづく利害調整

「利害の一致箇所」の決め方で問題となるのは，加盟国が合意可能な範囲のなかで，どのような条件で譲歩するかである．議長国制度が成立することによって，加盟国の譲歩の条件はどう変わるのか．

コンセンサス制のもとで意思決定がおこなわれるレジーム(内の定例会議)に

---

16) G7サミットでは，フランス，米国，英国，ドイツ，日本，イタリア，カナダの順で議長を担当していた．この議長国担当ルールは明文化されたものではないが，提唱国のフランスを除き，力関係(あるいは経済力)に基づいた担当順序と考えられる．1997年にロシアが加盟してG8サミットとなった後，英国の後に割り込む形でロシアが2006年に議長国を担当した．この新しい担当順序は，2014年に再びロシアが議長国を担当することになったことで固定化されたとみられる．また，APECで採用されている立候補制も明文化されたルールではないが，1989年の設立時に加盟諸国が，1990年と1991年の会議開催についてシンガポールと韓国の立候補を歓迎したことで確認できる．同時に，ASEAN諸国と非ASEAN諸国が隔年で担当することも合意された [APEC 1989]．隔年で担当するというルールは，2000年以降，遵守されなくなったが，ルール変更についての明示的な合意はない．ルールが遵守されなくなった背景としては，以下の二点が考えられる．第一に，1998年までの加盟国の増加により，APEC内のASEAN諸国と非ASEAN諸国の数のバランスがとれなくなったことである．1989年のAPEC設立時点では，ASEAN諸国と非ASEAN諸国の比率は，6対6だったが，その後，南米諸国などの加盟によりその比率は，7対12に変化した(ただし，経済単位として加盟した台湾・香港は除く)．第二に，1998年以降，全てのASEAN加盟国がAPECに加盟しているという状態が維持できなくなった．1990年代後半に，ベトナムとミャンマー，ラオス，カンボジアがASEANに加盟した．一方，APECでは，1997年に「1998年を最後に新規加盟を一時凍結する」という合意がなされた [APEC 1997]．ベトナムは1998年にAPECに加盟するが，カンボジアとラオス，ミャンマーは加盟していない．2007年，新規加盟の凍結期間は2010年まで延長され [APEC 2007]，2010年には新規加盟の問題について検討を重ねるとされており [APEC 2010]，加盟国が新規加盟に合意するめどは立っていない．

おいて，議長国制度の成立前に存在する意思決定ルールはコンセンサス制だけである．各国に拒否権を付与するコンセンサス制という意思決定手続きは，利害調整において各国の拒否権を重視すべきという「適切性の論理(logic of appropriateness)」を加盟国に求める．適切性の論理とは，自分がいかなる状況におかれ，どのような役割や地位にあるかを判断し，それにふさわしい行為をなす際の論理をいう［三浦 2000: 31; March and Olsen 1989: 160］．拒否権を重視することが適切だとみなされるのは，意思決定に参加する加盟国が「主権国家」という地位にあるからである．いいかえれば，この適切性の論理は，主権国家という制度の正統性(legitimacy)に裏付けられている[17]．

拒否権重視という基準は，その性質上，「結果の論理(logic of consequentiality)」と両立しうる[18]．結果の論理とは，自分にとって望ましい結果を得るための行為を支える論理である．各国は，自国の利益を最大化する手段として拒否権を行使しやすい．このため，加盟各国の拒否権の行使により，合意が成立しない場合も頻発する．また，結果の論理においては，望ましい結果を得るために物的資源(軍事力や生産能力など)による賞罰が用いられることが多いため，物的資源の配分状況，すなわち力関係が結果を説明する重要な要素となる［三浦 2000: 29］．この点をふまえると，大国の拒否権が意思決定の結果を左右する可能性も高い．したがって，「各国の拒否権重視」という適切性の基準のもとで想定される政治的帰結は，合意が成立しないか，成立したとしても(とくに大国の拒否権が重視された)最大公約数的合意となりやすい．

ところで会議の議長には，国際社会に一般的に浸透している役割がある．議長は，議事運営を担い利害調整を主導する地位にあると同時に，形成された合意の内容を会議の成果として発表しなければならない．優れた利害調整能力をもつ議長のもとでは，合意は成立しやすい．ただし，「各国の拒否権重視」という適切性の基準のもとでおこなわれる利害調整において，議長に求められる役割とは，各国の拒否権を重視し，利益の最大化を目的とする加盟国を満足さ

---

17) 正統性に関してはFranck(1988)やHurd(1999)を参照．
18) March and Olsen(1989: 162)は，適切性の論理に基づく行為でも結果の論理によって妥当とみなせる場合が意思決定において頻繁にみられるとしている．また，国家の利益重視(interest-driven)と規範重視(norm-driven)の行為は必ずしも二律背反ではないと指摘される［Finnemore and Sikkink 1998: 912］．

せるものでなければならない．

　以上のような利害調整は，議長国制度が成立することによってどう変わるのか．先述したように，議長国制度は定例会議に存在する制度である．定例会議は，会議に参加する加盟国同士の信頼醸成や共通認識の確立が十分進んでいない，会議の定例化初期には，加盟国同士が意見を交換する場として機能する場合が多い．これに対し，加盟国が定例会議を意思決定の場としてとらえるようになると，利害調整ルールである議長国制度が成立する素地が整えられる．つまり，意思決定をなすために各国の拒否権の不行使を促し，合意の成立を容易にする方策を加盟国が必要とした結果，この制度が成立すると考えられる．

　したがって，議長国制度が成立することは，利害調整に関する適切性の基準が変化することを意味する[19]．議長国制度のもとで加盟国が利害調整において重視するのは，拒否権が行使されたかどうかではなく，譲歩する(拒否権を行使しない)ことが妥当だとみなせるような説得材料が提示されたかどうかである．この基準を支えるのは，議長の議事運営に関する正統性である．この正統性の起源は，一般的な通念としての議長の役割に求められる．議長国制度は，会議の定例化を前提とする議長国担当ルールによって一般的な通念である議長の役割が制度化されたものである．したがって，この制度は議長国の担当ルールが決定あるいは定着した時点で成立する．担当ルールの定着は，議長の議事運営に関する正統性の確立を意味する．一定の手続きに則って議長が選出されることが確認できる点において，担当ルールの定着は，議長の議事運営に関する正統性を定着させる効果をもつ[20]．

　議長国制度のもとで加盟国は，説得材料が提示されれば拒否権を行使するこ

---

19) 適切性の基準は，その基準に従っているアクター間のコミュニケーションの結果，変更される．三浦(2000: 32)は，「いつ，どこで，どのルールが支配すべきか」について，アクターは自問するだけでなく，たがいに問いあい，一致をはかろうとすると説明する．March and Olsen(1989: 166-71)も，制度間の調整や，既存の制度(のもつ適切性の基準)とその制度を適用すべき状況との適合性が問題となったとき，適切性の基準が再定義されるとしている．

20) 制度の正統性は，制度が(1)適正手続を経て成立したか，(2)明確で一義的に解釈できるか，(3)無差別かつ公平に適用されているか，(4)公正な結果を生むか，(5)他の制度に矛盾しないか，(6)科学的知識に一致しているか，といった要素に左右される［三浦2000: 33-34］．

とを控えるという行為を「適切」とみなすようになる．説得材料の提示は，協議を通じてなされる．加盟国は，拒否権の不行使につながるかもしれない協議に臨み，妥当な主張を受け入れて，説得される態勢を整える[21]．議長国制度のもとで議長国に求められる役割は，妥協や譲歩を可能にするような説得材料の提示がなされる状態，すなわち協議の場を作り出すことである．議長国以外の加盟国（以下，非議長国）は，議長国にこの役割の実践を求め，そうした役割を持つ議長国の地位を尊重しながら利害調整に関与する．

では，議長国が議事運営を担う結果，利害調整の帰結，つまり「利害の一致箇所」はどのようなものになるのか．加盟国が議長を担う議長国制度では，議長を担当する加盟国が自国の利益を結果（帰結）に反映させようとする．つまり，議長国の利益とは議長を担当する加盟国の利益を指す．議長国の利益が結果に反映される程度は，議長国の議事運営上の権限の強弱に依存する．加盟国はいつでも関心のあるイッシューについて提案を行うことができ，提案は基本的に協議の対象となる．議長国はその提案について説得材料の提示がなされる状態，すなわち協議の場を作り出す立場にある．議長国の議事運営上の権限とは，協議の対象となった提案が利害調整の対象として会議においてどのように扱われるかを，議長国がどの程度決められるかである．

議長国の議事運営上の権限には一定の幅があると考えられる．たとえば，強い権限とは，議長国が加盟国から出された提案のなかからどれを会議の議題として重点的に扱うかを決めることができ（議題重点化），かつ，ある提案に対する利害調整を打ち切る判断ができる（議題排除）ことなどが考えられる[22]．つま

---

21) Risse(2000: 9)は，ハーバーマスのコミュニケーション的合理性を引きながら，アクターは討議して妥当性のあるコンセンサスを得るために，互いの立場や信念を修正していくため，アクターは説得される準備を整える（prepared to be persuaded）と説明した．他に，Risse and Sikkink(1999)を参照．

22) この点は，Tallberg(2003)およびCox and McCubbins(2005)を参照した．Tallbergは，議長国の議題形成パワーとして議題重点化や議題排除を挙げている．また，CoxとMcCubbinsは，米国下院の委員会議長の権限として，下院多数派を形成する政党に不利な提案を排除する「否定的議題設定（negative agenda-setting）」と有利な提案を下院の審議の対象とする「積極的議題設定（positive agenda-setting）」を挙げている．否定的議題設定は，Tallbergのいう議題排除であり，積極的議題設定は，議題重点化であると考えられる．ただし，議題排除や否定的議題設定が，議長にとって都合の悪い提案をそもそも会議の

り，議長国に強い権限が与えられた場合には，議長国は自国の提案を重点的に議題として取り上げ，その提案について協議を継続することができ，また，自国に不都合な提案に対する協議を打ち切るという判断ができる．その結果，すくなくとも議長国に不利にならない帰結をもたらすことができる．

　一方，弱い権限とは，議題重点化や議題排除という行為が認められない場合などである．あるいは，議題重点化はできるが，議題排除はできないといった権限の中身も考えられよう．つまり，議長国が協議の継続や打ち切りを決定する権限を十分に与えられていないということである．そうした場合，議長国は自国に不利な帰結がもたらされる可能性を排除できず，自国に一定の利害があっても，結果的に，利害中立的な立場に置かれる場合もある．

　こうした議長国の権限は，議事運営に関する加盟国の共通理解を反映したものである．この共通理解の中身を決める要因としてはさまざまなものが考えられる．たとえば，議長国担当ルールの違いは権限の強弱に影響を与えうる．特定の加盟国が議長を独占する場合は，担当機会が平等に与えられる輪番制に比べ，議長国の権限は抑えられる可能性がある．ただし，同じ輪番制でも加盟国数の違いなどにより権限は異なるかもしれない．そのほか，加盟国間の力関係や意思決定に対して加盟国が共通に抱く価値観(効率性か平等性かなど)などの違いも，議長国の権限の中身を決める要因となりうる．つまり，会議に参加する加盟国(メンバーシップ)やその数などが異なれば，議長国制度が成立していても，議長国に与えられる議事運営上の権限は異なる可能性があり，その結果，予想される帰結も異なるということである．

　ここで，利害調整の帰結，つまり「利害の一致箇所」とは具体的には何なのかを確認しておきたい．ある加盟国が必要に応じて関心のあるイッシューを議題として提案し，その提案について加盟諸国が合意できるかどうかを決めていくとき，利害調整の帰結には二つの側面がある．一つは，提案を加盟国が受け入れて合意が成立することである．必要に応じて当初の提案に修正が加えられて発表される場合もある．合意の内容とは新しい方針やルールなどが考えられ

議題として上程しないことを念頭に置いたものである一方，本書では加盟国の提案はとりあえず議題となる，つまり協議の対象となるが，その後協議を打ち切ることがある場合を想定する．

る．第二の側面は，提案に対して合意が成立しないことである．加盟諸国は議題となった以上，合意成立に向けて努力するが，妥協できず合意成立を見送る場合もあり，その場合には，現状維持が選択される場合が多い．本書では，この二つの側面から利害調整の帰結を分析する．

(3) AMM の議長国制度の特徴

以上，議長国制度の特徴とこの制度における利害調整メカニズムについて説明した．では，ASEAN では，議長国制度はどのように機能しているのか．本項では，ASEAN の会議の一つである AMM の議長国制度について説明する．

AMM の議長国は AMM 終了後に交代するため，議長国の任期は前年の AMM から1年である．この点は他の ASEAN の会議についてもいえる．ただし，ASEAN の首脳会議・各閣僚会議の議長は，同一西暦年でもそれぞれ別の加盟国が担当していた(付表1を参照)．この傾向は 2008 年末に ASEAN 憲章が採択され，「単一の議長国」の制度が導入されるまで継続する．ただし，ASEAN のなかで最も古い会議である AMM と，後に定例化された AEM は，1982 年までは同一西暦年でも異なる加盟国が議長を担当していたが，両会議の議長国は何の明示的な合意もなく，1983 年に同一化する[23]．一方，2008 年末の ASEAN 憲章の発効まで，首脳会議と AMM・AEM の議長国は統一されなかった．たとえば 1999 年に開催された AMM・AEM の議長国はシンガポールで，首脳会議の議長国はフィリピンである．ASEAN 憲章発効後，西暦年を基準に主要会議の議長国が交代することとなり，2009 年はタイが議長国となり，すべての会議を取り仕切った．2010 年の議長国はベトナム，2011 年はイ

---

23) 同一化の時期がなぜ 1983 年だったのかについては不明．ただし関連する点として，1982 年の AMM で設置された ASEAN の組織改革に関するタスクフォースが，AMM と AEM を統合する案を検討していたことが挙げられる．タスクフォースは，1983 年の AMM に統合案を提出した［ASEAN 1983］．タスクフォースの主査はタイ代表である［山影 1997b: 220］．主査の選定については，1983 年の AMM の議長国がタイであるためと考えられる．一方，AEM は，1983 年から年に1回開催となる．1983 年の AEM は，当初5月に開催を予定していたが［AEM 1982］，10 月に延期された［山影 1997b: 付録2］．この AEM の議長国もタイであった．結果として 1983 年の AMM に提出された統合案は採用されなかったが，両会議の議長国の同一化は，タイを中心に統合に向けて準備がなされた結果かもしれない．

ンドネシア，2012年はカンボジア，2013年はブルネイだった．

　AMM の議長国の担当ルールについて，1967 年の ASEAN 設立宣言では，加盟国が輪番(by rotation)で担当すると明記された［ASEAN 2003: 4］．輪番の順序(議長国の担当順序)については明記されなかったが，その後の開催状況をみると加盟国の英語表記のアルファベット順のようである．「加盟国の英語表記によるアルファベット順に議長国を担当する」というルールは，開催状況を観察することによって確認するしかない．1967 年にタイで ASEAN 設立を宣言した際，その共同声明は第 2 回 AMM をインドネシアで開催することを明記している．以来，AMM の共同声明には，次回 AMM の議長国が明記されるようになった［山影編 1999］．1973 年，タイでの AMM 開催によって一巡したことで，アルファベット順の輪番制で AMM が開催されていることは確認できる．付表 1 にも示されるように，その後も加盟国は例外なく，アルファベット順で AMM の議長国を担当している[24]．したがって，AMM の議長国担当ルールは，1974 年頃には確立したと考えられる．つまり，AMM の議長国制度は，そのころに成立したとみなすことができるのである．

　輪番の順序が明文化されなかったという意味で，AMM の議長国制度は不文律の制度として成立したといえる．議長国の担当順序が国名のアルファベット順であることが加盟国間の暗黙のルールである点は，首脳会議の開催をめぐってもはっきりと示された．1976 年，ASEAN 諸国は最初の首脳会議をバリ(インドネシア)で開催する．翌年の 1977 年，クアラルンプール(マレーシア)で第 2 回首脳会議が開かれた．この第 2 回の首脳会議を開催するにあたって，マレーシアのリタウディン外相は，1977 年 2 月，「アルファベット順にもとづき，次回はわれわれが開催する番である」と述べている［DR 770223: O1］．アルファベット順であるなら，第 3 回首脳会議はフィリピンである．フィリピンの国内事情などの関係で，第 3 回首脳会議をフィリピン以外の加盟国で開催するという声が上がったが，結局，第 3 回の首脳会議は，フィリピンの開催準備が整う 1987 年まで開催されなかった．この点について，山影(1991: 267-68)は，ASEAN 諸国政府が，会議開催の必要性よりも，アルファベット順の輪番制に

---

24)　ただし，この点は本書の分析対象期間(1967-2000 年)についていえることである．2000 年以降は，このルールからの逸脱がみられる．詳細は終章を参照．

重きを置いたと説明している．なお，1996年から1999年までに計4回開催された非公式首脳会議の議長国は，全加盟国ではなく，設立時の加盟国がアルファベット順で担当している．

　AMMの間に開かれる特別外相会議と非公式外相会議の議長は，AMMの議長国制度の成立よりやや遅れて，1979年頃から，AMMの議長国によって担われるようになった．ASEAN設立宣言に明記された特別外相会議は，1977年2月にマニラではじめて開かれた．この会議の議長はフィリピン外相であり，この時期にAMMの議長国だったシンガポールではない［ASEAN 1977］．しかし，1979年1月の特別外相会議（バンコク）頃から変化がみられる．この会議では，会議に先だって発表されたAMMの議長（インドネシア外相）による議長声明をふまえて，ベトナムのカンボジア侵攻について議論がなされている（詳細は第3章参照）．タイのバンコクで開かれたこの特別外相会議の議長がインドネシア外相だったかは確かめられなかったが，議題の継続性から，AMMの議長国が特別外相会議の議事運営を実質的に担っていたと考えられる．その後，1985年2月にバンコクで開かれた特別外相会議では，1985年のAMM議長国であるマレーシアの外相が議長を担当している［ASEAN 1985］．

　1968年から開催されるようになった非公式外相会議は，1977年までに毎年1回か2回は開かれるようになった．1978年までに開催された非公式外相会議は，特定の加盟国に偏ることなく，ほぼ平均的に全ての加盟国において開催されている［山影1991: 141-44］．一方，1979年以降の非公式外相会議は，域外国との会議（たとえば，ASEAN‐欧州共同体(EC)閣僚会議など）や国連総会（ニューヨーク）の機会に開かれる場合などをのぞき，AMM議長国で開催されることが慣例となった．したがって1979年以降の非公式外相会議の議長は，AMM議長国の外相によって担われるようになったと考えられる．

　以上，AMMの議長国担当ルールは，1974年頃という，AMMの定例化合意（1967年）から比較的早い段階で確立した．また，このルールはASEANの他の会議にも適用された．議長国担当ルールが1974年頃に確立したことは，ほぼ同時期にAMMの準備会合としてSOMが制度化されたことと関係がある（前節参照）．SOMの制度化は，ASEAN諸国がAMMを意思決定の場ととらえるようになったことを示唆する．その背景には，合意不成立を回避して，何

らかの決定をなさなければならないと加盟国が認識するようになったことがある．この変化とともに，利害調整ルールである議長国制度が成立したと考えられ，加盟国は拒否権の行使を重視することよりも，説得材料が提示されれば拒否権の行使を控えることが適切であるととらえるようになる．本書では，議長国の担当ルールが確立した(すなわち議長国制度が成立した)1974年頃を境に利害調整に関する適切性の基準が「各国の拒否権重視」から「説得材料の提示による拒否権の不行使」へと変化し，1980年代ならびに1990年代において加盟国はこの新しい基準に従っていた点を実証する．

(4) AMM議長国の議事運営と利害調整パターン

　議長国制度のもとでは，利害調整の帰結の特徴は，加盟国が議事運営の実践において議長国に与えている権限の中身に依存する．権限の中身は，議長国担当ルールの性質や加盟国間関係など複数の要因によって決まる．では，AMMの議長国に与えられた権限はどのようなものであり，結果としてどのような帰結が生み出されやすいだろうか．この点を検討する上で本書では，AMMの議長国担当ルールである輪番制とAMMを構成する加盟国数に注目する．

　輪番制は，議長国を担当する機会を平等に加盟国に与える．ASEAN諸国は，組織運営における役割分担について加盟国間の平等性を重視してきた［山影 1991: 264-72］．この点で，ASEAN内の大国であるインドネシアの組織運営に対する影響力はある程度コントロールされてきたといえよう．また，ASEANの加盟国数は，1990年代前半まで6カ国，2013年現在でも10カ国と比較的少ない．この点は，21の国・経済単位が加盟するAPECと比べると明らかである．限られた数の加盟国で運用される輪番制は，議長国の担当機会が十分に近い将来回ってくるという期待を加盟国に抱かせることになる．この期待によって加盟国は，議長国の担当機会を自国利益反映の手段として最大限活用する点を共通に了解しやすくなると考えられる．

　以上の推論に基づき本書では，AMMの議長国制度において議長国に与えられる議事運営上の権限は比較的強いという仮説を提示する．議長国制度のもとでASEAN諸国は，説得材料が提示されれば拒否権の行使を控えるという適切性の基準に従う．拒否権の不行使を実現する説得材料が提示されるのは，加盟

諸国間の協議を通じてである．議長国に与えられる議事運営上の権限が強いということは，説得材料が提示されるために必要な協議を維持するか，打ち切るかを議長国が自国の利害に基づいて判断できるということである．つまり，議長国の意向に沿った提案は協議の対象となり続ける．特に議長国から出される提案は会議の中心議題となりやすい．一方，議長国に不利な提案が非議長国によって出された場合，その提案についての協議は打ち切られる可能性が高くなる．その結果，利害調整の帰結，つまり「利害の一致箇所」は，少なくとも議長国の不利にならないものになると考えられる．

以上の点を実証するため，「提案側」ならびに「提案反対側」という観点から議長国と非議長国との関係を捉える．提案について合意が成立するかどうかが問題になるのは，その提案に反対する国が存在する場合である．提案をめぐる議長国と非議長国の立場には，三つの場合が考えられる．第一は，議長国が提案側で，非議長国が提案反対側である場合(a)，第二は，非議長国が提案側で，議長国が提案反対側である場合である(b)．第三は，議長国が提案側・提案反対側のどちらの立場にもなく（したがって，非議長国が提案側および提案反対側となる），非議長国からの提案に対して賛成あるいは利害を有しない場合である(c)．この三つの利害調整パターンごとに，議長国の議事運営によって引き起こされやすい利害調整過程と帰結をまとめたのが図2である．

利害調整パターンaは，議長国が提案側の場合である．この場合，議長国が説得材料を提示することで，提案反対側の非議長国に反対意見の表明を控えさせる努力を払う．したがって提案に対する反対や消極的意見の中身が，説得材料の内容を規定する．提案を一部修正することや，提案反対側からの修正案や留保に応じることなど，議長国自らが一定の譲歩をすることも説得材料の一つとして想定される．ただし議長国側からの譲歩は，自国に不利にならない程度になされる．

非議長国は，提示された妥協案や条件が，自国の利益を反映しているかだけでなく，その時置かれた様々な状況などからみて妥当性を有しているかどうかで譲歩するかどうかを判断する．ただし，提案について合意を成立させるための協議を継続するかどうかは，議事運営者である議長国に委ねられている．議長国が提案側であるということは，議長国がその提案について合意を成立させ

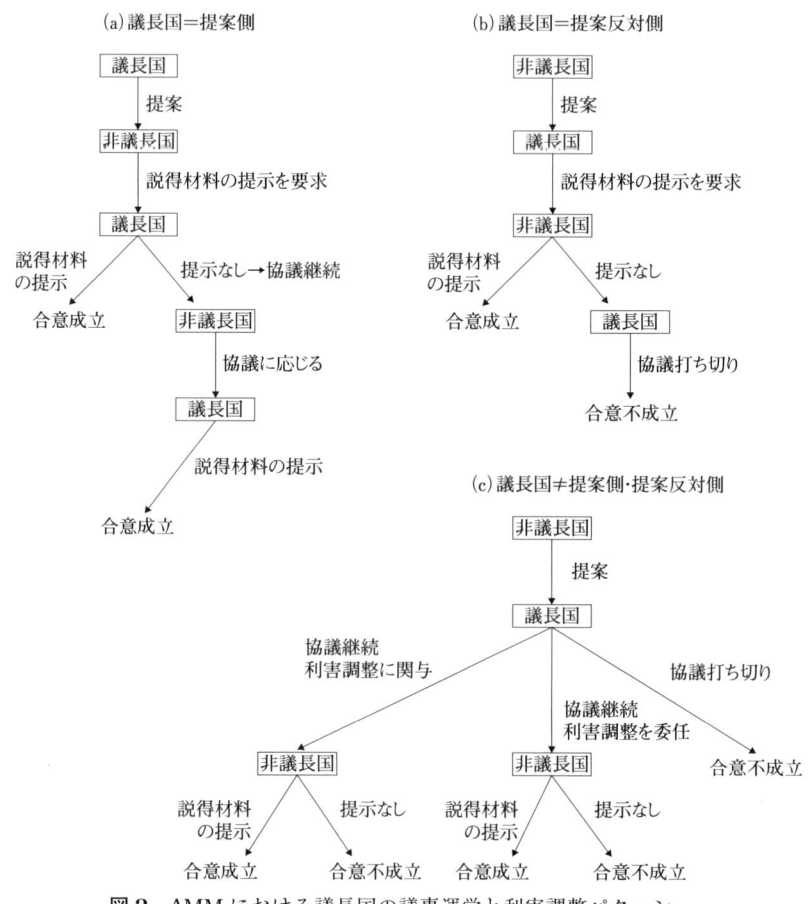

図2 AMMにおける議長国の議事運営と利害調整パターン
出所：筆者作成

たいという意図を持っていると考えられるため，場合によっては会議の当日まで協議を継続させ，説得材料を提示する機会を作り出すことが想定される．非議長国は，協議に応じるという選択しかできず，説得材料の提示を幾度となく受ける立場に置かれやすい．したがって，時間の制約はあるものの，議長国が説得材料を提示する環境が整えられ，最終的には議長国の提案について合意が成立しやすくなる．

利害調整パターンbは，議長国が提案反対側に立つ場合である．議長国は，

2. 利害調整ルールとしての議長国制度

提案側である非議長国から説得材料を提示される立場になる．議長国の意向に沿った説得材料が提示されれば，合意が成立する．しかし，説得材料が提示されない場合には，議長国は協議を打ち切ってその提案を会議の議題から外すことが可能である．その結果，非議長国の提案について合意が成立しないという結果がもたらされやすくなる．

利害調整パターンｃは，議長国が提案側でも提案反対側でもない場合である．議長国は提案に関心がないか，賛同したとしても自国が提案側となるよりは利害が希薄である．このような議長国が優先するのは，会議の結果に対する評価に悪影響を及ぼす要素を事前に排除しておくことである．ある提案について加盟国間の利害対立が先鋭化すること自体が会議の結果に対する評価を下げてしまう可能性が高い場合，議長国は協議の打ち切りを判断する．協議が打ち切られた提案については，当然のことながら合意が成立しない．

一方，合意が可能だと議長国が判断した提案については，議長国は協議を継続し，利害関係を持つ非議長国同士の調整に結果をゆだねるか，中立的な立場あるいは提案側を支持する立場で利害調整に関与する．提案側の非議長国が説得材料を提示できれば，提案側の非議長国にとって不利にならない内容となり，提示できなければ合意は成立しない．こうした帰結は，基本的に議長国の利害とは無関係である．しかし，議長国は利害対立が先鋭化するような提案を事前に議題から排除し，合意できる提案だけを議題とすることで会議の結果に対して積極的な評価を得やすい．この点で，議長国にとって少なくとも不利にならない帰結がもたらされやすいといえる．

本書では，以上の三つの利害調整パターンに適合するかを二つの指標に基づいて実証を試みる．第一の指標は，利害調整の「過程」において議長国制度に基づく行為がみられるかどうかである．議長国の議事運営の出発点は，議長国あるいは非議長国によってなされる提案にある．議長国制度に基づく行為とは，提案側が説得材料の提示を試みること，あるいはそうした材料の提示がなされるために協議を継続するかを議長国が判断していることである．こうした行為の有無によって，利害調整パターンとの適合性を判断する．

第二の指標は，利害調整の「結果（帰結）」が利害調整パターンの通りになっているかどうかである．利害調整の結果には合意成立と合意不成立がある．提

案が協議の過程で必要に応じて修正を加えられ合意に至る場合，合意の内容は新しい方針やルールなどが想定される．そのなかには全加盟国が積極的な賛成を表明した結果できあがる合意もあれば，少数の反対意見が存在しつつもかろうじて成立する合意もある．そのため成立した合意のなかには，合意文書で明示的にあらわすことを見送った「暗黙の了解」部分もあろう．本書では，成立した合意を「合意文書に明記された内容」に限定する．合意文書とは，協定や条約だけでなく覚書や共同声明，議長声明などあらゆる形態を含む．合意文書に明記された内容に限定するのは，その内容が利害調整の過程で反対意見を表明した加盟国でさえ十分に納得したものであると考えるからである．他方，加盟諸国は議題となった以上，合意成立に向けて協議するが，妥協できず合意成立を見送る場合もある．本書では，提案について加盟諸国が協議したことが確認されれば，その提案に対する合意不成立を利害調整の結果として取り上げる．

このように，本書では，利害調整の「過程」と「結果」という二つの指標によって事例が三つの利害調整パターンに適合しているかを検証する．

3. 利害対立下での議長国の立場

(1) 対立が先鋭化した政治・安全保障問題

本書では，AMM 設置から 1990 年代末までを分析の射程とし，ASEAN 加盟国が議長国制度を利用して利害を調整してきた点を明らかにする．利害調整の分析にあたっては，何らかの合意を形成する必要があるという共通認識は加盟国間に存在するものの，どのような合意を作るかをめぐり利害が対立した問題を事例として取り上げるのが適切である．では，ASEAN 諸国はどのような問題において合意形成の必要性を認識しつつも，その利害を対立させたのか．この点を把握するため，ここでは AMM の共同声明(Joint Communique)に明記された主要議題を紹介する(付表 3)[25]．

政治・安全保障協力が ASEAN の正式な協力分野になった 1976 年以降，AMM の共同声明においてこの分野に関する項目は次第に重みを増していく．

---

25) AMM の共同声明は，第 1 回(1967 年)から第 29 回(1996 年)までは山影編(1999)，第 30 回(1997 年)以降は AMM(1997-2000)を活用した．

3. 利害対立下での議長国の立場

1976 年まで AMM で議論されたのは，主として非政治的な問題だった．1976 年までで，政治・安全保障協力としてカウントできそうなのは，事務局設置問題(1972-76 年)と突発的な懸案問題(1969 年の AMM におけるフィリピンとマレーシアの国交回復など)ぐらいであった．特に，事務局設置に関する項目は，1972 年から 1976 年まで継続的にみられる．先述したように，事務局設置をめぐる問題は，AMM の準備会合として制度化しつつあった SOM において最初に取り上げられた政治問題であった．

一方，1979 年からの約 10 年間においては，カンボジア紛争(「インドシナ情勢」，「カンプチア情勢」など言い方は様々だが実質的な中身は同じ)と難民問題(インドシナ難民を指す)が，一貫して共同声明の全項目の約 1 割から 3 割を占めている．このことから，1980 年代に ASEAN 諸国は，ベトナムのカンボジア侵攻に対する対応を最重要課題と位置づけていたといえよう．

1990 年代に入ると，カンボジア紛争のような特定のイッシューが継続的に登場することは少なくなった．代わりに，「政治・安全保障協力」と「国際・地域情勢(あるいは，地域・国際情勢)」という，より一般的な見出しが登場するようになる．この二つの見出しは，年によってばらつきはあるものの，1990 年代を通じて全体の 3 割から 4 割を占めることが多い重要な項目であった．この二つの項目においてたびたび言及されたのが，ベトナムとラオス，ミャンマー，カンボジアの加盟準備の進展である．具体的には，これらの国々が，TAC に加入する，オブザーバーの地位を取得する，正式に加盟を果たすといった内容である．その他には，複数の ASEAN 諸国と中国や台湾が当事国となっている南シナ海領有権問題などが断続的に登場する．

AMM の共同声明の内容から，ASEAN 諸国がそれぞれの時期に AMM の議題として重視していたイッシューが浮かび上がった．すなわち 1970 年代は事務局設置問題，1980 年代はベトナムのカンボジア侵攻に関する問題，1990 年代は新規加盟をめぐる問題である．まさにこれらの問題について，加盟国の利害は対立した．この点は，序章で紹介した既存研究でもこれらの問題が取り上げられていることからも明らかである．既存研究では他に，1990 年代末に議論された内政不干渉原則の見直しについての問題も取り上げられている．内政不干渉原則の見直しが議論された背景には，人権侵害等で国際的な非難を浴び

ているミャンマーの ASEAN 加盟前後に，一部の加盟国がミャンマーへの対応を再検討する必要があると主張したことがある．内政不干渉原則は，現在でもASEAN の重要な原則の一つであるが，ミャンマーへの対応を強化すべきだと考える一部の加盟国の提案で，この原則を柔軟に解釈し，加盟国の国内問題にも ASEAN が関与できるような仕組みを作るかどうかが話し合われた．したがって，新規加盟の問題と内政不干渉原則見直し論議は密接に関連している．

なお，AMM の共同声明の形式については，1979 年を境に変更がなされている．1978 年までの共同声明は，項目数が少なく，各項目は番号を付して列記されるだけであった．一方，1979 年以降の共同声明では，項目数が増えたこともあり，番号を付した項目を特定のテーマごとに分類するようになった．たとえば，1979 年の共同声明は 57 項目で構成されるが，これらの項目は，参加者や開催場所などの 5 項目を除いて，「開会スピーチ」(7 項目)や「インドシナ情勢」(6 項目)，「ZOPFAN」(3 項目)といったテーマ毎に分類されている．こうした形式の変化は，AMM の共同声明が意思決定の結果としての「合意文書」の体裁を整えるようになったことをうかがわせるものである．この変化は，AMM が政治・安全保障協力を担う会議として正式に認知され，AMM の準備会合である SOM が制度化されていった時期とほぼ軌を一にする(本章第 1 節参照)．つまり，共同声明の形式の変化も，1970 年代後半に AMM が意見交換の場から意思決定の場となったことを裏付けている．

(2) 加盟国の利害対立と議長国の立ち位置

AMM の主要議題をふまえ，本書では，AMM において加盟国の利害が対立したイッシューとして以下の四つを取り上げる．詳細は第 2 章以降で示すが，これらのイッシューにおける加盟国間の対立構造は表 2 のとおりである．議長国制度において，議長国の立ち位置は，議長を担当する加盟国(付表 1 参照)の利害がどこにあるかで決まる．議事運営上，議長国に強い権限が与えられていると考えられる AMM の議長国制度では，議長国の立ち位置が利害調整の帰結を大きく規定する．

第一のイッシューは，1960 年代末から 70 年代にかけて議論された事務局の設置と権限に関する問題である(第 2 章)．この問題には三つの側面がある．第

表2 ASEAN 諸国間の利害対立

争点	積極派／賛成派	消極派／反対派	中立
事務局(1)設置検討開始(1968-72)	フィリピン	インドネシア	マレーシア，タイ，シンガポール
(2)インドネシアへの設置(1973-74)	インドネシア	フィリピン	マレーシア，タイ，シンガポール
(3)権限強化(1976-77)	インドネシア	フィリピン，タイ，マレーシア，シンガポール	
対ベトナム強硬路線(1979-89)	タイ，シンガポール	インドネシア，マレーシア	ブルネイ，フィリピン
ミャンマー・カンボジアの早期加盟(1997-99)	インドネシア，マレーシア，ベトナム，ミャンマー，ラオス	タイ，フィリピン，シンガポール	ブルネイ
内政不干渉原則の見直し(1998)	タイ，フィリピン	インドネシア，マレーシア，シンガポール，ベトナム，ラオス，ミャンマー，ブルネイ	

出所：筆者作成

一の側面は，事務局の設置を検討するかどうかである．1967年にASEANが設立されたとき，事務局は設置されなかった．1968年のAMMを前に設置を検討し始めるべきだとしたフィリピンに対し，インドネシアは時期尚早だとして反対する．しかしその後，1972年のAMMで設置を検討することとなった．この問題が討議されたAMMの議長国はインドネシア(1968年)とシンガポール(1972年)だった．第二の側面は，事務局をどの加盟国に設置するかという点である．1974年のAMMでは，インドネシアの首都ジャカルタに事務局を設置することで合意が成立する．しかしこの合意に至るまでにインドネシアとフィリピンが誘致合戦を展開した．1974年のAMM議長国はインドネシアである．第三の側面は，事務局の権限についてである．事務局誘致に成功し，事務局の権限強化を主張するインドネシアに対し，フィリピンを中心とする他の加盟国が反対した．最終的には，インドネシアの強化案は合意されず，事務局の権限は行政的なものにとどめられることになった．事務局の権限について議論された1976年と1977年のAMM議長国はフィリピンとシンガポールだった．

第二のイッシューは，カンボジアに侵攻したベトナムにどのようなメッセージを発するかという問題である（第3章・第4章）．ベトナムに強硬な姿勢で臨むべきだとするタイやシンガポールに対し，インドネシアとマレーシアはベトナムとの対話を模索した．この問題は10年にわたりAMMの主要な議題となる．この期間中，議長国の立ち位置は，輪番制によって，対ベトナム強硬派と柔軟派の間を往復することになった．

　第三のイッシューは，新規加盟をめぐる議論である（第5章）．1995年にベトナムがASEANに加盟した後，ASEAN諸国は，2000年までにカンボジアとラオス，ミャンマーの3カ国をASEANに迎えることに合意した．しかし特に，ミャンマーとカンボジアの加盟時期についてはなかなか合意ができなかった．加盟の条件をめぐり加盟国の利害が対立していたからである．ミャンマーをASEANに加盟させる際に，民主化の進展を条件にすることを求めるタイやフィリピンに対して，インドネシアやマレーシアは政治的な加盟条件を付さない立場をとった．結果からいえば，ミャンマーは目標の2000年より早い1997年にASEANに加盟した．ミャンマーの加盟が実現した1997年のAMMで議長国を務めたのは，ミャンマーは早期に加盟すべきだと主張したマレーシアである．

　ミャンマーの早期加盟に対する利害対立の構造は，そのままカンボジアの加盟を巡る問題に引き継がれていく．カンボジアは1997年前半までは，特に問題なく加盟するものと受けとめられていた．しかし，加盟が承認される直前の1997年7月に同国で政変が勃発したため，ASEAN諸国は急遽，同国の加盟延期を決定する．その後，ミャンマーの加盟に関する対立を受ける形で，カンボジアの加盟が争点化した．ASEAN諸国は，加盟承認の条件として正統な政府の樹立を掲げたが，何をもって正統な政府が樹立されたとみなすかについて意見が対立した．インドネシアとマレーシア，ベトナムの早期加盟積極派は，連立政権の樹立をもって正統な政府が樹立されたとみなすとしたが，フィリピンとシンガポール，タイは早期加盟に消極的な立場をとり，加盟を承認するには，連立政権だけでなく上院の設置も確認されなければならないと主張した．また，この時点ではラオスとミャンマーがすでに加盟国となっており，早期加盟積極派に加勢した．カンボジアの加盟が承認されたのは，早期加盟慎重派が主張し

た加盟条件を満たした後の 1999 年である．1999 年の AMM の議長国は，早期加盟に慎重なシンガポールだった．

　第四のイッシューは，内政不干渉原則の見直し問題である（第 6 章）．同原則の見直しを提案したタイにフィリピンが支持を表明する一方，その他の加盟国は基本的に現状維持，つまり内政不干渉原則の維持を主張した．フィリピンが議長国を務めた 1998 年の AMM でタイの提案が話し合われたが，この提案について合意は成立せず，見直し反対派の主張が通ることになる．

第 2 章　事務局の設置と権限に関する合意形成

　本章では，1960 年代末から 1970 年代にかけて加盟国間で利害が対立した事務局の設置と権限をめぐる問題に関する合意形成過程を，議長国の議事運営という観点から分析する．この問題をめぐっては三つの異なる争点について議論されたため，1968 年から 1977 年の AMM を三つの時期に分けてその合意形成過程をたどる[1]．第 1 章で述べたように，AMM の議長国制度は 1974 年頃に成立した．議長国制度の成立は，利害調整に関する適切性の基準の変更を意味する．本章では，1970 年代前半まで「各国の拒否権重視」という適切性の基準に，1974 年頃からは「説得材料の提示による拒否権の不行使」という基準に従って加盟国は互いに利害を調整していた点が示される．ただし，1970 年代の AMM における利害調整においては，適切性の基準が変化した兆しは確認できるものの，変化した基準が定着したかどうかについては留保が付される．

1. 事務局の設置と権限をめぐる利害対立

　事務局の設置と権限をめぐる加盟国間の利害対立には三つの争点があった．第一に，事務局設置を検討するかどうかについてである．1967 年，ASEAN が設立された際，事務局は設置されなかった．1968 年にフィリピンが事務局の設置を提案し，検討を開始すべきであると主張したが，インドネシアが消極的だった．結局，加盟国は，1972 年の AMM で設置を検討することに合意する．1968 年から 1972 年の AMM 議長国は，それぞれインドネシア，マレーシア，フィリピン，シンガポールであった．これらの加盟国のうち，この問題に利害を有していたのは，インドネシアとフィリピンである．
　第二の争点は，事務局をどの国に設置するかである．1972 年の AMM で事

---

[1]　1968-77 年の AMM の共同声明は山影編（1999）を活用した．

務局の設置を検討することが合意された後，1974年のAMMでインドネシアの首都ジャカルタに事務局を設置することが決まる．インドネシアへの設置という合意に至る過程で，フィリピンとインドネシアが誘致合戦を展開した．この時期にAMMの議長を担当したのは，タイ(1973年)とインドネシア(1974年)である．この問題に利害を有していたインドネシアは，議長国を担当する機会を得た．

　第三の争点は，事務局にどの程度の権限を付与するかであり，この問題をめぐって1975年から1977年にかけて加盟国間の協議がなされた．1975年のAMMでASEAN事務局設置協定が承認され，事務局はASEANの意思決定に実質的権限は持たず，事務的・行政的な役割しか持たないことが合意された．その後，事務局誘致に成功したインドネシアが，事務局の権限強化を提案する．このインドネシアの提案にフィリピンを中心とするほかの加盟国は反対の立場をとった．事務局設置協定を改正する可能性も議論されたが，同協定の改正には至らなかった．この時期に議長を担当したのは，担当順にマレーシア(1975年)，フィリピン(1976年)，シンガポール(1977年)だった．この中で事務局の権限強化に最も強く反対したのはフィリピンであり，同国は1976年に議長国を担当した．

2. 事務局の設置をめぐる駆け引き

(1) 事務局設置の検討開始に向けた合意形成

　事務局設置を検討することが合意されたのは1972年のAMMにおいてである．事務局設置の提案は，1968年8月のAMMを前にフィリピンから出されていた．フィリピンはASEANの組織化に熱心で，1968年2月のASC(ジャカルタ)の際に，ASEAN共同基金の設立やASEAN憲章の策定，事務局の設置などを提案したのである．

　しかし，この会議の議長であったインドネシア代表は，「議長としてではなく，インドネシア代表として，ASEAN憲章策定と事務局設置は次回のAMMまで議論を延期することを提案する．事務局設置は，ASEAN憲章策定後に実現すべきである」と発言し，フィリピンの提案に対して消極的な姿勢を示した．

結局，この会議で加盟国は，フィリピンの提案を持ち帰って検討することになる［ASC 1968］．そのため，1968年のAMM（ジャカルタ）の共同声明には，事務局設置に関する記述はない．インドネシアは，議長国として，反対している加盟国（つまり，インドネシア）がいるので議論は先送りするという流れを作ったのである．

　次に事務局設置が議論の的になったのは，1972年のAMMに向けた準備のために1972年1月に開かれたASC（シンガポール）においてだった．この会議でインドネシアが意見書（Reflection）を提出し，事務局の設置を検討する機が熟したとの判断を伝えた［ASC 1972］．つまり，インドネシアは，1968年の時点では事務局設置を議論することに消極的な姿勢を示していたが，その姿勢を変更したのである．インドネシアが姿勢を変更したのは，自国に事務局を誘致したいと考えるようになったからであると考えられる．一方，他の加盟国は事務局設置を検討することに反対しなかったとみられ，インドネシアの姿勢が変化したことにより，設置の検討を開始することで合意が成立することになる．1972年4月のAMM（シンガポール）の共同声明には「事務局設置を検討することに合意した」との文言が挿入された．このAMMにおいてフィリピンは，1968年に事務局設置を提案した時と同様に，改めて設置を提案している［山影1991: 243］．

　1968年のAMM議長国インドネシアは，フィリピンの提案に対して加盟国として拒否権を行使し，提案について合意を見送ることを促した．このインドネシアの行為に他の加盟国も同意した．このことは，利害調整における「各国の拒否権重視」という適切性の基準が加盟国間で共有されていたことを示唆する．この点はその後の経緯からもいえる．フィリピンが議長国であった1971年のAMMでは，事務局設置を検討するかどうかは議題とはなっていない．事務局設置を提案していたフィリピンが議題にしなかったのは，事務局設置を検討することに拒否権を行使しているインドネシアの存在があったためだと考えられる．インドネシアによる拒否権の行使は，同国が自らの姿勢を変更することで取り下げられた．この行為がみられたのが1972年1月のASCである．事務局設置を検討することに消極的だったインドネシアが態度を変えたことで，設置に向けた議論が始まったと考えられる．

(2) インドネシアとフィリピンによる誘致合戦とインドネシアへの設置決定

次に検討するのは，事務局をどの国に設置するかについての合意形成である．結果からいえば，1974 年の AMM で，インドネシアに事務局を設置することが合意された．この合意までには，インドネシアとフィリピン両政府の間で誘致合戦が展開された．

事務局設置の議論開始が合意された翌年，1973 年 4 月の AMM（パタヤ）では「もし他の加盟国から申し入れがないならば，インドネシアに設置したいというインドネシア政府の申し入れを認める．事務局設置に関する特別委員会を設置し，その主催国となるとのフィリピンの申し入れを認めた」とする共同声明が発表された．この文言から以下のことがわかる．第一に，インドネシアが誘致に名乗りを上げたこと，第二に，事務局設置に関してフィリピンが積極的な関与をみせていること，第三に，事務局をどこに設置するかについて ASEAN 諸国間でまだ合意は成立していないことである．事務局設置に関する特別委員会は，1973 年後半に第 1 回をマニラ，第 2 回をシンガポールで，1974 年初めに第 3 回をバンコクで開催した［月報 1973 年 11 月号：196; 1974 年 1 月号：179］．

1973 年の AMM の後，議長国はタイからインドネシアに移った．1973 年 12 月に開かれた ASC（ジャカルタ）の議事録には，事務局の誘致について，1973 年の AMM 議長国タイに対するインドネシアの不満がみてとれる．この会議でインドネシア代表は，「タイ代表から事務局設置に関する最終合意を次回の AMM までに行うべきだとの見解が表明された．1973 年の AMM（パタヤ）で，原則としてインドネシアに事務局を設置することで合意したにもかかわらず，その合意の明文化が十分でなかったことが悔やまれるが，タイ代表はパタヤでなされた関係する全ての受け入れ可能な決定を支持するのに何の障害もないと述べた」と発言した［ASC 1973］．このインドネシア代表の発言から，インドネシアが，1973 年の AMM で同国に事務局を設置することについて加盟国の同意を得たかったことが分かる．しかし，1973 年の AMM ではこのインドネシアの意向はかなえられなかった．それは，フィリピンも誘致の意向を表明していたからである．1973 年 11 月にインドネシアの国内事務局が明らかにしたところによると，パタヤでの AMM においてインドネシアとフィリピンの両

2. 事務局の設置をめぐる駆け引き

国が事務局を誘致したい旨を表明したという［月報 1973 年 11 月号：196］[2]．フィリピンがインドネシアへの誘致に拒否権を行使したことで，議長国のタイは設置場所の決定を先送りしたと考えられる．

フィリピンは，1973 年末，正式に事務局誘致に立候補する．マルコス大統領は，マニラを事務局誘致先として立候補するように外務省に通達した．これを受けて外務省は，8000 スクエアの土地と 14 階建てのビルの建設計画を提示し，ビル建設費用の 4300 万ペソ（約 609 万米ドル）[3]および運営費全額を支出すると発表する［月報 1974 年 3 月号：196; DFA 1975］．

インドネシアとフィリピンが事務局を誘致する意欲を示して対立していることについて，他の加盟国は静観する立場を取ったとみられる．マレーシアがASC において誘致問題に決着を図るべきだと主張したこともあったが［ASC 1974］，実際には，インドネシアとフィリピンとの二国間協議によって問題の解決が図られた．1974 年 3 月，マルコス大統領は，事務局設置場所の問題について会談すべく，マニラを訪問するようにインドネシアのマリク外相を招聘している［月報 1974 年 3 月号：192］．両国の話し合いは 1974 年 5 月の AMM（ジャカルタ）直前まで続いたことから分かるように，両国は自国の誘致提案について一歩も譲らない構えをみせていた．最後には，フィリピンのロムロ外相とマリク外相が会談し，マルコス大統領とインドネシアのスハルト大統領とのやり取りを間接的に伝え合う形で，ジャカルタに設置することで合意した［DFA 1975］．AMM の共同声明では，「フィリピンが地域の連帯とインドネシア政府の熱意に鑑み，事務局誘致の提案を取り下げることを表明した結果，事務局をジャカルタに設置することが合意された」との文言が挿入され，ここに事務局誘致合戦はインドネシア政府の勝利に終わった．

一方，この AMM の共同声明には，事務局の設置場所の決定と並行して，「ASEAN 憲章の策定に関して ASC に検討を指示する」との内容が盛り込まれた．フィリピンのロムロ外相は，この AMM 後に「事務局が設置されたから

---

2) ただし，1973 年の AMM の共同声明で，なぜフィリピンの誘致の意向が明記されなかったのかは不明．

3) 当時（1974 年 12 月時点）の為替レート（1 米ドル＝7.06 ペソ）をもとに算出した［年報 1975 年版：323］．

には国際組織の体裁を整えるために，事務局設置に続いてASEAN憲章が策定されなければならない」と発言している［DR 740814: P2］．ASEAN憲章の策定は，事務局の設置とともにフィリピンが1968年以来提案してきたものである．インドネシアは，1968年のAMMでフィリピンの事務局設置提案に反対する理由として「事務局設置は，ASEAN憲章策定後に実現すべきである」という点を挙げている．これらをふまえると，ASEAN憲章の策定に取り組むという決定は，インドネシアにとって過去の自国の方針を踏襲するものであったと同時に，提案国のフィリピンに一定の配慮を払うものであったと考えられる．つまり，事務局誘致に関してフィリピンに譲歩してもらうために，インドネシアはフィリピンが提案していたASEAN憲章の策定問題を取り上げた可能性があるということである[4]．

　以上のように，事務局の誘致は議長国インドネシアの意向が通る形となった．この問題でインドネシア・フィリピン両国がAMM開催直前まで協議したことは，議長国インドネシアがこの問題について協議を継続させたことを意味する．最終的にフィリピンは自国への誘致を断念し，インドネシアへ事務局を誘致することに拒否権を行使しないことを決めた．ここに，利害調整に関する適切性の基準が「各国の拒否権重視」から「説得材料の提示による拒否権の不行使」へと変化した兆候をみてとることができる．

　ただし，厳密には，自国へ事務局を誘致するためにインドネシアがフィリピンにASEAN憲章の策定問題を取り上げるという説得材料を提示したかどうかは入手した資料からは確かめられなかった．誘致問題では，インドネシアとフィリピンが互いの誘致提案に拒否権を行使する立場にあった．第1章で述べたように，「各国の拒否権重視」という適切性の基準は大国の影響力を容認しやすい．インドネシアに誘致することで決着したのは，この基準に基づいて，大国インドネシアの拒否権がフィリピンのそれより重視されたためととらえることも可能である．しかし，両国が誘致の意思を表明した1973年のAMMでは，インドネシアの拒否権はフィリピンのそれより重視されずに，事務局の設置場

---

[4] 関連して，このAMMでは，フィリピンが提案していた紛争平和的処理手段を制度化することも了承された．また，1973年にフィリピン政府は南部フィリピンにおけるイスラム教徒対策で，インドネシア政府の支持をとりつけている［山影1991: 260］．

所について決定が先送りされている．この点をふまえると，1974年のAMMでは，1973年のAMMとは異なる利害調整が展開された可能性が高いと考えられる．

3. 事務局の権限をめぐる攻防

(1) 事務局設置協定における事務局への限定的役割の付与

　1974年のAMMで事務局をジャカルタに設置する合意がなされた後，加盟国はASEANの意思決定において事務局にどのような権限を付すかについて話し合った．この問題は，1975年のAMMでASEAN事務局設置協定が承認され，1976年の第1回首脳会議で同協定が調印されたことで一応は決着する．事務局設置協定では，事務局の役割が行政的・事務的なものに限定された．ASEANが設立された時に事務局が設置されなかったことからも分かるように，加盟国は各国の主権を重視して，常設機関である事務局に強い権限を与えることに消極的だったとみられる．しかし，事務局を誘致したインドネシアは，他の加盟国と異なり，事務局に一定の権限を与えることを目論んでいた．同国は事務局設置協定で「最小限の権限しかもたない事務局」にいったんは同意するものの，その後，事務局の権限を強化することに意欲を示したことで，他の加盟国と対立した．権限強化をめぐる話し合いは1977年まで続くことになる．

　事務局の権限など組織のあり方に関する議論は，誘致問題と並行して開始された．1974年4月，事務局設置に関する第4回特別委員会がジャカルタで開催され，事務局設置のための勧告案が作成された．勧告案の中身について，会議議長のインドネシア国内事務局長は，「会議は，事務局の組織機構，財政および人事問題を討議し，その結果はAMMに提出される」とした［月報1974年4月号：192］．つまり誘致の問題が決着する前に，事務局がどのような組織となるべきかの話し合いが行われていたのである．

　しかし加盟国のなかには，この問題に結論を出すのは時期尚早であるとの意見もあった．1974年5月のASC(ジャカルタ)で，先の特別委員会の勧告案についてタイ代表は「誘致先については次回のAMMで議論する準備があるが，事務局設置協定についてはそうではない」と発言している．また，マレーシア

代表も「事務局の設置に関する問題は ASEAN の全ての活動を全面的に見直すなかで検討されるべきだ」と表明し，マレーシア政府として特別委員会の勧告案を再検討する用意があることを伝えた [ASC 1974]．タイおよびマレーシア代表の発言から，インドネシア主導で事務局の権限に関する話し合いが行われるのを他の加盟国が警戒していたことが分かる．このことは，他の加盟国とインドネシアとの間に，事務局の権限のあり方について意見の食い違いが生じ始めていたことを示唆する．

　事務局設置協定に至る事務局の権限についての話し合いは，1974 年の AMM の後に，インドネシア以外の加盟国主導で具体化されていく．1974 年 10 月，国内事務局長会議・ASC の合同会議(クアラルンプール)で，事務局の運営に関する草案が，1975 年の AMM 議長国マレーシアによって提出された．この草案では，基本方針として「事務局は ASEAN 加盟各国の主権を侵害することのないよう慎重を期すること，事務局は承認された ASEAN プロジェクトおよび活動を実施する上で加盟国を支持すべきである」等の内容が盛り込まれている [月報 1974 年 10 月号：191-92][5]．

　1975 年 1 月の事務局設置に関する SOM(パタヤ)では，タイが事務局設置協定草案を提出した [SOM 1975a]．タイ草案は，先のマレーシア案を踏襲し，事務局は主権委譲を伴う強い権限を持つのではなく，加盟国政府の指示下に置かれるという内容だった．一方，この SOM で ASC をジャカルタに常設化するかを今後検討するという合意がなされている．すなわち，今後 1 年間，ASC を通常通り開催した上で，効率的な業務遂行のために常設化が必要かどうかについて(新たに任命される)事務局事務総長(以下，事務総長)が提言することになった [SOM 1975a]．この合意は，インドネシアの主張を取り入れたものだと考えられる．事務局誘致に成功したインドネシアは，ASC の機能を事務局に移転することに熱心だった [山影 1991: 247]．インドネシアは，事務局は加盟各国の主権を侵害しないという基本路線に同意する一方で，ASC を常設化することで事務局の権限強化に向けた布石を打ちたいと考えていたとみられる．

　タイの草案をもとに，1975 年 5 月の AMM 前の SOM(クアラルンプール)で

---

5)　また事務局に，社会文化，農業技術，調査研究という三つの局(bureau)を設置することを提案した [DR 741024: 02]．

3. 事務局の権限をめぐる攻防

は，事務総長は輪番で交代し，任期は 3 年とするという提言が策定された [SOM 1975b]．ただし，初代事務総長をどの国から任命するかについて複数の国が立候補して結論が出せなかったため，AMM での決定に委ねられた [*ST*, May 12, 1975]．

1975 年の AMM (クアラルンプール) では，事務総長の任期を 2 年に短縮するという修正がなされたうえで，SOM が提出した事務局設置協定草案が承認された．初代事務総長に関しては，インドネシアとマレーシア，フィリピンが自国から任命したいと主張していたことが明らかになった．結局，事務総長の担当ルールは，AMM の議長国担当ルールに従い，国名 (英語表記) のアルファベット順の輪番制とすることになったため，インドネシアから大使級が任命されることが合意された [*ST*, May 16, 1975; 月報 1975 年 5 月号：214]．事務総長の任期が 2 年に短縮されたのは，大国インドネシアから事務総長が任命されることを他の加盟国が警戒したからと考えられる．ただし，インドネシアから事務総長が任命されるという合意は，今回の AMM の共同声明には明記されていない．この点は，翌年 (1976 年) の AMM において確認できる．

1976 年 2 月，インドネシアのバリに集った ASEAN 諸国首脳は，この事務局設置協定に調印し，ここに事務局が正式に設置された [ASEAN 1976]．事務局が AMM の指示の下に置かれると定められたことや，経済と科学技術，社会文化という三つの局で編成されたことからわかるように，事務局の役割は非政治・安全保障分野の協力をサポートするという行政的・事務的なものに限定された．こうした性質をもつ事務局設置協定を承認することに，事務局の権限強化に積極的なインドネシアが同意したのは，同協定にもとづいてともかく事務局を稼働させることが先決だと判断したからだけでなく，同協定が事務局の権限について曖昧な部分が多かった [山影 1991: 244-49] からであると考えられる．すなわち，インドネシアとしては今後，事務局の権限強化について具体的な提案をおこなう余地があると判断したとみられる．インドネシアが自国から事務総長を任命することになったことも，この判断を促したと考えられる．事務局の権限拡大の余地を残す事務局設置協定のもとで，インドネシアは同国出身の事務総長が事務局の権限強化に向けて積極的に動くことを期待できたのである．

(2) インドネシアによる権限強化の試みと挫折

事務局設置協定の調印後，インドネシアは事務局の権限強化について具体的な提案を行っていく．1976年の首脳会議で調印されたASEAN協和宣言には，事務局設置協定の調印を確認するとともに，ASEANの組織についての定期的なレビューとASEANを規定する新たな法的枠組みについて検討することが明記された．この合意を受けて開かれたのが，1976年5月のASEAN組織改革に関する第1回SOM(マニラ)である．この会議で，インドネシア，マレーシア，フィリピンが作業文書を提出した［SOM 1976b］．

このうちインドネシアの作業文書では，事務局の権限を強化することが提案されている．具体的には，各分野の高官から構成される常設委員会(Permanent Committee)を設置することである．同国は，1976年6月のASEAN組織改革に関する第2回SOM(マニラ)においても，第1回会合の結果を受けて再び作業文書を提出し，さらに具体的な提案をおこなった［SOM 1976c］．すなわち，(1)政治分野の高官会議を政治問題常設委員会に鞍替えする，(2)ASCは，次回のAMM開催までの日常的業務を担い，政治問題常設委員会と直接的な関係を持たず，各閣僚会議の報告には留意するものの，実質的な関与はしない，とする内容だった．「政治分野の高官会議」とは，外務事務次官から構成され，AMMの準備会合として定着しつつあったSOMを指すと考えられる(詳細は第1章第1節(2))．インドネシアの提案は，ASCの機能を非政治・安全保障分野に限定し，高度な政治問題を扱うSOMを事務局に常設化することで，政治・安全保障協力における事務局の関与を強化しようとするものであった．前述したように，インドネシアは当初，ASCの機能を事務局に移転することに熱心だった．しかし，ASCの常設化について加盟国の同意が得られなかったため，インドネシアはASCの機能を非政治・安全保障分野に限定して，SOMの常設化を提案したと考えられる．

このインドネシアの提案に反論したのが，1976年のAMMの議長国フィリピンだった．1976年6月のSOMにフィリピンも作業文書を提出し，事務局の役割は会議の日程調整など行政的なものに限られるべきと提言した．いいかえれば，1976年に調印された事務局設置協定の内容を維持すべきだと主張したのである．このSOMでは，事務局の権限強化についてAMMが今後検討する

という意見があった旨が明記されるに留まり，常設委員会の設置など組織変更に関する合意は見送られた［SOM 1976c］．1976年6月のAMM(マニラ)で発表された共同声明では，事務局設置協定の批准が終了したことと，ダルソノ[6]事務総長の就任を承認したことが確認された．また事務局の運営については，今後，討議を重ねることを確認するとともに，事務局の速やかな機能開始を希望すると明記された．つまり，インドネシアの事務局強化案に対する合意は見送られたのである．

1976年後半，AMMの議長国はシンガポールに回ってきた．1976年9月の国内事務局長会議・ASEANの組織に関する特別委員会(シンガポール)で加盟国は，事務局設置後に曖昧になっていた国内事務局(長)の役割を再検討するとともに，事務局内の担当部局長の給与や財政規則に関する諸問題および予算について討議している［月報1976年9月号：191］．

一方，インドネシアの事務局強化案は，1976年11月のスハルト大統領とシンガポールのリー首相との会談で話し合われた．具体的には，事務局がASEANの中核機構として常に効率的に機能するにはどのような体制をとるべきかについて意見が交わされたのである［月報1976年11月号：103］．インドネシアは，AMM議長国であるシンガポールに，自国の提案を議題として重点的に取り上げてくれるように働きかけたとみられる．しかし，1976年11月に開催されたASC(シンガポール)では，事務局内の三つの局長ポストの割り当てが合意されただけだった[7]．1977年7月のAMM(シンガポール)で，インドネシアのマリク外相は，事務局の権限強化と事務局設置協定の見直しを改めて主張したが，フィリピンも含め，賛同する加盟国はなかった［山影1991: 247］．そのため，今回のAMMでも，共同声明において事務局の強化に関する言及はなかった．

その後，1977年8月の非公式外相会議(クアラルンプール)でも，インドネシアは事務局の権限強化を提案し，ASCの廃止も主張した．しかし，ここでもフィリピンが難色を示し，事務局の権限強化について合意は成立しなかった

---

6) インドネシアの中将［山影1991: 247］．
7) 三つの局(経済局，科学技術局，社会文化局)の局長を，3年の任期で，フィリピン，タイ，シンガポールから選出し，その後はアルファベット順で持ち回りにすることになった［DR 761119: O2］．

[Irvine 1982: 57-58; *Kompas*, August 1, 1977]．続いて開かれた第2回首脳会議(クアラルンプール)では，加盟各国の経済閣僚が ASEAN の経済協力を活発化させるための機構改革の一環として，外務官僚主導の ASC の廃止を提案し[8]，インドネシアも ASC の廃止と事務局の強化を再度主張したが，タイとマレーシア，フィリピン(の外務官僚)が反対を表明し，現状維持となった [Irvine 1982: 57-58]．このように，インドネシアによる事務局強化の提案に明確に異を唱えたのはフィリピンであるが，その他の加盟国も基本的にフィリピンの立場に近かったと考えられる．

1976年と1977年の AMM では，事務局の強化を主張するインドネシアの提案に合意が成立しなかった．この合意不成立は，利害調整に関する適切性の基準の違いにより，二つの解釈を可能にする．まず，加盟国が「各国の拒否権重視」という基準に従っていたとするならば，インドネシアの事務局強化案に他の加盟国が拒否権を行使した結果であると解釈できる．一方，加盟国が「説得材料の提示による拒否権の不行使」という基準に従っていたとするならば，事務局強化を提案したインドネシアが，提案反対側の加盟国に説得材料を提示しなかったことにより，提案反対側の拒否権不行使がみられず，議長国のフィリピンとシンガポールがこの提案に関する協議の打ち切りを決定した結果，生み出された帰結であると解釈できる．

4. 小括——議長国制度の成立

以上，事務局の設置と権限に関する合意形成過程を三つの時期に分けて，議長国の議事運営という観点から分析した．第1章で述べたように，AMM の議長国制度が成立するのは1974年頃である．すなわち，1974年の AMM 頃，利害調整に関する適切性の基準が「各国の拒否権重視」から「説得材料の提示による拒否権の不行使」へと変化したと考えられる．以下では，1974年の AMM

---

8) 1976年の ASEAN 首脳会議で AEM が ASEAN の公式機関として認知されて以来，加盟各国の経済閣僚は ASEAN の経済協力に意欲的となった．第2回 AEM では，自分たちの主導の下で ASEAN の機構改革に取り組むことに合意し，第3回 AEM には機構改革に関する報告書が提出されている [山影 1991: 253-54]．

表3　1974-77年のAMMを中心とした利害調整の帰結と議長国

AMM	議長国	利害調整パターン	利害調整の帰結	適合性
1974	インドネシア	a	事務局をジャカルタに設置	△
1976	フィリピン	b	事務局の権限強化について合意不成立	△
1977	シンガポール	b	事務局の権限強化について合意不成立	△

出所：筆者作成

を境に適切性の基準が変化したかどうかを検証する.

　議長国制度の成立前,すなわち1973年までは,加盟国は利害調整の際には「各国の拒否権重視」という適切性の基準にしたがっていたと結論づけられる.この点は,以下の二つの議長国の行為から判断することができる.

　一つは,1968年のAMM議長国だったインドネシアが,フィリピンによる事務局設置の提案に対して,自国の反対意見を「一加盟国としての反対意見」と定義した点である.このことは,加盟国の拒否権を重視すべき点を強調したものといえる.インドネシアの拒否権の存在は,1971年のAMMで議長国を務めたフィリピンの議事運営にも影響した.事務局の設置を提案したフィリピンは,自国が議長を務める1971年のAMMでこの問題を議題として取り上げなかった.なぜなら,フィリピンは議長国としてインドネシアの拒否権を重視しなければならなかったからだと考えられる.

　二つめは,1973年のAMMの議長国タイの行為である.このときタイは,インドネシアの圧力にもかかわらず,事務局の設置場所についての決定を見送った.なぜなら,フィリピンがインドネシアの誘致提案に反対していたからである.フィリピンの拒否権の存在を前にタイは決定を先送りしたのである.

　一方,1974年のAMM以降の利害調整では,加盟国は「説得材料の提示による拒否権の不行使」という適切性の基準に従うようになった兆しを確認できる.1974年以降,この点を裏付ける議長国および非議長国の行為が観察された.表3は,第1章で提示した三つの利害調整パターン(図2)との適合性を検証したものである.適合性の検証は二つの指標にもとづいておこなった.第一の指標は,利害調整の「過程」にかかわるもので,提案側が説得材料を提示しようとしたか,あるいは,協議を継続するかどうかを議長国が判断したかである.第二の指標は,利害調整の「結果」にかかわるもので,利害調整パターン

が想定したように，提案に対して合意成立あるいは不成立が観察されたかどうかである．この二つの指標にもとづいて事例がパターンに適合する場合には○を，適合しない場合には×を付し，どちらかの指標において利害調整パターンと合致しない場合は△で表示した．

1974年のAMMでは，議長国インドネシアの希望通り，インドネシアに事務局を設置することが合意された．この合意を得るため，インドネシアは同じく事務局誘致を希望していたフィリピンと協議を続けた．両国の話し合いがAMM直前まで続いたのも，議長国のインドネシアがこの問題で協議を継続すると判断したからだと考えられる．これは，議長国が提案側となり，自国の提案について協議を継続した結果，合意が成立するという利害調整パターンaに該当する．もし仮に議長国制度が成立していなかったならば，1974年のAMMでは，1973年のAMMと同様，インドネシアとフィリピンが互いの設置提案に拒否権を行使することによって決定を先送りすることになっただろう．

しかし，利害調整パターンaが想定するように，インドネシアが自国に事務局を誘致するために，フィリピンに説得材料を提示したかどうかは定かではないため，適合性には留保が付される．ただし，説得材料が提示された可能性は指摘できる．1974年のAMMの共同声明には，事務局の設置場所の決定とともに，ASEAN憲章の策定について検討を開始することが盛り込まれた．ASEAN憲章の策定はフィリピンが1968年から提案していた事項であること，さらに1973年のAMMではインドネシアへの事務局設置にフィリピンは拒否権を行使したのに1974年のAMMでは行使しなかったことに鑑みると，1974年のAMMで議長国インドネシアは，ASEAN憲章の策定問題を取り上げることで，フィリピンに事務局誘致の問題で譲歩を迫った可能性がある．

1976年以降の事務局の権限強化に関する利害調整については，権限強化についての協議は継続されたにもかかわらず，権限強化を主張するインドネシアが，それ以外の加盟国に説得材料を提示しなかったために，事務局の権限を強化するという合意は成立しなかったと考えられる．これは，議長国が提案反対側となり，提案側から説得材料の提示を受ける立場となる利害調整パターンbに該当する．このパターンにおいては，提案側が説得材料を提示しなかった場合，議長国は協議を打ち切り，合意は成立しない．

4. 小括

　事務局の権限強化を提案したインドネシアは，非議長国の立場から，1977年のAMMの議長国シンガポールに自国の提案を議題として取り上げてくれるように働きかけた．この事実は，議長国に協議の継続および打ち切りを決定する権限があることを示唆している．インドネシアとしては，事務局の強化についての協議を継続してもらい，その間に説得材料の提示を試みようとしたのかもしれない．インドネシアが説得材料を提示できなかったのは，インドネシア以外の加盟国がすべて反対側に回ったことで，事務局設置協定で示された「最小限の権限しかもたない事務局」から「政治的な政策決定にも関与する事務局」へと「利害の一致箇所」をシフトさせることが難しかったからである．事務局の権限強化に反対するフィリピンは，事務局は行政的な役割にとどまるべきだとするペーパーを各国に回覧するなど，権限強化に消極的な立場を表明し続けた．

　ただし，利害調整パターンbが想定するように，インドネシアが説得材料の提示を試みたかどうかは入手できた資料からは確認できなかった．また，1976年と1977年のAMM議長国だったフィリピンとシンガポールがこの問題に関する協議を打ち切ったかどうかも確認できなかった．したがって，インドネシアの提案に対する他の加盟国の拒否権が重視された結果，この提案の採用が見送られたと結論づけることも可能である．この場合には，「各国の拒否権重視」という適切性の基準が維持されていると考えるのが妥当である．

　以上から，議長国制度の成立にともなって適切性の基準が変化するにしても，その変化は議長国制度の成立と同時に起きるとは限らないと考えられる．したがって，1974年のAMMで適切性の基準が変化した兆しがみられたにせよ，その基準が十分に加盟国間に定着したかどうかを検証するには，1980年代以降の利害調整を分析する必要がある．

第3章　カンボジア紛争における対ベトナム強硬路線の策定

　本章と次章では，1978年末カンボジア[1]に侵攻したベトナムに対するASEANの統一方針がどのようにできあがったのかを，議長国の議事運営に注目して分析する[2]．ASEAN諸国は1979年以降の約10年間，ベトナムのカンボジア侵攻に端を発したカンボジア紛争への対応に追われた．本章では1980年代前半までのASEAN諸国間の利害調整を分析する．この時期のASEANの方針はベトナムに対して強硬な立場を表明するものだった．

1. 対ベトナム強硬派と柔軟派の対立

　1978年末，ベトナムはカンボジアに侵攻し，傀儡政権（ヘン・サムリン政権）を樹立した．その後，ベトナムは，タイの国境をたびたび侵犯する．こうしたベトナムの行動にASEAN諸国はASEANとしての統一政策を打ち出す必要性で一致したが，ベトナムに対しどのような政策を打ち出すかについて対立した．対立の背景には，加盟各国の大国脅威認識の違いがある．
　ベトナム，そしてベトナムを背後から支援するソ連の脅威を重視したのが，タイとシンガポールである．タイは，当時のASEAN諸国のなかで唯一カンボジアと国境を接する「前線国家」として軍事的脅威に対抗する必要性から，カンボジアに軍を駐留させているベトナムに対して強硬姿勢で臨むべきだと主張した．タイは，ベトナムの軍事力に対処するために，ベトナムとソ連を敵視する中国と連携する．中国はタイ国内の共産主義勢力（タイ共産党）への支援を止

---

[1] 厳密には，「カンボジア（Cambodia）」は1989年以降の国名である．1989年以前は，人民や国名を示すのに「カンプチア（Kampuchea）」が使われていた．本書では，政党名や会議名，声明や宣言等の公文書の名称については，原語の表記にしたがう．一方，政策担当者の発言を引用する場合や説明文については，既存研究の記述方法などを踏襲し，時期を問わず「カンボジア」を使用することとする．

[2] 本章と次章の分析において1979-89年のAMMの共同声明は山影編（1999）を活用した．

めることを約束し，その見返りとしてタイは，ベトナムが追放した前政権・民主カンプチア(DK)を担うクメール・ルージュ(KR)の反ベトナム抗戦を中国が軍事的に支援するために自国の領土を使用することを認めた［Viraphol 1983: 150; Paribatra 1987; Chanda 1986: 325-26, 348-49］．

　シンガポールは，ベトナムのカンボジア侵攻がアフガニスタン侵攻と同様にソ連による共産主義圏拡大の一環であるとみて，ベトナムを背後から支援するソ連の脅威を重視した［Leifer 1980: 33; Tilman 1984: 14-15］．またシンガポールは，ベトナムのカンボジア侵攻を「平和共存の原則に対する明らかな違反」として糾弾した［Khong and Abdul Razak 1987: 136］．主権国家カンボジアをベトナムが武力によって占領したことは，東南アジアの小国であるシンガポールにとっても無視できないことだったからである．独立以来，シンガポールにとって直接的な脅威はインドネシアであり［Lau 1983: 122］，シンガポールがベトナムのカンボジア侵攻に対して，平和共存の原則からの逸脱や主権国家の領土保全を主張することは，インドネシアの脅威に対抗する手段でもあった．インドネシアがベトナムと緊密な関係を維持したことも，シンガポールがベトナムを警戒した理由である［黒柳 1983: 24-25; BP, December 28, 1979］．

　このように，タイとシンガポールはASEAN内でベトナムに対して「強硬派」の立場をとった．

　一方，中国こそが脅威であると主張したのがインドネシアとマレーシアである．両国は，東南アジア地域に影響力を行使しようとする中国の脅威を重視し，中国とASEANとの緩衝地帯としてベトナムに柔軟に対応する立場をとった［Zainal Abidin 1983: 103-12］．すでに述べたように，インドネシアはベトナムとの関係を重視した．また，中国に対するマレーシアの脅威認識は，政府転覆を目指すマレーシア国内の共産主義運動を中国が支援していることと密接に関係している［Khong and Abdul Razak 1987: 133-38］．インドネシアとマレーシアは，ASEAN内ではベトナムに対して「柔軟派」であった．

　以上の利害対立により，ベトナムに対してどのようなASEAN方針を形成するかについてASEAN諸国は容易に合意できない状況に置かれていたといえる．1979年以降のAMMの共同声明において一貫して表明されたASEANの基本方針は，カンボジア紛争の包括的政治解決(comprehensive political settlement)のために，(1)カンボジアの主権と独立，領土の保全を侵害したベトナムに対し，ベトナム軍のカンボジアからの撤退を要求する，(2)カンボジア人による民族自決にもとづく和平を希求し，カンボジアの正統な政府として，ベトナム軍侵攻前の政権である DK，あるいは，その後反ベトナム勢力が結成した民主カンプチア連合政府(CGDK)を承認することの二点であった．この基本方針は，ASEAN が積極的にロビー活動を行った国連総会において，1979 年 11 月以降，数回にわたり発表された国連決議にも反映された［山影 1997b: 105, 109］．この方針とならび，AMM の共同声明には，ベトナム軍がタイ国境を侵犯した事実を踏まえ，タイの安全保障に配慮する様々な文言が挿入されている．

しかし，実際には，この基本方針と矛盾しない範囲で，ベトナムに対して柔軟姿勢を打ち出す内容の合意も作られた．具体的には，ASEAN 諸国は，ベトナム軍撤退を要求する一方，ベトナムとの対話の可能性を探っている．また，DK や CGDK の正統性を主張する一方，ベトナムが擁立したヘン・サムリン政権をカンボジア和平の取り組みに取り込んでいくことも ASEAN の方針としていく．したがって強硬派と柔軟派は，互いに譲歩して新たな合意を形成したのであり，毎年の AMM で発表された合意内容は，すべての加盟国を常に満足させるものにはならなかった．

本章と次章では，ベトナムに対する ASEAN の方針が強硬路線と柔軟路線の間で揺れ動いたのは，毎年交代する議長国の立ち位置が変化し，それぞれ異なる議事運営が展開されたからである点を実証する．この問題が討議された 1979 年から 1989 年の AMM は，インドネシアから始まり，マレーシア，フィリピン，シンガポール，タイがそれぞれ 2 回議長国を担当する．1979 年と 1980 年および 1984 年と 1985 年の AMM 議長国だったインドネシアとマレーシアは対ベトナム柔軟路線を，1982 年と 1983 年および 1987 年と 1988 年の AMM 議長国だったシンガポールとタイは，対ベトナム強硬路線をそれぞれ模索する議事運営を試みた．一方，1981 年と 1986 年の AMM 議長国フィリピンと 1989 年の AMM 議長国ブルネイ(1984 年に ASEAN に加盟)は，この問題に対する関心は希薄だったため，利害中立的な立場から議事運営を試みる傾向にあった．

2. 親ベトナム路線の模索と挫折

(1) ベトナム非難の回避

ベトナムのカンボジア侵攻を目の当たりにして，1979年1月9日，ASEAN諸国は最初の声明を発表する．それが，AMM議長国であるインドネシアのモフタル外相によって発表された「ベトナムとカンプチアの軍事紛争の激化についてのASC議長・インドネシア外相による声明」である．同声明は「インドシナの二つの国家による紛争の拡大をASEAN諸国は憂慮しており，国連憲章とバンドン宣言の原則に則り，独立と主権尊重，領土保全，武力の不行使などを求める」という内容を伝えるものだった [MFAT 1985: 73]．

ASEAN諸国間の利害対立からみて重要なのは，この声明が「ベトナムのカンボジア侵攻」ではなく「インドシナの二つの国家(ベトナムとカンボジア)による紛争」に憂慮を表明した点である．同声明はタイの要請を受けて，モフタル外相が草案を作成し発表した．その際に，モフタルは声明がベトナムに敵対的であると受け取られないように「ベトナム軍(Vietnamese troops)」や「侵攻(invasion)」という用語を使うことを避けたのである[3]．

この点はその後の声明でも確認できる．1979年1月12日の特別外相会議(バンコク)で発表された「東南アジア地域の最近の政治情勢に関するASEAN特別外相会議共同声明」は，先のインドネシア外相による声明に触れ，「カンボジア人民の自決権」を主張するとともに，「外国軍(foreign forces)のカンボジアからの即時全面撤退」を求めている．ここでも「ベトナム軍」や「侵攻」といった用語は出てきていない．これは同時に発表された「インドシナ難民に関するASEAN特別外相会議共同報道発表」でインドシナ難民の大量流入に関し，ベトナムに適切な対応を取るように求めたのとは対照的である [MFAT 1985: 74-75]．

インドネシアにとっては，ベトナムよりも，ベトナムの国境を侵犯した中国軍の動向のほうがより憂慮すべき事項であった．1979年2月，中国軍はベト

---

[3] モフタル氏へのインタビュー．

ナムの国境を侵犯する．この事態にベトナムがインドネシアに中越調停を依頼したことを受けて，インドネシアのスハルト大統領はASEANが中国とベトナムの調停役となる可能性について，マレーシアのフセイン首相と協議している［年報1980年版：389-90; MFAM 1979: 76-77］.

一方，このようなインドネシアの議事運営に異を唱えるはずの強硬派の結束は，この時点ではそれほど強くなかった[4]．タイが，あからさまに強硬路線を主張しなかったからである．クリアンサック首相は，1979年2月に「インドシナ紛争はタイの安全にとって重要な脅威を与えていない．タイは現在のインドシナ紛争に厳正中立の立場を守る」と発言している［月報1979年2月号：78］．むしろシンガポールの方がベトナム非難を公然と展開していた．ラジャラトナム外相が先の特別外相会議(1979年1月)で「(ベトナムの)ファン・バン・ドン首相が信用を回復する道はベトナム軍のカンボジアからの撤退以外にない」と発言しているように［月報1979年1月号：74-75］，シンガポールにとって「外国軍」とは「ベトナム軍」にほかならなかった．同外相は「(シンガポールが)ベトナムを侵略者として名指ししなかったのは，(ベトナムに対する強硬姿勢を主張しない)タイの気持ちを汲んだ結果である」と発言したほどである［月報1979年1月号：75］.

1979年6月のAMM(バリ)では，マレーシアとインドネシア，シンガポールが，もしタイがベトナムの侵攻に遭った場合，援助を行うと約束したとの報道がなされた［*ST*, June 27, 1979］．一方，会議後の共同声明は，タイ・カンボジア国境における危機的状況に憂慮を表明する一方で，ベトナム軍と名指しすることなく「外国軍によるタイ侵略は，ASEAN諸国の安全保障にも悪影響を及ぼすため，タイの安全保障確保を全面的にサポートする」と述べている．また，「外国軍のカンボジアからの全面撤退」と「ベトナム軍およびその他の外国軍によるカンボジアへの内政不干渉」といった表現もみられ，ベトナムを唯一の非難対象とはしなかった．この結果について，インドネシアのモフタル

---

[4] 1979年2月にもASEANは，ASC議長であるインドネシア外相を通じて声明を発表する．ただし，この声明はインドシナ難民に関するもので，外国軍あるいはベトナム軍の撤退を求めるものではなかった．2月の声明は，1月の声明と同様，インドシナ諸国，とりわけベトナムにインドシナ難民流出に迅速な対策を講じるように求めている［MFAT 1985: 76］.

外相は,「我々は控えめな方法(moderate approach)を採用する」と発言している［ST, July 1, 1979］.

　ベトナムを直接的に非難しなかったのは,1979年のAMM議長国インドネシアが柔軟派であり,ベトナム非難に消極的だったためである.そのため,1979年のAMMにおいて示されたASEANの方針は,インドネシアの意向を反映するものとなった.ただし,この時点では,強硬派のタイにもベトナムを過度に刺激することを避けたいとの思惑があった.タイの意向を受け,シンガポールもインドネシアの意向に異を唱えなかったと考えられる.そのため,この時点では加盟国の利害対立はまだ先鋭化していなかったといってよい.

(2) クアンタン原則によるベトナムとの対話の模索と挫折

　インドネシアに続き,同じく柔軟派のマレーシアが,ベトナムに対するASEANの方針策定を試みる.マレーシアはインドネシアと同様,ベトナムのカンボジア侵攻を明確に非難することを避け,ベトナムとの対話を通じて同国にASEANに対して友好的な態度を求めていく考えであった.

　1979年7月,AMM議長国に就任したマレーシアのリタウディン外相は,ASEANの代表としてベトナムを訪問したいという意向を表明する［年報1980年版：398］.また,1979年8月のASC(クアラルンプール)で同外相は,カンボジアからの「外国軍」の撤退を改めて求めている［MFAM 1979: 338-42］.このマレーシアの意向を受け,同月の非公式外相会議(クアラルンプール)の共同声明でも,「外部勢力(outside powers)のカンボジアへの内政干渉」や「外国軍のカンボジアからの全面撤退」という表現が繰り返され,ベトナムを名指しすることは回避された［MFAT 1985: 80］.リタウディン外相は,10月の国連総会時にベトナムのヒエン外務次官と会談した際,ベトナムはASEANの安定や統一を乱すようなことはしないという保証を得たと語り,ベトナム訪問についてASEAN諸国の承認を得ようとした［月報1979年10月号：27, 84;年報1980年版：402］.リタウディンのベトナム訪問の目的は,ベトナムとの対話を望むASEANの計画の一つを伝えるためと報道されている［ST, November 16, 1979］.

　しかし強硬派は,ベトナムとの対話に消極的だった.特にタイは,ベトナム

がもたらす安全保障上の脅威を払拭できなかった．1979年11月には，ベトナム軍がKRを追ってタイ領土に侵入し，タイ軍と衝突するという事件が起きていたからである［年報1980年版：313］．このタイの懸念に対してマレーシアのフセイン首相は，タイが外国軍の攻撃を受けた場合，マレーシアは軍事援助を含む援助を行う用意があると述べ，タイの安全保障を確保することを重視する姿勢を打ち出した［年報1980年版：404］．このマレーシアによる説得を受けて，強硬派はとりあえずベトナムの姿勢を探る必要性では一致し，タイの要請を受けて12月に開かれた非公式外相会議（クアラルンプール）では，リタウディン外相をASEAN代表としてベトナムに派遣するという合意が成立した［山影編1999; *NST*, December 15, 1979; MFAM 1979: 443-45］．

しかし，ベトナム側がASEAN代表ではなく，マレーシア外相として訪問を受け入れる意向を示したため，リタウディンはマレーシア外相として1980年1月にベトナムを訪問する．リタウディンはベトナムを訪問する前にバンコクに立ち寄り，ベトナムとの会合で話し合う議題についてタイと協議している．この協議のなかで，リタウディンは「中国やASEAN諸国，ベトナムに敵対的でない政権をカンボジアに樹立することにベトナムが合意するならばASEANはDK支持を撤回する」という提案をベトナムに打診することについてタイの同意を得ようとした．しかし，タイは，（ベトナム軍の撤退を要求しない）この提案ではベトナムのカンボジア侵攻を正当化することになりかねないとして反対する［*FEER*, February 8, 1980: 17］．

リタウディンの訪問を受けたベトナム側は，ASEAN諸国の独立と領土保全を尊重すると表明する一方［MFAM 1980: 58-60］，KRへの中国の武器援助が止まない限り，ベトナム軍はカンボジアに駐留すると主張し，KRと中国に協力するタイを批判した［*FEER*, February 8, 1980: 17］．このベトナムの強硬姿勢を受けて，比較的利害中立的な立場にあったフィリピンのマルコス大統領でさえ，ベトナムはタイを侵犯しようとしていると懸念を表明した［*ST*, January 15, 1980］．こうしてリタウディンは，強硬派の反発を招いただけで，強硬派が期待したようなベトナムの柔軟姿勢を引き出すことに失敗した．

その後も，マレーシアは粘り強くベトナムとの対話の可能性を探っていく．1980年3月，スハルト大統領とフセイン首相の首脳会談がマレーシアのクア

ンタンで開催された．この会談で，ベトナムはソ連と中国の影響から解放されるべきだとする原則が確認された（「クアンタン原則」）．この原則は，カンボジア紛争は政治的に解決されるべきだというメッセージも含んでおり［山影1997b: 107］，ベトナムが特に中国の影響から自由になればASEANとの対話に応じ，カンボジア紛争を早期に解決できるだろうとするインドネシアとマレーシアの思惑に基づいて発信された［*FEER*, April 4, 1980: 12-13; *DR* 800328: N1］．クアンタン原則について両国はタイと協議することでも合意している［*DR* 800327: O2］．この原則はマレーシアが提案したものであり［*FEER*, August 29, 1980: 10-11］[5]．同国は議長国として，1980年6月のAMMでこの原則をASEANとして発信すべく加盟諸国の同意を得ようとしていた[6]．

クアンタン原則をASEANの方針とするには，この問題に最重要利害を有するタイの同意が必要だった．このころ，タイでは，対ベトナム強硬派のクリアンサック政権が退陣し，比較的柔軟であるといわれたプレム政権が誕生していた［*FEER*, April 25, 1980: 10-11; May 9, 1980: 12-13］．4月，プレム首相はASEAN諸国歴訪の一環でマレーシアを訪問し，フセイン首相と会談するなかでクアンタン原則についてASEANでさらに協議が必要だとし［年報1981年版: 332］，ベトナム軍のカンボジアからの撤退が政治的解決の条件であると主張した［*DR* 800421: J4］．つまり，同原則をそのままASEANの方針とすることは受け入れがたいとするメッセージを伝えたのである．しかし同時に，同首相は，ベトナムが国連決議に従って柔軟な対応をみせることを条件に，ASEANとベトナムとの直接対話による問題解決に前向きな姿勢を示した［*DR* 800421: J4-J5; 800422: O1; 田川 1988, 12］．このようにタイは，クアンタン原則をASEANの方針とすることに同意する前提条件としてベトナムの態度軟化を挙げたのである[7]．一方，マレーシアを訪問したベトナムのタク外相は，

---

5) この点を裏付けるものとして1980年のAMMでのモフタル外相とフセイン首相の発言がある［Kroef 1981: 520-21］．他に，Nair(1984: 144-45)を参照．
6) この頃，この問題で各国を往復していたガザリ（当時はマレーシア内相，その後，外相）は，マレーシア政府が6月のAMMで議長国としてクアンタン原則をASEANの統一方針とする意図を持っていた点を認めている［ガザリ氏へのインタビュー］．
7) このタイの姿勢は中国に比べて穏和なものであった．中国外相は，ベトナム軍のカンボジアからの撤退がベトナムとの対話を含む政治的解決の前提条件であり，タイともこ

「ベトナムにとっての脅威は中国のみである．ベトナムがソ連の影響下にあるという主張は認められない」とクアンタン原則を拒否し，カンボジア紛争なるものは存在しないという従来の主張を展開した［DR 800512: O3; 年報1981年版：333］．

タイのプレム首相とベトナムのタク外相の訪問を受けて，マレーシアのフセイン首相は，シンガポールを訪問した際に，「この問題についてASEANの目標はタイの安全保障の確保である」と述べた［DR 800515: J1-J2］．この発言は，クアンタン原則を拒否したベトナム側の柔軟姿勢を引き出すためのものだったと考えられるが，フセイン首相は，この発言がタイにとっても受け入れ可能だと考えたとみられる．すなわち，同首相は，政権交代でタイの対ベトナム政策がより柔軟になったととらえ，（タイのプレム首相が述べたとおり）ベトナムの態度が軟化すれば，タイもクアンタン原則に同意するだろうと考えたのである．しかしタイは，カンボジア紛争を解決するにはベトナム軍の撤退を実現することが先決だと主張し，フセインの発言はタイがベトナムに対する方針を変更したかのような誤解を招きかねないと反論した［DR 800515: J1-J2］．つまりタイは，ベトナムが軍を撤退すると表明することこそ同国の安全保障の確保に肝要だと考えており，単にベトナムの態度軟化を優先するフセインの主張は十分に説得的だととらえなかったのである．またタイのベトナムへの不信感も払拭されなかった．5月に行われたタクとタイのシティ外相の直接会談でも，両国は互いの姿勢を非難することに終始した［DR 800520: J1-J2; 年報1981年版：223］．

6月になってもマレーシアは，クアンタン原則で提唱した域外大国（ソ連と中国）の排除の必要性を改めて強調し，ベトナムに柔軟な対応を要求し続けた［DR 800609: O1; 800611: O1］．しかし，6月のAMM開催直前に，ベトナム軍がタイの国境を侵犯したことで，マレーシアが強硬派に提示してきた説得材料（タイの安全保障の確保）は完全に説得力を失ってしまった[8]．AMM直前の

の方針を共有したと主張した．しかしタイは，ベトナム軍撤退前にベトナムと対話をする余地を残していた［FEER, May 16, 1980: 12］．
8) ベトナムのタイ国境侵犯事件は，マレーシアとインドネシアのベトナム接近に不満を抱くタイがベトナムを挑発したという説もある［山影 1997b: 123］．

SOM(クアラルンプール)では、ベトナムとの対話の模索は凍結するという決定がなされた[*DR* 800625: A2]. 1980年のAMM(クアラルンプール)でASEAN諸国は、「タイ・カンプチア国境情勢に関するASEAN外相声明」を発表しベトナムのタイへの侵略行為を非難した[MFAT 1985: 81]. AMMの共同声明も、初めて「ベトナム軍」に直接言及し、カンボジアからの撤退を求めた. 一方、ベトナムとの対話については、ベトナムがASEANと協力してカンボジア紛争の政治的解決に取り組むことを希求するという控えめな文言となった. フセイン首相は、開会演説でマレーシアとしてはベトナムと対話の可能性を探っていくと言及するに留まった[山影1997b: 108].

クアンタン原則は、AMM直前までASEAN諸国の検討議題となっていた. しかし、同原則が打ち出したベトナムとの対話路線は、ベトナムの強硬姿勢を前に態度を硬化させた強硬派の要求を満たさなかったため、ASEANの方針とはならなかったのである.

3. 反ベトナム路線の確立

(1) 対抗勢力の結集

1980年後半からAMM議長国はフィリピンに引き継がれた. 同国はこの問題について直接的な利害関係を持たなかったが、強硬派を支持する姿勢をみせていた. 1980年5月、マルコス大統領は、フィリピンを訪問したプレム首相にフィリピンはタイを全面的に支持すると約束している[年報1981年版: 268].

1980年7月のインドシナ3カ国(ベトナム、ラオス、カンボジア)外相会議で、タイ・カンボジア国境に非武装地帯を設置することが提案された. この提案を受けて開かれた7月末のSOM(マニラ)での話し合いの結果、インドシナ側の提案を拒否して、非武装地帯を国境ではなくカンボジア領内に設置するという逆提案がなされた[MFAT 1985: 87-88]. この提案はタイの意向を反映したものである. タイはインドシナ側の提案を拒否すると表明していた[年報1981年版: 270]. カンボジア・タイ国境を非武装地帯とすることは、タイが紛争の当事国であることを認めることになり、受け入れられなかったからであ

る［DR 800828: K3］．フィリピンのロムロ外相は，このSOMの開会スピーチでタイの安全保障上の利益を擁護する発言を行っている［SOM 1980a］．

しかし，非武装地帯に関するASEAN提案はベトナムによって拒否された．これを受けて，8月末に開かれたSOM（マニラ）では，カンボジア紛争に関する国際会議を1981年の早い段階に開催する提案をASEANとして国連総会に提出することが合意された［SOM 1980b］．これもASEAN内強硬派の意向を反映している．カンボジア紛争は東南アジア地域の問題であるとするベトナムに対し，強硬派はあくまで国際問題だと主張し，国際会議の場でベトナムに圧力をかけていくという方法を支持していたのである．なお，このASEAN提案は，1980年10月に国連決議として採択され，当該会議は「カンプチア国際会議（ICK）」と後に呼ばれることになる［山影 1997b: 109］．

一方，7月末には，ベトナムがASEANと対話したいと考えているとインドネシアの在ベトナム大使が述べたことをきっかけとして，ASEANとベトナムの会合の可能性が浮上した［DR 800724: N1］．この会合については，インドネシアだけでなく，シンガポールのラジャラトナム第二副首相（元外相）やマレーシアのマハティール副首相も前向きであった［DR 800808: J1; *NST*, October 3, 1980］．8月末のSOMでこの会合の開催が協議されたが，AMMに提案されるには至らず，加盟各国外相が持ち帰って検討するにとどまった．一方，このSOMでは，10月のシティ・タク外相会談において，タイがASEANを代表してベトナムにASEANの立場を説明することが合意された［SOM 1980b］．

以上のように，議長国フィリピンは，柔軟派が支持するASEAN諸国とベトナムとの会合案を会議の議題にしつつ，最終的にはタイの利害を重視する議事運営を展開する姿勢をみせていた．こうしたフィリピンの姿勢は，タイと同じ強硬派のシンガポールが対抗勢力の結集に向けて関係者や加盟国を説得することを容認した．ベトナムと対決するカンボジア勢力には大きく三つあった．KR，シアヌーク（元国家元首）派，ソン・サン率いるクメール人民民族解放戦線（KPNLF）派である．国連の代表権を獲得している前政権であるDKはKRによって主導されていたが，シンガポールはこの三派を「反ベトナムおよび反ヘン・サムリン政権」で結合して，ベトナムに対抗する勢力を作ろうとしていた［山影 1997b: 109］．

対抗勢力の結集に向けてシンガポールは1979年末から動き始めた[9]．1979年12月，リー首相はシアヌークに招待状を送付して，シンガポール訪問を勧めている［年報1980年版：443］．1980年9月には，ベトナムの政策を批判するパンフレットがシンガポール政府によって国連代表団に配布された［Nair 1984: 155］．強硬派のタイは，当然，シンガポールが主導するこの構想を支持した．タイのプレム首相は10月に，リー首相は11月にそれぞれ中国を訪問し，この構想への中国の支持を確認した［Kroef 1981: 528; Nair 1984: 159; ST, November 2, 1980; DR 801103: J6-J8; DR 801117: O1］．プレム首相とリー首相に対し中国は，対抗勢力を結集した統一戦線のリーダーはシアヌークかソン・サンとすることを提案したという［ST, January 28, 1981］[10]．

ASEAN内には，虐殺の過去を持つKRが担うDKをカンボジアの正統な政府であると主張し続けることは問題であるとの合意はあった．DKに代わる連合政府の樹立は，KRの影響力を薄め，国際社会に正統な政府をアピールする上で有効であった．しかし柔軟派は，連合政府樹立支援よりもベトナムとの対話によって問題解決を探るほうが有効であると考えていた［Nair 1984: 168］．理由は中国に対する不信感にある．柔軟派には，KRの影響力を薄めることにつながる連合政府の樹立を支援することに中国が容易に賛同するとは思われなかった．つまり，中国はKR支持を容易に撤回することはなく，それゆえに，中国を脅威とみなすベトナムの柔軟姿勢を引き出すことはできないと考えていたのである．プレム首相の訪中後にタイを訪問したインドネシアのモフタル外相は，シンガポールとタイに中国が示したとされる連合政府樹立への支持を信用せず[11]，「中国はKRがベトナムをカンボジアから追い出すことができる唯一の勢力であるという見方を再度明らかにした」との認識を示し，ASEANとしてはベトナムとの対話を模索していくだろうと語った［DR 801121: J2;

---

9) 1979年11月にロムロ外相は，シンガポールが，国連決議の実効性を高めるために暫定的な取り組みとしてカンボジア人民の総意を代表する組織の設置を提案したことを明らかにしている［Romulo 1979: 73］．
10) 中国は，1979年の早い段階から，シアヌークを反ベトナム戦線のリーダーとするようKRのイエン・サリを説得していたとされる［Chanda 1986: 348］．
11) インドネシア国内では，KRが主導するDKを支持する中国の方針に変化はなく，訪中したプレム首相の説得は失敗に終わったと報じられた［DR 801030: N1］．

801124: N3]．マレーシアのリタウディン外相も DK に代わる新たなリーダーシップについてのコメントを避け，自らが提案していたベトナム訪問についてタイの承認を求めている［DR 801107: J4］．

　1981 年 1 月に開催された SOM（プエルトアズール，フィリピン）では，KR 率いる DK に代わる強靭な第三勢力の結成について議論した［ST, January 8, 1981］．会議では，タイとフィリピン，シンガポールが国連決議に関してコンセプトペーパーを提出した．フィリピンとタイのペーパーは，国連主催の ICK 開催手続きに関するもので，シンガポールのペーパーは連合政府樹立の有用性などを主張している．この会議では，1980 年 10 月のシティ・タク外相会談の結果も報告された．この会談でタク外相は(1)中国の脅威がなくなればベトナム軍を撤退させる，(2)タイは（ベトナムではなく）ヘン・サムリン政権と国境紛争を処理すべきである，(3)タイは中国や米国と連携して反ベトナム勢力を支援するのをやめるべきであると主張した．この主張を受けて，タイはベトナムの姿勢が変わらないため，ASEAN の立場をベトナムに伝える努力を放棄すると表明し，改めてベトナムの姿勢を非難した［SOM 1981a］．このように，SOM での議論は強硬派を中心に展開された．

　シンガポールが説得を続けた結果，1981 年 2 月，ついにシアヌークが（新たに樹立される）連合政府のリーダーとなることを決心する［DR 810209: H1］．このシアヌークの決断が柔軟派の態度を変えさせた．モフタル外相はシアヌークを反ベトナム勢力の指導者として認めることに同意し，中国がシアヌークをリーダーとして認めることを望むと話した［ST, February 16, 1981; 年報 1982 年版：382］．インドネシアは，シアヌークの意向を無視することは，カンボジア人による民族自決を求めてきた ASEAN の基本路線に抵触すると考え，連合政府樹立を支援することを承知せざるを得なかった．柔軟派を直接説得するのではなく，シアヌークを説得することを通じて柔軟派の譲歩を引き出すというシンガポールの戦略が実を結んだわけである．

　こうして連合政府樹立を支援することで合意が成立したが，次に連合政府への支援の形態をめぐって加盟国の利害が対立し，5 月，ASEAN 事務局ビルの竣工式の機会に開かれた非公式外相会議（ジャカルタ）で対立が表面化した［ST, May 9, 1981］．争点は，将来樹立される連合政府に政治的および道義的支持以

上のサポート，すなわち武器援助を行うかどうかである．強硬派シンガポールのダナバラン外相は，食糧や武器の援助を与えずに反ベトナム戦線を支援するのは非論理的だと主張し，タイのシティ外相も軍事的援助は必要であろうと述べた．しかし，柔軟派のモフタル外相およびリタウディン外相は，武器援助に合意すれば，KRに武器を援助している中国に加担することになるとして反対を表明する．この対立を目の当たりにして，1981年のAMMの議長国として，この非公式外相会議の議長を務めたフィリピンのロムロ外相が出した結論は，「ASEANは非軍事組織なのでこの問題はASEANのイッシューにならない」というものであった［*FEER*, May 15, 1981: 20-21］．ロムロ外相はこの問題に関する協議をこうして打ち切っている．

　1981年6月のAMM（マニラ）では共同声明で，カンボジア人の自決による連合政府結成を支持するとともに，連合政府樹立にむけた三派の話し合いを歓迎する旨が表明された．また，国際問題としてカンボジア紛争を取り上げるICKの開催が呼びかけられた[12]．こうして，1981年のAMMで発表された合意には，強硬派の意向が反映されることとなった．ただし，柔軟派への配慮として共同声明では，国際会議の代替とならないような地域会議の機会を持つことには反対しないことも表明された．地域会議の機会を模索することを否定しないという合意は，ベトナムとの対話を望むインドネシアの意向を反映したものである[13]．ただし，ロムロ外相は，この地域会議開催が国際会議開催に取っ

---

12)　共同声明には明記されなかったが，AMMでASEAN外相は，ベトナムとの対話を維持し，翌月に開催のICKの決議を実施する方法を探るため，委員会(commission)を設置することに合意したという［*NST*, June 18, 1981］．委員会に参加する国の候補として，ASEAN諸国，アルゼンチン，オーストリア，ナイジェリア，クエート，ネパールなどがあげられた［*FEER*, June 26, 1981: 11-12］．

13)　地域会議という提案はもともとインドシナ側から出されたものだった．1981年1月，インドシナ3カ国外相会議ではASEANに対し，共通の関心のある諸問題を討議する地域会議を開催するという提案が行われた．ASEANは2月の声明で，この提案を拒否しているが［*ST*, January 29, 1981; 年報1982年版: 205, 213］．地域会議開催の提案はインドネシアにとっては受け入れ可能なものだった．3月のNAM外相会議開催時，インドネシアのモフタル外相との会談で，タク外相がベトナムはASEANとの会談の準備があると伝えたため，スハルト大統領は，タイ訪問に際し，ベトナムの意向をタイに伝えて説得を試みている．また，モフタル外相は，NAM会議中，ヴァルトハイム国連事務総長にムハンマド・アッサーフィー事務総長特別代表を東南アジア地域に派遣するように説得した．

て代わるわけではない点を強調し，国際問題であるカンボジア紛争は国際会議の場でその解決が図られるべきであるとした［MFAT 1985: 91］．以上のように，AMM議長国フィリピンは，柔軟派に配慮する一方，基本的には強硬派の利害を優先する議事運営を展開したのである．

このAMM直後の7月，ICKが開催され，93ヵ国が参加したものの，ソ連やベトナムは欠席し，当事者，利害関係者の双方が協議する形にはならなかった．さらに，中国がベトナムに対して強硬な姿勢を崩さず，単にベトナムを非難するだけに終わってしまった［山影1997b: 109］．

(2) 民主カンプチア連合政府(CGDK)の樹立

1981年のAMM後に議長国に就任したシンガポールは，公式の場で取り組みを開始した．すなわち，1981年8月のSOM(シンガポール)で，連合政府樹立に向けた三派会合(tripartite meeting)の開催を提案したのである．三派の代表はシアヌーク，KPNLFのソン・サン，KRのキュー・サンパンである．このSOMで，三派会合開催にあたっては元インドネシア国連大使のアンワル・サニが重要な役割を果たしうるとされた［SOM 1981b][14]．シンガポールは，連合政府樹立に消極的なインドネシアの参画を促したのである．タイの高官やマレーシアのガザリ外相[15]も説得にあたり［*FEER*, September 4, 1981: 10-11］，

しかしタイは，特別代表の訪越が国連による問題解決と切り離されたために，この訪問はインドシナ側が提案する地域会議の開催を助長するとして異を唱えた［*FEER*, March 27, 1981: 10-11］．ただし，地域会議の開催提案をASEAN諸国が全否定したわけではない．4月に，ロムロ外相は，ASEAN諸国はカンボジアに関する地域諸国の協議に参加する準備があると発言し，この地域の国々による協議には反対しないと述べている［*FEER*, April 17, 1981: 12］．6月，インドシナ3カ国外相会議では，地域会議の開催あるいはDKの国連代表権剝奪を条件にインドシナ諸国がICKに参加することが提案されたが，強硬派のタイはこの提案を拒否している［*DR* 810617: J1］．

14) インドネシア政府は1981年4月にはアンワル・サニを平壌に派遣し，シアヌークと会談させている［年報1982年版：383］．

15) 連合政府樹立に向けたガザリ外相による説得交渉は，マレーシア政府というよりも，同外相自身の考えによるところが大きい．ガザリ外相は東南アジアにおける共産主義勢力の撲滅が国内および東南アジア地域の安定をもたらすと考えており，連合政府樹立はベトナムによる共産主義圏拡大を食い止める方法の一つだった．同外相はシアヌークと親交が深く，連合政府樹立に向けて交渉を重ねていた［ガザリ氏へのインタビュー］．

1981年9月,シンガポールで反ベトナム三派の首脳会議が開催され,三派は連合政府の樹立に向けて努力することを確認した [FEER, September 11, 1981: 8-9].

　しかしその後,三派は連合政府における各派の地位を巡って対立した.この対立をみて,1981年11月,シンガポールのラジャラトナム第二副首相はバンコク訪問の際,タイの同意を得て,連合政府首脳(国家元首,首相,副首相)と各派を代表する3人の大臣から成る「緩やかな連合政府」構想を提案する.この提案にソン・サンは賛同し,シアヌーク派側も他の二派が同意するなら受け入れるとしたが,KR側は不満を表明した [FEER, November 27, 1981: 12].

　シンガポールは,緩やかな連合政府構想をタイ以外のASEAN諸国に事前に知らせなかったため,ASEAN内の反発が予想されていた [FEER, November 27, 1981: 12].反発は,シンガポールが緩やかな連合政府構想のなかに武器援助問題を盛り込んだことに向けられた.シンガポールは,緩やかな連合政府構想をタイや反ベトナム三派に提示する際,連合政府が樹立されるならば,連合政府に武器援助を行うべきだと主張していた [DR 811125: J1-J2].武器援助の問題は,前述のように1981年5月の非公式外相会議でも話し合われたが,柔軟派が武器援助に反対して協議が打ち切られている.今回は,連合政府樹立の見通しが立ちつつあり,武器援助を主張するシンガポールが議長国であることから,援助問題は一層現実味を帯びた.シンガポールのダナバラン外相は,KRの影響力が減ぜられた緩やかな連合政府が成立すれば,虐殺の過去を持つKRへの支援を拒んできた外国政府は連合政府を支援しやすくなるとし,シンガポールが連合政府に武器やその他の物資を供給してもよいと語った [FEER, November 13, 1981: 9-10].さらに,同外相は「ASEANが必要な武器援助を行うことを望む」と述べた [DR 811125: J4].

　この点にインドネシアが反発する.インドネシアは,ASEANとして武器援助を行うことが緩やかな連合政府構想に含まれるならば,この構想自体に反対する構えをみせたのである [DR 811208: J1-J2, N2].ASEANとして連合政府に武器援助を行うことは,KRに軍事支援を行う中国にASEANが加担しているというメッセージをベトナムに発信することになるとインドネシアは考えたわけである.このインドネシアの反対を受け,1981年12月の非公式外相会議

(パタヤ)で ASEAN 諸国は，シンガポールの緩やかな連合政府構想に支持を表明する一方，ASEAN は連合政府に政治的な支援のみを行うことで決着した．すなわち，連合政府結成についての問題はカンボジア人が決めることであると信ずるとする 1981 年の AMM での方針が繰り返され，シンガポールが提唱した緩やかな連合政府構想をシアヌークとソン・サンが支持したことを歓迎するとし，KR に同提案を支持するように求める共同声明を発表したのである［DR 811211: A3］．以上の経緯をふまえると，シンガポールは，ASEAN として武器援助を行うという合意の形成を断念することでインドネシアに譲歩し，緩やかな連合政府構想の支持を得たと考えられる[16]．

この非公式外相会議の合意を受け，1982 年の AMM 開催前の 5 月の SOM（シンガポール）で，三派による連合政府樹立に関して，ASEAN は当事者同士の努力をサポートし続けるべきであるという点が確認された［SOM 1982］．6 月の AMM（シンガポール）では連合政府樹立に向けた継続的支援が表明された．三派の話し合いを歓迎する旨に留まった 1981 年の AMM の声明に比べ，今回の AMM では，明確に連合政府の樹立を支援する意思が表明されたといえる．

この合意にもとづき，シンガポールは緩やかな連合政府構想の実現に向けて反ベトナム三派に働きかけを続けた．ダナバラン外相は ASEAN 諸国を歴訪し，KR に書簡を出すなど奔走し，ほかの ASEAN 諸国も協力を表明した［FEER, March 5, 1982: 11-12; April 23, 1982: 40-41］[17]．1982 年の AMM には間に合わなかったが，AMM 開催から約 1 週間後，クアラルンプールで三派による会合がついに実現し，CGDK 樹立が合意された．合意内容はシンガポールの緩やかな連合政府構想をほぼ踏襲している［MFAT 1985: 119-20］．

---

16) 非公式な合意として武器援助については各国独自の判断に委ねることになったという［ST, December 11, 1981］．この非公式合意を裏付けるかのように，この会議後のマハティールとリーの首脳会談では，三派に武器援助を行わないとするマレーシアのマハティール首相に対し，リー首相はシンガポールとして武器援助の準備があると表明した［FEER, December 25, 1981: 12-13］．

17) DK を主導する KR に対し，マハティールは緩やかな連合政府構想に反対し続けるならば国連で DK 支持を取りやめると警告し，インドネシアのモフタル外相も連合政府樹立への話し合いに前向きにならなければ ASEAN の支持を得られないと警告した［DR 820212: N3］．ラジャラトナム第二副首相も ASEAN の KR 支持撤回をほのめかした［FEER, February 12, 1982: 16］．

(3) ベトナムとの対話提案の否決とベトナム軍撤退要求

連合政府樹立を実現した後,今度は柔軟派のマレーシアがベトナムへの歩み寄りを開始する.このマレーシアの対ベトナム外交は,1982年後半からAMMの議長国となったタイに配慮して慎重に進められた.マレーシアのガザリ外相が1983年3月のNAM(ニューデリー)の折にベトナムのタク外相と会談した際,タク外相からカンボジア紛争解決のためにASEAN諸国とベトナム,ラオスが会談するという「5プラス2方式会合」の提案がなされた[田川1988: 19-22].実はこの提案は,タイに配慮したマレーシアが事前にベトナムに提案し,ベトナムが同意した上で「ベトナム案」としてASEANに提案したものである[*FEER*, March 31, 1983: 32-33; *Star*, March 24, 1983; 月報1983年3月号:15].

ガザリは,NAMに出席していたシンガポールの第二副首相とインドネシアの外相にタクとの会談の内容を伝え,2カ国は賛成を表明した[*FEER*, March 24, 1983: 8; March 31, 1983: 32-33].シンガポールのラジャラトナム第二副首相は,「5プラス2方式会合の提示によりベトナムは,あらゆる和平会議にカンボジアのヘン・サムリン政権が参加すべきだとする従来の主張を取り下げた.ASEANはこの提案を真剣に検討する価値がある」と話した[*DR* 830311: K1].

しかし,このラジャラトナムの受け止め方にタクが反発する.タクはASEAN諸国とインドシナ3カ国の直接対話だけがこの地域の諸問題を解決できるとし,「ASEAN諸国が望むならばカンボジア抜きの会合は可能であろうが,カンボジアの(ヘン・サムリン)政権を排除してどうやって問題を解決できるだろうか」と反論した[*DR* 830321: K5].さらに「カンボジア抜きの5プラス2方式会合の提案はマレーシア側からなされたものであり,ヘン・サムリン政権の承認問題を避けてインドシナ側と会いたいというのがASEAN側の公式提案であるなら真剣に考慮すると回答したまでだ」と語ったのである[田川1988: 20].

5プラス2方式会合提案は,1983年3月の非公式外相会議(バンコク)で話し合われた[18].この会議を前にガザリはタイのシティ外相にこの提案について説

---

18) この会議は,バンコクで開催された第4回ASEAN-欧州経済共同体(EEC)閣僚会議(1983年3月24-25日)の機会を利用して3月23日に開催された[*FEER*, March 31,

3. 反ベトナム路線の確立

明したが［*NST*, March 19, 1983; 月報 1983 年 3 月号：70］，シティはこの案がもともとはマレーシア案であるにもかかわらず事前に相談しなかったことを責めた［*FEER*, April 14, 1983: 16-18］．また，上述のタク外相の発言から，ベトナム側に歩み寄りの姿勢が見られないと判断し，「ASEAN とラオス，ベトナムが会談するという提案はカンボジア紛争を解決することができない」との見解を示す［月報 1983 年 3 月号：17］．フィリピンのロムロ外相も，ヘン・サムリン政権抜きの対話にタクが前向きな態度を示したのは，ベトナム側の態度軟化の現れではなく，インドシナ 3 カ国の代表としてベトナムとラオスが ASEAN と会うことでヘン・サムリン政権を認めさせる狙いが隠れていると指摘した［田川 1988: 21］．5 プラス 2 方式会合提案に対する強い反対意見を受けて，ガザリは，「ASEAN の代表(spokesman)は一人だけだ」と語り，「ASEAN は 5 プラス 2 方式会合に関心がない」とする議長国タイのシティ外相の発言を尊重するしかなかった［*DR* 830324: A1-A2］．こうして，ASEAN 諸国は 5 プラス 2 方式会合提案を否決した［*FEER*, April 7, 1983: 12］．

　この非公式外相会議の後，タイは以前から主張していたように，カンボジアからのベトナム軍撤退を要求することに焦点を当てた．ベトナムは 1982 年 7 月，カンボジアから軍の一部を撤退させると表明したが，タイは単なる軍の交代なのではないかと疑っていたからである［*FEER*, July 16, 1982: 10］．ベトナム側の一部撤退表明を受けて，1983 年 4 月，シティ外相は，ベトナム軍の撤退を確実なものとするために，「ベトナム政府がタイ・カンボジア国境から 30 キロ地点までベトナム軍を撤退させることに合意するならば，カンボジア問題についてベトナムと会談を行ってもよい」という提案を行った（「30 キロ撤退案」）［月報 1983 年 4 月号：65］．

　タイはこの提案を ASEAN 案として合意したかったが，柔軟派の抵抗に遭う．ベトナム軍の完全撤退ではなく部分撤退を要求し，この要求が受け入れられるならばベトナムとの対話を行っても良いとするこの提案は，タイがベトナムに対してより柔軟な姿勢を打ち出したものであり［*FEER*, May 26, 1983: 14-16］，タイなりの譲歩であった[19]．しかし，この姿勢は柔軟派の意向に沿ったものと

　　1983: 33］．開催日程については ASEAN(1982-83)および山影(1997b: 付録 2)を参照．
　19）　1983 年前半には，強硬派のタイはその姿勢を軟化させていたとの指摘もある［山影

は捉えられなかった。柔軟派は，部分撤退をベトナムに要求することは，ベトナムの態度を硬化させるだけで対話の可能性を狭めるものだと考えていたからである[*FEER*, July 7, 1983: 15]．そこで，タイは ASEAN 案とすることをあきらめ，タイがこの提案をベトナムに提示することを ASEAN 諸国に認めてもらうことで折り合う．1983年6月の AMM(バンコク)の共同声明では「タイの30キロ撤退案を承認した」との文言が挿入された．つまり，タイ以外の加盟国(特に柔軟派)は，ASEAN としてベトナムにこの提案を提示することには同意しない代わりに，タイがこの提案をベトナムに提示することには反対しないという意思を表明したのである．こうしてタイの提案は ASEAN 案とはならなかったが，加盟国が同提案を承認するという合意は成立したのである．

1997b: 111]．

第4章 カンボジア紛争におけるベトナムとの対話路線の策定

　本章では，前章につづきカンボジア紛争をめぐる ASEAN の方針策定をとりあげる．前章で分析した 1980 年代前半までは，ASEAN 諸国はベトナムに対して強硬な立場を表明する傾向にあった．本章では，1980 年代後半の ASEAN 諸国の利害調整を分析し，ASEAN がベトナムに対して柔軟な立場を示す傾向にあった点を指摘する．この章では，1980 年代の ASEAN 諸国の利害調整において，1970 年代前半に変化した利害調整における適切性の基準（「説得材料の提示による拒否権の不行使」）が定着した点と，議長国が自国の利害に沿って協議の継続と打ち切りを判断した結果，利害調整の帰結が議長国に不利にならないものとなった点が示される．

1．ベトナムとの対話路線の再開

(1) ASEAN アピールにおけるベトナムへの歩み寄り

　前章で述べたように，1983 年の AMM ではベトナムとの対話路線への合意が成立しなかった一方，ベトナム軍のカンボジアからの撤退問題が会議の焦点となった．その後，1983 年後半から議長国となった柔軟派のインドネシアの働きかけにより，再びベトナムと ASEAN 諸国との対話を模索する動きがみられるようになる．1983 年 9 月，インドネシアの主導のもとに，「ASEAN 外相によるカンプチア独立のための共同アピール」（「ASEAN アピール」）が発表された．モフタル外相は，9 月 21 日，国連総会に ASEAN アピールを提出する［月報 1983 年 9 月号：40-42］．同アピールは三つの点でベトナムに対して柔軟な姿勢を打ち出している．

　第一に，ASEAN アピールは，カンボジア民族の自決権の行使と将来の選挙実施に向けたカンボジアの全ての政治勢力による「国民和解（national reconciliation）」の原則を謳っている．この点については ASEAN 内で鋭い対立はなか

った．というのは，同原則の下敷きが，1983年5月にシアヌークが提案した「国民和解政府」案にあったからである［MFAT 1985: 106］．シアヌークは，CGDKを担う三派とヘン・サムリン政権を含む「四派による国民和解政府樹立」を提唱した［*DR* 830614: N1-N2］．提案直後の6月，シアヌークはジャカルタを訪問し，スハルト大統領とカンボジア紛争について話し合っている［*DR* 830628: N1］．こうした話し合いを経て，インドネシアはシアヌークの提案をASEANアピールに盛り込んだと考えられる．国民和解の原則は，ヘン・サムリン政権の正統性を認めることを示唆するものだったが，この原則がシアヌークの意向である以上，カンボジア人による民族自決の原則に一致しているため，強硬派も反対しなかった．

　第二に，ASEANアピールはベトナム軍の完全撤退でなく部分撤退を要求している．すなわち，カンボジア紛争の包括的解決に向けた具体的な方策として，(1)タイ・カンボジア国境からのベトナム軍の部分撤退を加速させること，(2)平和維持部隊を編成し，ベトナム軍の撤退を監視することが盛り込まれた［*FEER*, December 1, 1983: 28］．これは，1983年のAMMで承認されたタイの「30キロ撤退案」（前章参照）をASEAN案に格上げしたものである．タイは，この点が同アピールに盛り込まれたことを強調した［*DR* 830909: J1］．これは，インドネシアがタイに譲歩したものである．

　第三に，国連によるカンボジア紛争解決を強調しなかった．ベトナムは従来，カンボジア紛争は国際問題ではなく東南アジア地域の問題であるとして国連の関与に否定的であり，1981年1月のインドシナ3カ国外相会議で提案して以降［*ST*, January 29, 1981］，ASEANとインドシナ諸国の「地域会議」の開催を主張し続けた．1983年8月，ベトナムは，国連はカンボジア紛争を解決することができないとし，地域会議開催への支持を求める書簡を50カ国（主にNAM諸国）に送付している［*DR* 830830: J2-J3; 830908: J1］．モフタル外相はASEANアピールが(1)これまでのようにベトナムを非難するのではなくASEANとベトナムが集って会議を開くことができる，(2)これまでASEANは国連主導のICK以外の新たな枠組みを呼びかけてこなかったが，国連主導の会議以外の別の会議をASEANとして開くこともあり得る，という点で目新しいと説明した［*ST*, September 23, 1983］．

この点について強硬派は反発した．タイは，ASEAN アピールが新たな提案を含まず国連決議に沿ったものであることを強調した［DR 830906: J4］．シンガポールは，ベトナム軍の撤退を要求する一方で，ベトナムに歩み寄る姿勢を表明する ASEAN アピールが ASEAN の結束の弱さとベトナムに解釈されかねないと警告を発した［Mahbubani 1983/84: 425］．

しかし強硬派は，ASEAN としてこのアピールを発表することに反対しなかった．その理由はインドネシアの二つの譲歩にある．一つは，先に述べたようにタイの「30キロ撤退案」を ASEAN 案(部分撤退要求)として ASEAN アピールに盛り込んだことである．もう一つは，ASEAN アピールにある「ICK 以外の新たな枠組み」とはベトナムの提案する「地域会議」のことではない点を明確にしたことである．タイのシティ外相によれば，インドネシアは，ASEAN アピールを9月の国連総会の場で関係各国に回覧する際に，ベトナムの地域会議案を ASEAN として拒否する旨の覚書を付すことを了承したという［DR 830916: J2-J3］[1]．こうして，インドネシアは ICK 以外の会議を開催する可能性を ASEAN アピールに盛り込むことができたのである．

1983年11月の SOM(ジャカルタ)では，カンボジア紛争解決には，ICK と「地域的フレームワーク」によるバランスの取れたアプローチが望ましいとの合意が形成された［SOM 1983］．地域的フレームワークとは，ASEAN アピールでインドネシアが重視した「ICK 以外の新たな枠組み」のことである．一方で，タイの意向に配慮し，続いて開かれた非公式外相会議(ジャカルタ)では，「カンプチアに関する SOM 作業部会(SOM Working Group on Kampuchea)」[2]で部分撤退要求について詳細を検討することになったことがインドネシアのモフタル外相によって伝えられた［DR 831109: N2］．

インドネシアとしては，ベトナムや ASEAN 諸国の合意を得て地域的フレー

---

1) シティ外相は，ASEAN アピールをめぐってインドネシア・ベトナム両国のあいだで勝手な取り決めが行われることを警戒し，国連の場で二国間会談の申し入れがベトナムからあった際，タイは ASEAN 各国のなかで最後にベトナムと会談したいと申し入れたほどである［DR 830916: J2］．

2) この作業部会は12月にクアラルンプールで第1回会合をもった．第1回会合を前に，マレーシアのガザリ外相はベトナム軍撤退監視のための平和維持部隊にベトナムを加えることも一つの選択肢だと語った［FEER, December 1, 1983: 26, 28-29］．

ムワークの具体化を進めたかった．しかしその試みは，インドネシア国軍がみせたベトナム重視の姿勢によって困難となる．インドネシア国内には対ベトナム外交を主導する二つの勢力があった．モフタル外相を中心とする外務省と，ムルダニ司令官を頂点とする国軍である[3]．インドネシア外務省はASEAN加盟国との協調を重視していたが，国軍は中国を脅威の源とみなしたため，ベトナムとさらに緊密な関係を築くべきであるという立場をとっていた．1984年2月，ムルダニ国軍司令官はベトナムを訪問し[4]，「東南アジア諸国のなかにはベトナムを危険視する声もあるが，インドネシア軍は信じていない」とする発言を行い，他のASEAN諸国の反感を買う［*FEER*, March 1, 1984: 9-10］．タイ高官は，「ムルダニの発言はインドネシアの姿勢を反映していることに疑いが無く，ASEANの方針に沿っていない」と批判した［*DR* 840301: N1］．シンガポールでも同様の批判がなされた［*DR* 840229: O3; *BP*, April 18, 1984; *Star*, May 8, 1984］．

インドネシア外務省は，地域的フレームワークの具体化どころかインドネシアの立場について釈明に追われた[5]．モフタル外相は，ムルダニの訪問はインドネシアの外交政策の根本的な変更ではないことを強調した上で［*DR* 840229: N3-N4］，ジャカルタ・ハノイ間の会合はベトナムの態度を知るために重要とし，ASEANアピールにベトナムが積極的に反応することを期待すると表明する［月報1984年3月号：165］．しかしASEANアピールに対してベトナムの反応は，当初から懐疑的であった[6]．ベトナムのタク外相は，同アピ

---

3) MacIntyre(1987)はインドネシアの対ベトナム政策を国軍と外務省の対立によって説明する．
4) ムルダニの訪越はこれ以前に2回あったが，公式訪問は今回が初めてである．1980年5月の1回目の訪問についてインドネシアはタイに事前に了解を求めたもののタイに拒否されたため，インドネシア外務省は白紙に戻すとしたが，タイには事前に知らせたとして，結局ムルダニはベトナムを訪問した［*FEER*, August 29, 1980: 10-11］．2回目は1981年9月［*FEER*, September 25, 1981: 12-13］．
5) ムルダニのベトナム訪問にはインドネシア外務省も頭を悩ませていた．モフタルはムルダニに対ベトナム外交に関与しないように訴えたが，対立は解消しなかった［元インドネシア外務省政治局長のナナ・ストレスナ氏，モフタル氏へのインタビュー］．
6) モフタルはベトナムのタク外相との会談で，ICK枠外での協議の可能性を取り上げ，ASEAN側の柔軟姿勢を説明した［月報1983年9月号：19-20］．しかし，タクはASEANアピールを興味深く検討するとしながらも，アピールにある平和維持部隊が国連のそれ

1. ベトナムとの対話路線の再開

ールがベトナム軍の撤退を求める一方, ベトナムがその影響力の排除を求めている中国への対処について何も書かれていないとして拒否する意向を表明した [*FEER*, March 15, 1984: 15-17; March 22, 1984: 12-13]. さらに, 1984年3月, ベトナム軍は再びタイの国境を侵犯した [年報1985年版: 258].

ベトナムの強硬姿勢に直面したモフタル外相は, ASEANを代表して声明を発表し, ベトナム軍のタイ国境侵犯と非人道的な攻撃を非難せざるを得なかった [*DR* 840419: A1; *ST*, April 20, 1984; 月報1984年4月号: 40, 51, 163]. 1984年5月の非公式外相会議(ジャカルタ)でASEAN諸国はASEANアピールの方針を改めて主張する一方, タイ・カンボジア国境での軍事攻勢を中止するようベトナムに要請する声明を発表した [*DR* 840508: A2-A3]. この会議で, モフタル外相とスハルト大統領はASEAN諸国と協調してこの問題に対処することを改めて確認している [*ST*, May 9, 1984].

しかし, インドネシアへの不信感を払拭できない強硬派は, この外相会議でインドネシアの行動を制約する措置を講ずる. すなわち, シンガポールが, インドネシアをベトナムとの対話の窓口にすることを提案したのである [*ST*, May 9, 1984]. 具体的には, AMM議長国外相との間で緊密な協議を行うことを了解事項として, ベトナムとの対話を維持する任務(「ASEAN対話者(ASEAN Interlocutor)」)をインドネシア(外相)に付託するというものである [*DR* 840509: A1; *FEER*, May 24, 1984: 34; SOM 1984a; 月報1984年5月号: 41]. この提案は他の加盟国の了承を得てASEANの合意となった[7]. この時点でAMMの議長国はインドネシアだったが, この合意は, インドネシアを公式にベトナムとの対話の窓口にすることにより, 対ベトナム外交において後任のAMM議長国と緊密な協議を行うことをインドネシアに要求するものだった. いいかえれば, 強硬派は, これまでのASEANの方針を踏まえた対ベトナム外

を指すなら承服しがたいと語る [*FEER*, December 1, 1983: 28]. 1983年10月, 国連総会でタイのシティ外相と会談した際も, タクはASEANアピールに盛り込まれた「30キロ撤退案」は中国のKR支援が止まない限り受け入れられないとして拒否した. シティも, 訪越を要請するタクにベトナム側は訪越を行う価値があることを保証するようなことは何もしていないと要請を拒否している [月報1983年10月号: 18-19].

7) ただし, この合意には他のASEAN諸国も希望があればベトナムと対話することができるという留保がついていた [SOM 1984a].

交をインドネシアに求めたのである.

　1984年7月のAMM(ジャカルタ)では「カンプチア問題に関するASEAN外相声明」が発表され，国際監視下でのベトナム軍の撤退を求めるとともに，ASEANアピールの方針が確認された［MFAT 1985: 106］．ここでは，ベトナムに対し，カンボジア人による国民和解の原則を支持するように要請するとともに，ASEANとしてはカンボジア紛争の包括的解決に向けてベトナムと議論する準備がある点を強調している．一方，共同声明でASEAN諸国は，ベトナム軍の乾季攻勢やタイ・カンボジア国境での軍事攻撃を強く非難し，ベトナムが問題の平和的解決に後ろ向きである点を批判している［MFAT 1985: 106-07］．このように，ASEAN諸国は，ASEANアピールでベトナムに柔軟な姿勢を示しつつ，ベトナム軍の行為を非難することとなった．

(2) ASEANの仲介による間接対話構想

　1984年後半から議長国となったマレーシアは，1979-80年と1983年に続いて(前章参照)再度，ベトナムとの対話路線を模索する．すなわち，1985年2月の特別外相会議(バンコク)でベトナムとCGDKの会合をアレンジすることを提案したのである［*Star*, February 11, 1985; *ST*, February 7, 11, 1985; 山影 1997b: 付録2］．リタウディン外相は，ASEANがこの会合で仲介者となるとも話した［*DR* 850207: O1］．この特別外相会議でマレーシアの提案は，ASEAN諸国の同意を得てベトナムにCGDKとの「直接対話」を呼びかけるASEAN案となった［MFAT 1985: 111］．ベトナムとCGDKとの直接対話を呼びかけることは，ベトナムをカンボジア紛争の当事者とみなす強硬派の意向にも沿うものであった．しかしベトナムは，同国が問題の当事者ではないとしてこの提案を拒否する［*DR* 850214: K1-K2］．

　ベトナムとCGDKとの直接対話が容易に実現できないと判断したマレーシアは，4月，CGDKとヘン・サムリン政権との間に仲介者を立てて対話を進める「間接対話(proximity talk)構想」を提案する［*Star*, April 10, 1985］．4月のSOM(ジャカルタ)で間接対話構想が初めて討議されたが［*Star*, July 6, 1985］，5月のSOM(バンダルスリブガワン)ではAMMに提案するにはもう少し時間が必要であるという結論が出された［*DR* 850517: J1］．

間接対話構想は，明示的にヘン・サムリン政権を会合の当事者としており，この構想が ASEAN の合意となれば，ASEAN が同政権の正統性を認めることになる．そのため，強硬派の反発は必至であった．そこで，マレーシアはタイに説得を開始する．5月，リタウディン外相がタイに構想の提案理由やマレーシアの意図を説明した結果，両国は間接対話構想が好ましい戦略である点では一応の一致をみた［*DR* 850517: J1］．マハティール首相も，タイを訪問してプレム首相にこの構想を説明している［月報 1985 年 5 月号：38, 62］．その際，マハティールは，間接対話構想がカンボジア紛争の膠着状態を打破するための方策であり，ベトナム軍の撤退完了を待たずに進めるが，タイ国境の視察のためにまたタイを訪問すると述べて，ベトナム軍によるタイ国境侵犯とタイのベトナム軍撤退要求に引き続き配慮する姿勢を見せた［*DR* 850520: J4］．

こうしたマレーシアの働きかけの結果，5 月末の SOM（バンコク）ではこのマレーシア案を ASEAN 案とすることで原則一致し，この案を CGDK に提示することで合意した［月報 1985 年 5 月号：39; *NST*, May 28, 1985］．ただし，マレーシアの SOM 代表ザイナル・アビディン・スロン外務事務次官が，間接対話構想の実現に向けて課題があると述べたように［*DR* 850530: A1］，この合意には二つの留保がついていた．

まず，タイから間接対話の議題について留保が出された．タイは，提案された会合の開催がヘン・サムリン政権によるカンボジアの実効支配を容認することにつながらないようにしなければならず，もし仮に CGDK とヘン・サムリン政権との会合が開かれるのなら，ベトナム軍の撤退と民族自決のみを議論すべきだと主張した［*DR* 850531: A1］．もう一つの留保は，CGDK にこの構想を提示し，意見を求めることであった．この留保は，マレーシアと同じ柔軟派のインドネシアから出された．この SOM の開催中にモフタル外相はタイを訪問し，シティ外相と会談した際，間接対話構想を推進するかどうかは CGDK の判断に任せるべきだと主張している．さらにモフタルは，CGDK がこの提案を拒否した場合には，ASEAN として新たな提案をするのではなくベトナムの出方を待つべきだとし，自らが提案した米国とベトナムの国交正常化こそが問題解決の糸口だと主張した［*DR* 850530: J1］．インドネシアは，1984 年に ASEAN 諸国からベトナムとの対話窓口である ASEAN 対話者を任じられてい

た．インドネシアが間接対話構想に留保を付したのは，ベトナムとの対話の窓口は自国であるとの自負もあったと考えられる[8]．

そして1985年5月末のSOMの直後，ASEAN諸国はCGDK側との会合を開き，CGDK側に間接対話構想を伝えた．CGDK側はこの提案を拒否し，ヘン・サムリン政権よりもベトナムと直接対話するほうが望ましいとの見解を表明した［DR 850531: A1］．この立場表明を受けて，6月下旬に開かれたSOM（クアラルンプール）で，タイがマレーシア案を修正した案を提出する．その内容は，CGDKとベトナムとの間接対話を提案し，ベトナム側の参加者としてヘン・サムリン政権を含むことを許容するというものだった［Star, July 6, 1985; DR 850705: J1][9]．7月のAMM（クアラルンプール）では，このタイの修正案をASEAN案とするという合意がなされ，ヘン・サムリン政権を含むベトナムとCGDKの間接対話をベトナムに提案するという内容の共同声明が発表された［MFAT 1985: 112］．タイの修正案は，ヘン・サムリン政権の参加を完全に排除しない点で，ベトナムに歩み寄るマレーシアに強硬派のタイが譲歩したものである．マレーシアは，あくまでベトナムを問題の当事者とするこの修正案に合意することでタイに譲歩する一方，ともかく間接対話構想という枠組みを維持できたといえる[10]．

2．ASEAN対話者・インドネシアによる対ベトナム外交と対話の模索

(1) ASEAN対話者の役割と逸脱

先述の通り，インドネシアは，1984年5月，ASEAN対話者に任命された．その役割は，AMM議長国と緊密な協議を行い，ベトナムとの対話を維持することである．インドネシア以外の加盟国は，インドネシアにASEAN対話者の

---

8) モフタルは，会議の参加者自体が争点化したため，間接対話構想は柔軟性を失ったと感じたという［モフタル氏へのインタビュー］．

9) 7月3日，タイのシティ外相はベトナムにこの修正案を提示したが拒否されている［月報1985年7月号：38］．

10) 1985年のAMM直後の8月に開かれたインドシナ3カ国外相会議で，ベトナムはASEANの間接対話構想を拒否し［NST, July 9, 13, 1985; Star, July 9, 1985; 月報1985年7月号：21-22］，マレーシアの原案は再考に値すると表明した［FEER, August 29, 1985: 16］．

役割を付与することによって，ASEAN の方針に沿ってベトナムと対話するよう要求したのである．この点は，1984 年 12 月末の SOM（バンコク）の合意でより詳細に確認できる．この SOM において「カンプチア問題に関するベトナムとの秘密会合についてのガイドラインと条件 (Guidelines and Parameters for the Proposed Secret Exploratory Dialogue with Vietnam on the Kampuchean Problem)」という文書が採択された．この文書は，もともと AMM 議長国のマレーシアとベトナムとの秘密会合に適用するガイドラインであった．1984 年 11 月に開かれた特別外相会議（ロンドン）で，AMM 議長国のマレーシアがベトナムと秘密会合を開催してもよいという合意があり，同月開かれた「カンプチアに関する SOM 作業部会」（バンコク）[11]で，この秘密会合に関するガイドラインと条件が策定されたのである．1984 年 12 月末の SOM では，このガイドラインを ASEAN 対話者のインドネシアにも適用することが合意された [SOM 1984b]．

　ガイドラインは，ASEAN の基本方針に沿ってベトナムとの秘密会合を開催するよう求めている．ASEAN の基本方針とは，カンボジア紛争の包括的政治解決には，ベトナム軍の撤退とカンボジア人による民族自決が実現されなければならないというもので，ASEAN 諸国は，この方針を AMM の共同声明で訴えてきた．ベトナムとの秘密会合に関するガイドラインは，(1)ベトナム軍の撤退と停戦，(2)シアヌークをリーダーとする，CGDK とヘン・サムリン政権が参加する暫定政権の樹立，(3)カンボジア紛争の包括的政治解決に向けた国際会議の開催，をベトナムとの会合において議題とするというものである．

　1984 年後半から AMM 議長国となったマレーシアは，CGDK とヘン・サムリン政権が参加する間接対話構想を中心にベトナムとの話し合いを続けており，こうした議長国の対応は，CGDK とヘン・サムリン政権による暫定政権の樹立を議題とするよう求めた上記のガイドラインに沿ったものである．

　一方，インドネシアも ASEAN 対話者として 1984 年後半から数々の提案を行っていくが，他の加盟国は ASEAN のガイドラインに沿った対応をインドネシアがとっていないことに不満をもつことになる．たとえば，1985 年 2 月，

---

11) この作業部会は，第 1 回が 1983 年 12 月にクアラルンプール，第 2 回が 1984 年 6 月にペナンと，いずれもマレーシアで開催されている [SOM 1986]．

インドネシアのモフタル外相は，ベトナムを訪問し，カンボジア紛争の解決策として米国とベトナムの国交正常化を進めることを提案する [*FEER*, June 13, 1985: 32]．この提案の背景には，1月のインドシナ3カ国外相会議において米国とベトナムとの国交正常化が東南アジアの和平に貢献するという方針が発表されたことがある [*DR* 850123: K3]．しかし，米国・ベトナム国交正常化案は，ASEAN の議題にすらのぼっていない [*DR* 840408: N1]．ベトナム軍の撤退やカンボジア人による民族自決に言及しないインドネシアの提案は，上記のASEAN のガイドラインに沿ったものでないばかりかベトナム側の意向を重視したものだったため，ASEAN 諸国の同意が得られなかったからである[12]．

インドネシアの提案に合意が得られなかったもう1つの理由は，1984年以降，インドネシア国軍の行動によって，他のASEAN 諸国がインドネシアに対して抱いていた不信感にある．1984年につづいて，再びインドネシア国軍が親ベトナム路線を打ち出したのである．1985年4月，ムルダニ国軍司令官が，ベトナムのズン国防相とジャカルタで会談し，「ベトナムの軍撤退表明は信頼できる」と発言した．また，ベトナムは，在インドネシア大使館に軍担当官を送ることを決め，インドネシア国軍との親密関係をアピールする [*ST*, April 21, 1985; *DR* 850417: N1]．こうした国軍の動きに対し，モフタル外相は，タイのシティ外相にインドネシアはベトナムと関係を強化するつもりはないことを伝えたが，シティ外相はムルダニの発言に懸念を表明している [*FEER*, May 2, 1985: 17]．

このように他の ASEAN 諸国は，インドネシアが ASEAN のガイドラインに沿って ASEAN 対話者の役割を果たしてはいないとみなしており，1985 年 7

---

12) インドネシアの提案を受けてベトナムは「5項目提案」をインドネシアに提示した．その内容は(1)ベトナム軍を撤退させること，(2)KR を参加させない総選挙を実施すること，(3)ベトナムをメンバーに含む国際監視・管理委員会を設置すること，(4)ベトナム戦争時に行方不明になった米国軍人の問題を解決すること，(5)東南アジアの外国基地の問題を凍結することである[月報1985年3月号：12-14, 83-84]．モフタル外相は，ベトナムとの会談の結果をタイやマレーシアに説明した[月報1985年3月号：52, 64]．モフタルの要請を受け，マレーシアのリタウディン外相はAMMの議長としてこの5項目提案を説明するため，ASEAN諸国に向かった[*ST*, April 3, 1985]．しかし，タイのシティ外相は，5項目提案にある「KR排除の選挙」はヘン・サムリン政権によるカンボジアの支配を強化するものだと批判し，拒否の立場を表明している[*DR* 840405: J1-J2]．

月のAMMの共同声明では，モフタルのASEAN対話者としての働きを評価するという文言が挿入されただけだった．ASEAN諸国は，この時期，マレーシアが提案した間接対話構想に合意するかについて協議しており，インドネシアの提案が議論の中核を占めることはなかった[13]．

(2) インドネシアの非公式会合提案への不信感

1985年後半にインドネシアが注目したのは，CGDKのシアヌークが提案した国際会議開催案である．1985年9月，シアヌークは，カンボジア四派(ヘン・サムリン政権と三派から成るCGDK)とASEAN諸国，ベトナム，米国，中国を含む国際会議の開催を提案する．この提案に対してインドネシアは，11月，その国際会議の開催国に名乗りを上げる．その際，モフタル外相は，シアヌーク案を修正して，カンボジア四派とベトナムのみが参加する直接対話の非公式会合を提案する［*ST*, December 5, 1985; 月報1985年11月号：43-44］．非公式の会合である点を強調したこの提案は，「カクテル・パーティー(cocktail party)案」と呼ばれた．参加者ならびに会合の形式について修正を加えることで，カクテル・パーティー案がシアヌークではなく，インドネシアの提案であることを印象づけようとする意図があったと考えられる．

1985年後半からAMMの議長国を担当したのはフィリピンである．フィリピンは，カンボジア紛争に関して利害関係をもたなかった．その上，1986年のフィリピンは，マルコス政権の崩壊という政治危機と民主化の最中にあった．1986年2月に誕生したアキノ政権は，過去20年のマルコス政権の清算に専念するため，外交問題は第二の優先順位とする方針を表明する［*DR* 860228: P 8][14]．そのため，カクテル・パーティー案に対してASEANの合意が成立するかどうかは，インドネシアを中心とする利害関係国間の利害調整に委ねられた．

---

13) インドネシアのモフタル外相とマレーシアのリタウディン外相との間には軋轢があったといわれる．原因は明らかではないが，間接対話構想と米国・ベトナム国交正常化案で，両国がイニシアティブ争いをしたとみる論考もある［MacIntyre 1987: 525-26］．

14) ただし，1987年のASEAN首脳会議の開催については，一定の取り組みを行っている．ラウレル外相が，マニラで首脳会議を開くことを提案した［*DR* 860408: A1-A2］ことを受けて，1986年4月の特別外相会議(バリ)で1987年の後半に首脳会議をマニラで開くことが合意されている［*DR* 860505: A1］．

1985年11月にモフタルは，ASEAN 各国を歴訪し，カクテル・パーティー案を説明する［年報 1986年版：400-01］．このときモフタルは，強硬派の意向に配慮して，カクテル・パーティーが非公式の会合であることを改めて強調し，議題や参加者について柔軟性を持たせるようにした[15]．カクテル・パーティー案は，同月末の非公式 SOM（チェンマイ，タイ）で討議されたが，タイのシティ外相が「カンボジア四派がすべて出席するならば，ベトナムとカクテル・パーティーを開くことにタイは反対しない．これはつまり，ASEAN 提案の間接対話構想と同じである」と語ったように，強硬派はカクテル・パーティー案を「新たな提案」とはみなさなかった［月報 1985 年 11 月号：44］．しかし，モフタル外相は，シンガポールとタイの同意をとりつけたとし，ベトナムにもカクテル・パーティーの内容を伝えたと語る［月報 1985 年 12 月号：17, 74］．シティ外相の先の発言にもあるように，カクテル・パーティー案は，参加者という点において，ASEAN の間接対話構想と実質的には同じであるため，強硬派だけでなく柔軟派のマレーシアも，わざわざカクテル・パーティー案と銘打ったインドネシアが，間接対話構想という ASEAN の合意をふまえてベトナムと話し合うかどうか警戒していた．

そこで，ASEAN 諸国は，過去の関係する ASEAN の合意に沿ってベトナムとの協議を進めることをインドネシアに要求する．この要求が示されたのが，1986 年 1 月の SOM（マニラ）にマレーシアが提出した「カンプチア問題に関する統一見解のための ASEAN 計画（ASEAN Blueprint for a Collective Position on the Kampuchean Problem）」と題される文書である．この文書において(1)カクテル・パーティーを間接対話構想の一形態あるいは前段階（prelude）とする，(2)インドネシアは ASEAN 対話者として，ベトナム軍撤退要求やカンボジア人による国民和解への支持といった ASEAN の基本方針に従ってベトナムと対話することが重要である点が確認された［SOM 1986］．

CGDK のシアヌークは，参加者をベトナムとカンボジア四派に限ったことについてだれも排除されてはいけないとの声明を発表し，インドネシアのカクテル・パーティー案を非難する［*DR* 851127: H1］．その結果，1985 年 12 月に

---

15) これは，1985 年のマレーシアの間接対話構想との差別化を意識した結果だった［モフタル氏へのインタビュー］．

なっても，CGDK はカクテル・パーティー案を支持するかの回答をしなかった［DR 851226: N1］．代わりに，1986 年 3 月，CGDK はヘン・サムリン政権との対話を含む「8 項目提案」を行う［FEER, April 3, 1986: 17-18］．具体的には，ベトナム軍の二段階の撤退を条件に，三派から成る CGDK とヘン・サムリン政権との四者で政府を樹立することや国連監視下の選挙を実施することなどを提案している［DR 860320: J1］．

CGDK がカクテル・パーティー案に前向きな姿勢を示さないことも手伝って，この提案に関する ASEAN 内の協議は停滞した．ASEAN 諸国は 4 月の特別外相会議（バリ）で，CGDK の 8 項目提案を支持する声明を発表し，ベトナムに 8 項目提案を受け入れるように要請する［DR 860502: A3］．6 月の AMM（マニラ）の共同声明では，8 項目提案への支持が再度表明される一方，ASEAN 対話者であるモフタル外相の外交努力を評価するという従来の文言が入れられただけで，カクテル・パーティー案は言及されなかった．

CGDK や ASEAN の働きかけに対してベトナム側の歩み寄りがみられなかったことも，ベトナムとの対話をめざすカクテル・パーティー案に ASEAN 内の強硬派が前向きになる余地を狭めた．1986 年 8 月に開催されたインドシナ 3 カ国外相会議では，「KR の復帰を許すだけ」として CGDK の 8 項目提案を拒否する声明が発表された［朝日新聞 1986 年 8 月 19 日］．こうした声明に対して，6 月の AMM の後にフィリピンから議長国を引き継いだシンガポールのダナバラン外相は，KR の政権復帰阻止の問題はベトナム軍のカンボジアからの撤退後に取りかかる問題であるとし，カンボジアから軍を撤退させないベトナムを改めて非難した［月報 1986 年 11 月号：40］．同外相は，1987 年 4 月には，カンボジア紛争が解決されるかはベトナム次第だという立場をとり，ASEAN として新たな提案をする必要はないと主張した［NST, April 22, 1987］．

しかし，ASEAN 対話者インドネシアは，カクテル・パーティー案の実現に向け，働きかけを続けた．1987 年 5 月，モフタル外相はカクテル・パーティーの参加者および形式として，ヘン・サムリン政権と CGDK の非公式会合の後，ベトナムが参加するという二段階方式の会合を提案した［月報 1987 年 5 月号：42-43］．当初，インドネシアはベトナムとカンボジア四派の非公式対話を提案していたが，ベトナムの柔軟姿勢を引き出すためにその形式を変更した

のである．モフタルは，ベトナムを第一段階の会合に入れなかった理由について，カンボジア紛争はカンボジア人の問題で，ベトナム軍の撤退は別問題であると説明した［*DR* 870505: N1］．

　この点に，ベトナム軍の撤退こそがカンボジア紛争解決の第一歩だと主張する強硬派は反発したが，ひとまずベトナムの出方を見極めることにした．カンボジア紛争が解決されるかはベトナムの態度次第だとしたダナバラン外相は，1987 年 5 月にマレーシアのリタウディン外相と会談し，カクテル・パーティー案を AMM で議論すると話したが，同案に対するコメントは避け，6 月のモフタルのベトナム訪問の結果を待って判断する姿勢を示す［*DR* 870507: O1］．しかし，モフタルのベトナム訪問は 7 月に延期されてしまったため，ダナバランは，カンボジア紛争の解決には何よりもベトナム軍の撤退を含むベトナム側の姿勢が変化することが求められているという立場を堅持し，カンボジア紛争のための新たなイニシアティブは必要ないという主張を繰り返した［*Star*, June 13, 1987］．

　一方，ダナバラン外相は，来る AMM の議題として難民問題を中心に据える考えを表明する．インドシナ難民流出は 1970 年代末から続いており，AMM の共同声明の一項目となってはいたが，ASEAN 諸国は，1980 年代前半にはベトナムのカンボジア侵攻およびカンボジア和平の問題に注力していた．今回，改めてこの難民問題が AMM の中心議題となったのは，1987 年 5 月の SOM（シンガポール）でマレーシアが議長国のシンガポールに中心議題として取り上げるよう要請したためである．要請の背景には，マレーシア政府が国内からこの問題を迅速に解決するよう求められていたことがある．この SOM ではマレーシア代表から，インドシナ難民の再定住化が進まないばかりか，難民の流入が続いている現状が説明された［SOM 1987］．シンガポールとしても，ベトナム非難を強める材料として難民問題を取り上げることに異存はなかった．ダナバラン外相は，カンボジア紛争解決について新たなイニシアティブは取らないが，その代わりインドシナ難民問題について取り上げることでベトナム非難を世界にアピールすると述べた［*NST*, June 13, 1987］．

　インドネシアは，ベトナムからの回答を得ないまま，そして，強硬派に対して何ら譲歩案を示さないまま，1987 年の AMM を迎えることになる．6 月の

AMM（シンガポール）の共同声明で ASEAN 諸国は，ベトナム軍のカンボジア駐留を非難し，ベトナムがタイの安全保障を脅かしている点を強調するなど，従来の ASEAN の立場を確認するとともに，ベトナムに対し，カンボジアから撤退し，ASEAN アピールや CGDK の 8 項目提案を支持するように要請した．他方，同声明には，前年同様に，ASEAN 対話者インドネシアの働きを評価するとの文言が挿入されたが，カクテル・パーティー案は言及されなかった．マレーシアが提起した難民流出の問題では，AMM の共同声明とは別に共同宣言を発表し，改めてベトナムを非難して同問題について迅速な対処を求めている［山影編 1999］．

ASEAN 諸国は，インドネシアがカクテル・パーティーの実現に向け外交努力を続けていることは認識していたが，インドネシアが ASEAN の方針や合意を軽視し，ASEAN 内の協議を通じて加盟国の意向を汲み取るよりも，ベトナムの意向に耳を傾け，同国との協議を重視しているとみていた．その結果，カクテル・パーティー案は，なかなか ASEAN 案とはならなかったのである．

(3) 非公式会合開催合意と和平計画採用見送り

1987 年後半に AMM の議長国は，シンガポールからタイに交代した．タイも，強硬派の立場からインドネシアの対ベトナム外交に不満を募らせていたが，シンガポールと同様，カクテル・パーティーの実現に向け，インドネシアがベトナムから柔軟姿勢を引き出せるかどうかを見守る方針をとり，協議を継続させた．

しかし，インドネシアは説得材料をなかなか提示しないばかりか，ベトナムの意向を重視する姿勢を変えなかった．この姿勢は，1987 年 7 月末に実現したモフタル外相のベトナム訪問にも表れている．モフタルは，タク外相と会談し，カクテル・パーティー案について(1)カンボジア四派が政治的条件なしに，政治的な肩書きなしで非公式対話を開く，(2)つぎに，ベトナムなど関係国を含めた拡大対話に移ることで合意した（「ホーチミン合意」）［月報 1987 年 7 月号：18, 76］．ホーチミン合意は，1987 年 5 月にインドネシアが提案した内容と会合の形式が異なる．インドネシア案があくまで，CGDK，ヘン・サムリン政権，ベトナムが参加する二段階方式の「一つの会合」であるのに対し，ホー

チミン合意は，CGDK とヘン・サムリン政権の会合と，ベトナムなどを入れた拡大対話という「二つの会合」を開催するというものだった．その違いはベトナムの扱いにある．「一つの会合」ではベトナムをカンボジア紛争の当事者としてとらえるのに対し，「二つの会合」ではベトナムは当事者でないという意味合いを持つものであった．ベトナム側はあくまでカンボジア紛争の当事者ではないという当初の姿勢を貫き，インドネシアの提案に修正を迫ったのである．

ベトナムの意向を取り入れたホーチミン合意はすぐに強硬派の反発を買った．強硬派のタイとシンガポールはモフタルが ASEAN 諸国の合意を得る前にホーチミン合意を発表したことに不満を表明する［*NST*, August 15, 1987; *ST*, August 15, 16, 1987］．8 月に開かれた非公式外相会議（バンコク）では，シンガポールとタイがホーチミン合意に異を唱えた．その結果，ホーチミン合意は四派の会合の後，すぐにベトナムが参加するという「一つの会合」であるという解釈で一致した［月報 1987 年 8 月号：46-47］．ベトナムは，ホーチミン合意が反故にされたことを非難し，ASEAN のいう「一つの会合」のカクテル・パーティー案を拒否した．モフタル外相は，ベトナムは「一つの会合」案を拒否しただけで，ホーチミン合意は有効であると語る一方［*ST*, August 21, 1987］，ASEAN 諸国の合意なしにはカクテル・パーティー案は実現できないので，ベトナムに対し「一つの会合」案を受け入れるように説得すると述べた［*ST*, August 22, 1987］．つまり，ベトナムとの間で一旦は「二つの会合」に合意したインドネシアは，強硬派に譲歩したのである．

一方，強硬派もインドネシアに対して一定の譲歩をしている．9 月，ASEAN 諸国外相は国連総会の機会に，ニューヨークで再び会合を持ち，カクテル・パーティー案について説明覚書を発表する．その内容は，カクテル・パーティーがあくまで「一つの会合」であるという原則に立ちながらも，ベトナムが参加する時間の枠を広げ，ベトナムはその日でも，翌日でもあるいは次の週でもいつでも会談に参加することができるというものである［月報 1987 年 9 月号：43］．ただし，この覚書に基づくカクテル・パーティー案が正式に ASEAN 案となるには，ベトナムがこの案に前向きな姿勢を示す必要があった．そのため，ASEAN 諸国は，この覚書をもとにベトナム外相と討議を重ねるようにモフタ

ルに要請する［月報 1987 年 9 月号：43］．12 月にモフタルは，ASEAN 合意である「一つの会合」によるカクテル・パーティー案にベトナムが同意したと主張したが，強硬派はモフタルの言動やベトナムの意図に懐疑的な立場を崩さなかった［*FEER*, December 3, 1987: 106-07］．インドネシアに対する強硬派の不信感はまだ払拭されたわけではなかったのである．

インドネシアに対する強硬派の不信感が払拭され，カクテル・パーティー案が正式に ASEAN の提案となるのは，インドネシアの外相が交代した後である．1988 年 3 月の内閣改造でモフタルに代わりアラタスが外相に就任した．アラタス新外相は，モフタルのイニシアティブを受け継ぐとしながらも，ASEAN 諸国と足並みをそろえることを重視した．同外相は，「ASEAN 各国外相は，カンボジア各派の非公式会談とその会談にベトナムおよび関係諸国が後で参加する，というインドネシアの提案を再提出する必要があるということで意見が一致した」と述べた［月報 1988 年 4 月号：34-35］．アラタスは，モフタルが主導したカクテル・パーティー案を「再提出」することで仕切り直しし，モフタルのベトナム寄りの姿勢から距離を置くことによって，強硬派の懐疑心を払拭しようとしたのである．

このアラタスの姿勢はインドネシア側の譲歩と受け止められた．シンガポールのダナバラン外相は，「ジャカルタの案は重要であり，これまでの ASEAN の方針に沿っている」と述べた［*NST*, April 7, 1988］．インドネシアの提案したカクテル・パーティー案はこのころから「ジャカルタ非公式会議（JIM）」と呼ばれるようになった．1988 年 5 月初め，ASEAN 諸国は，EC との閣僚会議（デュッセルドルフ，ドイツ）の際に外相会議を開き，JIM の開催に原則合意した［SOM 1988; 月報 1988 年 5 月号：52; 山影 1997b: 付録 2］．その後，5 月末に開かれた「カンプチアに関する SOM 作業部会」（バンコク）では，AMM の議長国タイが提出した作業ペーパーを元に「カンプチア問題に関する ASEAN 戦略（ASEAN Strategy on the Kampuchean Problem）」という文書が採択された．この文書において ASEAN 諸国は，ベトナムとカンボジア四派の直接対話の必要性を再度確認しつつも，まずカンボジア四派が会合し，その後ベトナムが参加することに合意した．

このように ASEAN 諸国は，JIM の開催に原則合意したが，最終的に開催に

合意するには，JIM へのベトナムの参加が確保されなければならないと考えていた．作業部会後，6月初めに開かれた SOM（バンコク）で ASEAN 諸国が，JIM の開催とその影響について検証するよう作業部会に要請するとともに，JIM 開催にはベトナムの参加が不可欠であるという認識で一致した［SOM 1988］．

JIM へのベトナムの参加は，ベトナムへのソ連の働きかけによって確実なものとなった．ベトナムへの働きかけをソ連に要請したのは，1988 年の AMM の議長国タイのシティ外相である．ソ連へのタイの働きかけが可能になったのは，インドネシア外相の交代でインドネシア以外の加盟国が JIM 開催についてソ連やベトナムと直接話し合う機会が訪れたことによる．1988 年初め頃から，中ソ関係が改善しはじめており，ソ連もカンボジア紛争の解決に前向きになっていた．しかし，モフタル外相時代には，インドネシアがベトナムやソ連への働きかけを他の加盟国に委ねることはなかった．また，モフタルはベトナムとの直接交渉に重点を置いており，1988 年 2 月にソ連を訪問したときも［月報 1988 年 2 月号：74］，ベトナムの柔軟姿勢を引き出すためにソ連に協力を要請することはなかったのである．

シティ外相は，5 月中旬にソ連を訪問し，JIM の開催を説明するとともにソ連側からベトナムの参加を働きかけるという約束を取り付けた［朝日新聞 1988 年 5 月 24 日］．ソ連を後ろ盾としてきたベトナムは，ようやく ASEAN 諸国の働きかけに応じるようになる．6 月，タク外相は，バンコクを訪問し，シティ外相との会談の中で二段階方式の JIM に参加する用意があると語った［*FEER*, June 30, 1988: 29; *ST*, July 4, 1988］．

以上の流れを受けて，6 月，アラタス外相は，JIM を 7 月 25 日に開催する予定で，会議は二段階方式で行われ，最初にカンボジア四当事者間で協議が行われた後，インドネシアやタイなどの ASEAN 諸国とベトナム，ラオスが合流する形になることを明らかにした［*ST*, July 1, 1988; 月報 1988 年 6 月号：37］．ここに，インドネシアが推進してきた提案は，ようやく ASEAN 諸国の合意を得られたのである．

タイは JIM の開催に同意する一方，以前から主張してきたベトナム軍の撤退が着実に実施されるか懐疑的だった．またタイは，国連安全保障理事会常任理事国などの大国が参加する国際会議によってカンボジア和平に向けた問題解

2. ASEAN 対話者・インドネシアによる対ベトナム外交と対話の模索

決を図る必要があると考えており, JIM 開催をその国際会議に向けた前段階ととらえていた. そこで, タイはベトナム軍の撤退を完了させ, カンボジア新政府樹立に向けた話し合いのために開催される国際会議で検討されるべきプログラムを提案する. それが, 1988 年 5 月末の「カンプチアに関する SOM 作業部会」での協議を経て 6 月初めの SOM に提出された「ASEAN 和平計画 (peace plan)」(以下, 和平計画) である. 和平計画は, 第一段階として JIM などのフォーラムで当事者間の利益を調整し, 第二段階としてカンボジア和平のための国際会議を開催するという道筋を描いていた. 第二段階の国際会議では国連安全保障理事会常任理事国に参加してもらい, 以下の取り組みを実践すべきとした. (1)国際監視委員会(ICC)を設置して和平実施の監視を行う. (2)ICC のもとに国際平和維持軍(IPKF)を置き, 非武装地帯を設置して停戦を監視する. (3)シアヌークを大統領とする四派による連合政府を樹立する. (4)ICC と IPKF の監視の下, 段階的にベトナム軍の撤退を完了する. (5)総選挙の手続きを開始する [SOM 1988]. したがって, インドネシアが JIM を通じた問題解決を目指す一方, タイは国連主導の国際会議を通じた解決に重きを置いていたといえよう.

6 月末から 7 月初めに開かれた AMM 直前の SOM (バンコク) での話し合いの結果, タイ主導の和平計画を ASEAN 案として AMM と JIM に提出することが合意されたと報じられた [*Star*, July 3, 1988; *ST*, July 3, 1988]. しかし, 実際には, この ASEAN 案に加盟国の合意が得られないことが明らかになる. 議長国タイのカセーム外務事務次官は,「この案について ASEAN 内で十分にコンセンサスが得られていないため, AMM でも JIM でも提示しない, カンボジア和平について ASEAN の役割は限られており, 具体的な案を提示するのはカンボジア人による和平という基本路線を踏み外すことになる, あるいは案を提示することは可能だが時期が適切でない」と説明した [*BP*, July 3, 1988].

タイが提案した和平計画が最終的に ASEAN 案として合意されなかったのは, タイが JIM を主催するインドネシアと十分に協議しなかったからである. つまり, タイはインドネシアに説得材料を提示できなかったために, この計画に対する合意は成立しなかったと考えられる. JIM の開催に合意したのが 1988 年 5 月だったこともあり, 7 月の AMM 開催までに JIM の議題について合意を

形成するには時間が足りなかったことは確かであるが，ASEAN 内に意見対立があったことも指摘できる．争点は，KR を含むカンボジア四派の武装解除とベトナム軍の撤退をどう進めるかであった．タイ提案の和平計画が ASEAN 案となる過程で，カンボジア四派の武装解除に関する項目が新たに盛り込まれている［朝日新聞 1988 年 7 月 3 日；*Star*, July 3, 1988］．後述するように，AMM 直後に開催された JIM の議事運営をめぐって，インドネシアが「ベトナム軍の撤退と KR 解体」をベトナムと取引しようとしていることについてタイは不満を表明する．したがって，ベトナム軍の完全撤退後に四派の武装解除を進めると主張したタイに対して，インドネシアはベトナム軍撤退と四派の武装解除を同時に進めると主張し，妥協が成立しなかったと考えられる．

　7 月の AMM（バンコク）の共同声明で ASEAN 諸国は，カンボジア四派とベトナムに JIM 参加を呼びかけた．以上のように，カクテル・パーティー案に端を発したインドネシアの提案は，JIM として実現の目処がついた．他方，タイ提案の和平計画は ASEAN 案として発表されなかった．

（4）インドネシア主張の部分的解決案への合意不成立

　JIM（ボゴール）は 1988 年 7 月末に二段階方式で開催された．最初に，CGDK とヘン・サムリン政権のカンボジア四派が会合し，次にインドネシアを議長として，ベトナムやシンガポール，タイ，マレーシア，ブルネイ等が参加した[16]．しかし，具体的な合意は得られなかった．これにはいくつかの理由がある．まず，ベトナムとヘン・サムリン政権のフン・セン首相がすでに彼らの間だけで意見調整された文書（7 項目提案）を持ち出して，KR の政権復帰阻止を求めたことに ASEAN 側が不満を表明する．次に，シアヌークが IPKF の派遣提案を

---

16)　ただし，ASEAN 各国の JIM への期待は薄かった．シンガポールのダナバラン外相は，ベトナムがカンボジア人（CGDK を指す）と直接交渉をしなければ解決は現実的ではないという主張を繰り返し［*ST*, July 10, 1988］，ASEAN の全加盟国が JIM に閣僚を送る必要はない点について一般的理解があるとした［*ST*, July 6, 1988］．タイのシティ外相は，7 月 24 日に実施される総選挙を理由に JIM には出席せず，代わりに外務省高官を派遣すると述べた［日本経済新聞 1988 年 7 月 5 日夕刊］．ベトナム側も ASEAN がカンボジア三派（CGDK）とベトナムとの直接対話にこだわるなら，JIM には出席しないと警告しており，JIM は開催時から対立色が鮮明になっていた［*Star*, July 7, 1988］．

取り下げ，フン・センに譲歩したが，KR 復帰阻止にこだわるフン・センとの溝は埋まらなかった［FEER, August 4, 1988: 13-14］．

　ASEAN 内にも対立があった．強硬派のタイやシンガポールは，インドネシアがベトナム軍の撤退と KR 解体を同時に進めようとしたことに不満を表明した［FEER, August 25, 1988: 25-26; Nation, August 1, 1988］．しかし，ひとまず協議の継続だけは確保され，高官レベルの作業部会を設置し，第 2 回 JIM を 1989 年に開催することが合意された［FEER, August 11, 1988: 28-29］．

　第 1 回 JIM 直後にも対立は続いた．シアヌークがヘン・サムリン政権に歩み寄り，国連のカンボジア代表を空席にすると提案したことに ASEAN 諸国が反発する．この提案の意図は，国連の代表権を空席にすることを求めてきたヘン・サムリン政権と連携して，虐殺の過去を持つ KR の政権復帰阻止を確実なものとすることにあった．シアヌークの家族や軍隊が KR の攻撃を受けて犠牲となっていることも，シアヌークの KR 嫌いを根深いものにしていた．しかし，従来からカンボジアの正統な政府として国連の代表を担うのは CGDK であると主張してきた ASEAN 諸国は反発した［FEER, August 25, 1988: 25-26］．

　1989 年 2 月に開かれた第 2 回 JIM では，「国際的問題（external issues）」と「国内問題（internal issues）」という用語が使われ，前者だけの解決を目指す「部分的解決案」と後者も含めた「包括的解決案」のどちらを目指すかについて意見が対立した．部分的解決とは，ベトナムが軍を撤退させ，中国がカンボジア各派（主に KR）への武器援助を停止するというものである一方，包括的解決とは，ASEAN が AMM の共同声明で表明してきた基本方針で，ベトナム軍の撤退とカンボジア人による民族自決の実現を呼びかけるものであった．この基本方針を第 2 回 JIM 開催時の文脈においてとらえ直すと，ベトナム軍の撤退と武器援助の停止という国際的問題だけでなく，ベトナム軍撤退後のカンボジア暫定政権作りという国内問題についても合意を形成するというものである．

　なお，この会議が開催される頃にはベトナムおよび中国の姿勢も変化していた．1990 年 3 月までにベトナム軍をカンボジアから完全撤退させるというベトナム側の約束に対して，中国は，ベトナム軍が完全撤退すれば KR に対する軍事援助を停止すると約束しており，1989 年 1 月には，ベトナムとヘン・サムリン政権が，ベトナム軍の完全撤退の時期を当初の予定だった 1990 年 3 月

から1989年9月へと半年繰り上げる意向を表明している［山影1997b: 115］．

　第2回JIMでは，とりあえず部分的解決，すなわちベトナム軍が1989年9月30日までに撤退すると同時に中国がKRに対する武器援助を停止することで合意が成立するかにみえた．しかし，この解決を提案するインドネシアやベトナム，ヘン・サムリン政権に対し，CGDKとシンガポールはあくまで従来通りの包括的解決を目指すべきだと反発した［*BT*(*S*), February 21, 22, 1989; *ST*, February 20, 1989; 月報1989年2月号：29-36; *FEER*, March 2, 1989: 10-11］．加えてシンガポールは，同じ強硬派のタイの政策変更に反発する．1988年8月末，タイでは軍人のプレム首相が退陣して，12年ぶりに民選のチャーチャーイ首相率いる政権が誕生した．新政権は，「インドシナを戦場から市場へ」というスローガンのもと対インドシナ政策を転換した結果，ヘン・サムリン政権の正統性に異を唱えなくなり，ベトナム軍の撤退のみを主張する部分的解決案に同調しつつあった[17]．このタイの政策変更にシンガポールは反発し，フン・センは正統な政府の首相ではないと主張して，ヘン・サムリン政権の正統性に異を唱え続けた［*BT*(*S*), July 3, 1989］．

　結局，ASEAN内の亀裂を表面化させたくないアラタス外相は，ASEAN内に対立のないことを強調し，ASEANとしては包括的解決を望むという方針を示した[18]．インドネシアは従来のASEAN方針を主張するシンガポールに譲歩したのである．第2回JIMは，四派に対し協議継続を要請し，4カ月以内にJIM議長に協議の結果を報告するという声明を発表して閉幕した［*BT*(*S*), February 22, 1989］．カクテル・パーティー案に端を発したインドネシアのイニシアティブは，第2回JIMの開催で事実上終了する[19]．2回のJIMが具体的な成果

---

17) 1988年9月，チャーチャーイ首相はマレーシアを訪問した際に，インドシナ諸国との経済関係強化はベトナム軍撤退後に開始するとし，ベトナム軍撤退が前提である点を強調したが［MFAT 1988］，1989年1月にはヘン・サムリン政権のフン・セン首相を招待している．新政権樹立後もシティ外相は留任して，一時は，シティ外相の出身政党などがフン・セン招待に異論を唱えた［*FEER*, February 9, 1989: 11-12］．しかし，同外相も中国とソ連の外相がベトナムに1989年末までに軍を撤退するよう要請したのを受けて，ベトナム軍撤退が信憑性のあるものとなったと判断し，1989年1月にベトナムを訪問する［*FEER*, January 12, 1989: 21］．
18) このなかでアラタスは第1回JIMに比べ，第2回JIMのほうがASEAN諸国の結束は強いとの見解も示した［*ST*, March 2, 1989］．

2. ASEAN対話者・インドネシアによる対ベトナム外交と対話の模索

を出せなかったことは，1984年にASEAN対話者という役割を与えられたにもかかわらず，インドネシアがベトナムとの対話において，他のASEAN諸国の信頼を十分に得ることはできなかったことを物語る[20]．

第1回・第2回JIMの失敗を受け，タイは，域外大国(特に中国)の参加する国際会議の開催なしに問題解決は難しいと改めて主張する．シティ外相は，国際会議開催の必要性を主張し，カンボジアの旧宗主国フランスがカンボジア紛争解決のために「適切な場所(appropriate venue)である」と語った［*DR* 890222: 13］．また，フン・セン首相も第2回JIMの結果を振り返るなかで，フランスから国際会議の開催提案を受けたことを明らかにする［*DR* 890224: 50］．フランスは1989年6月，正式に国際会議のための作業部会を設置し，参加国はカンボジア四派とベトナム，国連安全保障理事会常任理事国，インド，豪州，日本，ASEAN諸国とする提案を行う［*DR* 890620: 29］．

ASEAN諸国は，フランス主催の国際会議にインドネシアをフランスとの共同議長とする提案を行うことで合意する［*DR* 890626: 58］．しかし，この国際会議にASEANとしてどのような方針で臨むかについてASEAN諸国は意見をまとめきれなかった．理由は，第2回JIMと同様，部分的解決案と包括的解決案の対立にあった．タイが部分的解決案に傾く勢いであったことはすでに述べた通りである．1989年5月，チャーチャーイ首相は，ベトナム軍の撤退を前にカンボジア四派がバンコクで停戦協定に合意することを提案した．この提案は，カンボジア新政権の権力分担という利害対立の激しい問題は停戦後に解決すればよいとするもので，フン・セン首相のアイデアであったとされる．すでに述べたように，1989年1月には，ベトナムとヘン・サムリン政権は，ベトナム軍の完全撤退の時期を1989年9月とする意向を表明していた．チャー

---

19) その後，1990年3月に第3回JIMが開かれたが，この会議はフランスとインドネシアの共同開催であり，初めて国連事務総長特使が参加する［黒柳1992: 39］など，地域会議として位置づけられた過去2回のJIMとは異なり，国際会議の性格が強いものだった．

20) インドネシア外務省の政治局長だったナナ・ストレスナは，インドネシアはASEAN対話者という役割をASEAN諸国から与えられながらも，ASEAN諸国からの支持なしに(without blessing)ベトナムと個別に話を進めたのだと述懐している［ナナ・ストレスナ氏へのインタビュー］．ガザリ元マレーシア外相は，インドネシアのイニシアティブや議論の進め方などに他のASEAN諸国は不満を募らせ，フランスが国際会議を提案して初めて，カンボジア和平への糸口が見つかったのだと話した［ガザリ氏へのインタビュー］．

チャーイ首相は，9月のベトナム軍撤退の前に停戦を実現し，その後，ICCの設置や暫定政府の樹立，有権者数決定のためのセンサス（人口調査）の実施，総選挙の実施，シアヌークを国家元首とする新政府樹立に取り組むという段階的な問題解決プログラムを提示した［DR 890508: 49］．これは，ベトナム軍の撤退や武装解除，暫定政権樹立を一つのパッケージとして進める包括的解決を主張する側に対して，部分的解決を先行しつつ最終的に包括的解決を目指していこうという妥協案である．

しかし，シンガポールは，この妥協案に反対し，ベトナム軍撤退・武装解除・暫定政権樹立を一つのパッケージとして進める包括的解決を主張しつづけた［DR 890706: 5］．結局，包括的解決については，タイのシティ外相やインドネシアのアラタス外相もその重要性を訴えることで事態は収拾する［DR 890703: 3, 7］．こうしてASEAN諸国はASEANの統一方針を携えてフランス主催の国際会議に参加することをあきらめ，各国ベースで会議に参加することになったのである［DR 890703: 2］．

1989年7月のAMM（バンダルスリブガワン）の共同声明でASEAN諸国は，フランスによる国際会議開催提案に賛同する意思を表明するとともにJIMが開催されたことを評価した．また，「カンプチア問題に関する包括的政治解決を求めるASEAN外相声明」を別途発表し，部分的解決は内戦と不安定を長引かせるのみで，カンボジアの人々だけでなく，東南アジア地域全体にとっても利益にはならないとして包括的解決を主張した［MFAT 1989］．国際会議開催提案への支持表明にはタイの意向が反映され，包括的解決の主張についてはシンガポールの，またJIM開催に対する評価についてはインドネシアの意向がそれぞれ反映されたといえる．いいかえれば対立する加盟国の主張をそのまま列挙しただけで，新たな合意を発表するには至らなかったのである．

こうした会議の結果は，1988年後半からAMMの議長国を担ったブルネイの立ち位置に起因している．ブルネイは，1984年にASEANに加盟して以来，初めて議長国を担当した．同国は，議長国の経験がない上に，カンボジア紛争では利害関係国でなかったため，利害関係国同士の協議を尊重する立場をとったと考えられる．1989年5月末のSOM（バンダルスリブガワン）では，1989年のAMMの共同声明草案が提出されたが，基本的にブルネイが作成したと思

われるこの草案には，どの国がどのような修正や新たな文言の挿入を要求したかが記録されている．たとえば JIM 開催に関する文言のほとんどはインドネシアが要求したものであった [SOM 1989].

その後，カンボジア和平の協議の場は，JIM から国際会議に移った．中ソ和解や冷戦終結により，カンボジア紛争に関する ASEAN 諸国間の利害対立の背景となっていた大国への脅威認識も変化する．その結果，利害対立の争点そのものが意味を失っていった．カンボジア和平は，国連安全保障理事会が関与することで一気に進展し，1991 年 10 月，「カンボジア紛争の包括的政治解決に関する協定」が締結され，ベトナム軍の侵攻から 10 年以上を経て，カンボジア紛争が終結したのである[21]．

3. 小括——議長国制度の定着

前章と本章でみてきたように，ASEAN 諸国は，カンボジア紛争に対して強硬路線と柔軟路線という矛盾する ASEAN 方針を発信することになった．以下では，合意の成立とその内容および合意不成立をもたらした原因を，会議ごとに変化した議長国の立ち位置と議事運営に求めることができるかどうかについて検証する．表 4 は，AMM の議長国と利害調整の帰結が，第 1 章で提示した利害調整パターン(図 2)に適合しているかを検証したものである．適合性の検証は，第 2 章と同様，二つの指標にもとづいて行った．第一の指標は，利害調整の「過程」において提案側が説得材料の提示を試みたか，あるいは協議を継続するかどうかを議長国が判断したかどうかである．第二の指標は，利害調整の「結果」が利害調整パターンの想定と合致しているかどうかである．この二つの指標にもとづき事例がパターンに適合する場合には○を，適合しない場合には×を，どちらかの指標において利害調整パターンと適合しない場合は△で表示した．

利害調整パターン a は，議長国が提案側に立った場合，議長国は自国の提案について協議をできるかぎり継続させ，説得材料を提示し続ける結果，提案に

---

21) 詳細は黒柳(1992: 40-47)を参照．

表4 1980年代のAMMを中心とした利害調整の帰結と議長国

AMM	議長国	利害調整パターン	利害調整の帰結	適合性
1980	マレーシア	a	クアンタン原則への合意不成立	△
1981	フィリピン	c	連合政府樹立に向けた話し合いを歓迎, 武器援助への合意不成立, 地域会議の可能性	○
1982	シンガポール	a	連合政府樹立を支援	○
1983	タイ	b	5プラス2方式会合について合意不成立	○
		a	30キロ撤退案の承認	○
1984	インドネシア	a	ASEANアピール	○
1985	マレーシア	a	間接対話構想	○
1986	フィリピン	c	カクテル・パーティー案への合意不成立	○
1987	シンガポール	b	カクテル・パーティー案への合意不成立	○
1988	タイ	b	JIM開催合意	○
		a	和平計画への合意不成立	×
1989	ブルネイ	c	部分的解決案への合意不成立	○

出所：筆者作成

ついて合意が成立しやすいというものである．このパターンに適合しているのは4事例であった．議長国は，提案反対側の非議長国の利害に沿った譲歩をすることで提案に対する反対を取り下げてもらうように働きかけた．

パターンaに適合する事例のうち，連合政府樹立の支援(1982年)とタイの30キロ撤退案の承認(1983年)という合意は，対ベトナム強硬派のシンガポールとタイが議長国となったときに発表された対ベトナム強硬路線であった．また，ASEANアピール(1984年)と間接対話構想(1985年)は，柔軟派のインドネシアとマレーシアが議長国となり主導した対話路線である．いずれの事例も，提案について合意が成立したのは，議長国が自らの提案に対する同意を得るため，AMM開催直前まで加盟国との協議を継続させたからだと考えられる．また，議長国は，提案反対側からの修正案に応じるなど一定の譲歩をしたが，提案の基本路線を維持できたため，合意内容は議長国に有利なものとなった．

一方，利害調整パターンaに適合しない，あるいは適合性に留保が付される事例も観察された．クアンタン原則に対する合意不成立(1980年)とタイ提案の和平計画への合意不成立(1988年)がこれにあたる．クアンタン原則は，議長国のマレーシアが提案したものである．強硬派のタイも消極的ながら同原則について協議する構えをみせていた．マレーシアはタイの安全保障に配慮するなどの説得材料を提示する姿勢をみせたが，タイは，その姿勢が自国の意向に

3. 小括

沿ったものとみなさず,かつベトナム軍のタイ国境侵犯によって,クアンタン原則が掲げるベトナムとの対話路線を説得力のないものと判断した.マレーシアは,さらなる譲歩をすれば,自国の意向に沿った提案の方針を維持できないと判断し,合意の成立を断念した.この事例は,利害調整の過程で説得材料の提示が試みられているが,結果として議長国の提案について合意が成立しなかったため,パターンaへの適合性には留保が付される.他方,1988年の和平計画への合意不成立は,利害調整の過程および結果の両面においてパターンaに適合しない例である.この計画について合意が成立しなかったのは,議長国タイが計画に消極的なインドネシアに説得材料を提示しなかったからである.和平計画がAMM直前に提案されたことをふまえると,タイはこの計画について加盟諸国の同意を容易に得ることができると判断して,説得材料を提示する必要はないと考えた可能性が高い.

この二つの事例では,なぜ議長国の提案について合意が成立しなかったのか.その理由の一つは,議長国が加盟国の合意可能な範囲,つまり譲歩の幅を見誤ったからであると考えることができる.ベトナムに対するASEANの方針は,その基本方針に反しない範囲で微妙かつ曖昧な内容となったため,合意可能な範囲は所与ではなかったと考えられ,その範囲を慎重に見定める必要があった.

利害調整パターンbでは議長国が提案反対側となり,提案側の非議長国に説得材料の提示を求める.この説得材料が議長国にとって不利な内容を含む場合,あるいは説得材料そのものが提示されない場合には,提案は会議の議題から外され,合意は成立しない.対象となるのは,5プラス2方式会合(1983年)とカクテル・パーティー案(1987年)に対する合意不成立,JIM開催合意(1988年)である.いずれもパターンと適合していることが確認できる.

1983年のAMM議長国タイは,マレーシアから提出された5プラス2方式会合の提案を協議の対象とはしたが,この会合の開催によりヘン・サムリン政権の正統性を確保しようとしたベトナムの意図を読み取り,この会合案に同意することはタイの利害に反すると判断し,説得力を持ち得ないとしてAMM開催前の早い段階でこれを拒否した.1987年のAMMにおいてASEAN諸国がカクテル・パーティー案に合意できなかったのは,提案側のインドネシアから説得材料が提示されなかったからである.議長国のシンガポールは,カクテ

ル・パーティー案に対しては提案反対側の立場をとった．シンガポールは，同案を AMM の議題としたものの，インドネシアがベトナムの柔軟姿勢を引き出す努力を払っていないと判断し，同案に対する協議を打ち切った．

一方，1988 年の JIM 開催合意は，提案側が提示した説得材料が議長国の意向に沿ったために実現したといえる．具体的には，提案側のインドネシア新外相が打ち出した姿勢を議長国のタイが妥当な譲歩と捉え，またインドネシアの外相交代によりソ連へのタイの働きかけが可能となり，ソ連の要請を受けてベトナムが JIM 参加を約束したことで JIM の開催が合意された．タイは，ベトナムの JIM 参加の可能性が高まったと判断したため，JIM 開催の是非についての協議を継続させたと考えられる．

利害調整パターン c は，議長国が利害関係をもたないあるいは賛同する提案が非議長国から出された場合である．議長国は，出された提案について利害関係国同士の対立が激しく合意が不可能だと判断する場合には協議を打ち切る．合意が可能だと判断した場合には協議を継続させ，中立的立場であるいは提案側を支持して積極的に利害調整に参画するか，利害関係国同士の調整に結果を委ねる．対象となるのは，1981 年と 1986 年，1989 年の AMM である．

このなかで合意が成立したのは，1981 年の AMM で，その合意内容は連合政府樹立に向けた話し合いを歓迎するというものである．この合意はシンガポールが主導して成立した．1981 年の AMM の議長国フィリピンは，強硬派を支持する姿勢もみせており，実質的な利害調整をシンガポールに任せた．そして，シンガポールによるシアヌークへの働きかけがインドネシアの譲歩を引き出した結果，上記の合意が成立したと考えられる．ただし，フィリピンは，強硬派の立場を重視するという基本姿勢を維持しつつ，柔軟派にも一定の配慮を払っている．1981 年の AMM で発表された共同声明には，柔軟派のインドネシアが支持したインドシナ諸国と ASEAN 諸国との地域会議の可能性が触れられている．これは，利害関係の希薄な議長国が調整役として参画した例といえよう．また，武器援助について合意が不成立となったのは，議長国のフィリピンが合意可能性を考慮に入れた議事運営を展開したからである．連合政府に武器援助を行うべきと主張した強硬派シンガポールに柔軟派は反対した．この対立をみてフィリピンは，ASEAN は軍事組織ではないとして協議を打ち切って

3. 小括

いる．フィリピンは，この問題で合意に達することは難しいと判断したのである．合意可能な提案のみを議題とし，利害対立の先鋭化を避けることは，会議の主催者としての評価を維持するという意味で，少なくとも議長国にとって不利にならないものといえる．

カクテル・パーティー案(1986年)と部分的解決案(1989年)に合意が成立しなかったのは，議長国が利害関係国同士の調整に結果を委ねて，その調整がつかなかったからである．1986年のAMM議長国フィリピンは，もともとカンボジア紛争に対して利害が希薄な上に，国内政治上の危機のためにカクテル・パーティー案に対する合意形成に積極的に取り組む意思も余力もなかった．フィリピンは，利害関係国同士の調整がなされれば，新たな合意として発表することはできた．1986年のAMMでカクテル・パーティー案に対して合意が得られなかったのは，提案側であるインドネシアが説得材料を提示しなかったからである．

1989年のAMMにおいて部分的解決案に対する合意が成立しなかったのは，この案を提案したインドネシアやタイが，提案反対側であるシンガポールの譲歩を引き出せなかったからである．具体的には，タイが提示した妥協案(説得材料)をシンガポールが拒否した結果，部分的解決案は合意されず，包括的解決を支持するという従来の路線を維持することになった．部分的解決案が議論された時期のAMM議長国はブルネイである．同国はカンボジア紛争に関して直接的な利害を持たず，利害関係国同士の調整に結果を委ねている．

表4のなかで合意が成立した事例については，もし仮に議長国制度がなかったとしたら，結果が違っていたであろう．議長国制度が成立しておらず，コンセンサス制のみのもとで展開される利害調整では各国の拒否権が重視される．「各国の拒否権重視」という適切性の基準のもとでは，それぞれの提案について反対の加盟国が拒否権を行使する結果，合意が成立しない可能性が高いからである．

他方，合意が成立しなかった事例については，加盟国が「各国の拒否権重視」という適切性の基準に従った結果だと結論づけられるかもしれない．しかし，合意不成立となった多くの事例において，議長国が協議の継続を判断し，提案側が説得材料の提示を試みた事実が確認された．すなわち，拒否権の不行

使を促す努力がなされていたことが示されたといえる．このことは，加盟国が「説得材料の提示による拒否権の不行使」という適切性の基準に従っていたことを示唆する．

　また，本章の分析から，議長国の議事運営が国内要因によって左右されることも明らかとなった．たとえば，ASEANアピールを発表した後，インドネシアが同アピールに盛り込まれた「地域的フレームワーク」の具体化に取り組めなかったのは，同国の国内要因による．ASEAN諸国との協調を重視するインドネシア外務省に対して，インドネシア国軍はベトナム寄りの姿勢をみせた．国軍によるベトナムへの接近は，他の加盟国のインドネシアに対する不信感を増幅させる．そのため外務省は，他の加盟国の不信感を和らげることに注力し，地域的フレームワークの具体化を見送らざるを得なかったのである．本章では，地域的フレームワークの具体化を合意形成（利害調整）の対象として取り上げなかった．インドネシアがこうした国内事情のためにその具体案を加盟国に提示するには至らなかったため，議題として扱うには不適切であると判断したからである．議題となった後でも，議長国の議事運営を主体的に担う所轄官庁が，国内事情に振り回される事態は想定されうる．

第5章　ミャンマー・カンボジアの加盟承認

　本章と次章では，1990年代に加盟国の利害が対立した問題に対し，ASEANの合意がどのようにできあがったのか，あるいはなぜ合意が成立しなかったのかを，議長国の議事運営に注目して分析する[1]．本章で取り上げるのは，ミャンマーとカンボジアの加盟承認をめぐる利害調整である．ミャンマーは1997年に，カンボジアは1999年に加盟が承認された．

1．新規加盟をめぐる利害対立

　1990年代，二つの問題においてASEAN諸国の意見は対立した．一つは，新規加盟をめぐる問題である．冷戦終結後，1995年にベトナム，1997年にラオスとミャンマー，1999年にカンボジアがASEANに加盟したが，特に，ミャンマーとカンボジアの加盟を承認する条件をめぐりASEAN諸国の意見は対立した．もう一つの問題は，次章で分析する内政不干渉原則の見直し問題である．

　1990年代に入り，カンボジア紛争が収束に向かうと，ベトナムがASEAN加盟の意思を表明し，1995年に加盟を果たす．1995年末，ASEAN諸国は残る東南アジア3カ国(カンボジア，ラオス，ミャンマー)を2000年までに加盟させてASEAN10(テン)を実現することで合意した．ASEAN10とは，全東南アジア諸国(10カ国)から成るASEANという意味である[2]．3カ国のなかでも，国際社会から人権侵害の非難を浴びるミャンマーの加盟を承認するにあたって，民主化の進展を条件に付すかどうかをめぐり加盟諸国は激しく対立した．

---

1)　本章と次章の分析において1990年代のAMMの共同声明は山影編(1999)とAMM (1997-2000)を活用した．
2)　この時点で東チモールは独立していないため，全東南アジア諸国とは，ASEAN加盟国とASEANに非加盟のカンボジアとラオス，ミャンマーをさす．

ミャンマーでは 1980 年代末，民主化運動が高揚し，1990 年に総選挙が行われ，アウンサンスーチー率いる国民民主連盟(NLD)を中心とする民主化勢力が大勝した．しかし，ミャンマーの国家法秩序回復評議会(SLORC)(以下，軍事政権)[3]は，選挙結果に基づく議会の招集を拒否し，民主化勢力を弾圧する．軍事政権のこの振る舞いに，欧米諸国を中心とする国際社会から非難が高まった．ASEAN 内では，タイとフィリピンが，ミャンマーの民主化への取り組みが進んでいないことを問題視し，同国の民主化達成を待って加盟を認めるべきだと主張する．フィリピンでは，1986 年に民主化運動が高まりマルコス政権が崩壊して，民主主義体制が確立している．タイでも 1992 年 5 月，民主化を求めるデモが発生し，それを受けて 9 月にチュアン文民政権が発足した[FEER, June 4, 1992: 12-13; October 1, 1992: 10-11]．ミャンマーへの民主化要求は，こうしたタイ・フィリピン両国における民主化と関係していたのである．他方，シンガポールは，ミャンマーが ASEAN の経済協力に参加する準備ができていないと主張し，加盟に慎重な立場をとった．シンガポールは，経済発展が遅れたミャンマーの加盟で，加速化しつつあった ASEAN の経済統合の取り組みが停滞することを懸念したのである．つまり，これらの加盟国はミャンマーの早期加盟に消極的な立場をとっていた．

　一方，マレーシアやインドネシアは，ミャンマーの民主化の取り組みに少しでも進展がみられれば，加盟を認め，ASEAN10 を早期に実現しようとする立場をとった．いわば早期加盟積極派である．両国がミャンマーを早く ASEAN に加盟させようとした背景には，国内的には経済的理由などが指摘される[4]．国際的には，ミャンマーの中国への接近と欧米からのミャンマー批判に対応するためであった．ASEAN 内の対立という観点からは，インドシナ諸国(カンボジア，ラオス，ベトナム)とミャンマーを取り込んで ASEAN とは別の新たな枠組みを作る試みをフィリピンやタイが始めたことにマレーシアが危機感を

---

3) SLORC の名称は 1997 年 11 月に国家平和開発評議会(SPDC)に変更された．
4) インドネシアがミャンマーの加盟を後押ししたのは，東チモールでの人権侵害を隠蔽するためとスハルトのファミリービジネスの利益を確保するためだったとされる [Aditjondro 1997]．また，インドネシアとマレーシアはミャンマーと共同事業を実施するなど経済関係を強化しつつあり，貿易・投資先としてのミャンマーの魅力は高まりつつあった [FEER, July 28, 1994: 28]．

持ったことが背景にある.

　ミャンマーの加盟をめぐる議論は,カンボジアの加盟にも波及する.ミャンマーと違い,カンボジアの加盟には当初,何の政治的条件も付されていなかった.ところが,1997年7月,加盟が実現する直前にカンボジアで政変が勃発し,ASEAN諸国は,急遽カンボジアの加盟延期を決定する.その後,ミャンマーの加盟をめぐる議論の影響を受ける形で,カンボジアの加盟条件が争点となった.ミャンマーの加盟の際と同様に,シンガポールとタイ,フィリピンは,早期加盟に消極的な立場をとり,カンボジアの加盟承認には実効的な新政権の樹立が必要だと主張し,加盟承認に厳しい条件を求めた.それに対して,インドネシアとマレーシア,ベトナム,1997年に加盟したラオスとミャンマーは,より緩い加盟条件を支持し,早期加盟を積極的に後押しする.

　以上のイッシューについて,AMM議長国の担当は以下の通りである.ミャンマーの加盟が実現した1997年のAMM議長国は,早期加盟積極派のマレーシアである.カンボジアの加盟は1999年に実現する.この時のAMM議長国は,早期加盟消極派のシンガポールである.

2. ミャンマーの早期加盟に至る協議

(1) タイの東南アジア10カ国会議構想に対するマレーシアの危機感

　ミャンマーは1997年のAMMで正式にASEANに加盟する.この加盟は,1997年のAMMの議長国マレーシアが「1997年にミャンマーの加盟を実現する」という目標を設定したことが大きく作用した.マレーシアは,1995年にはこの目標を掲げていた.

　マレーシアは当初,ミャンマーをAMMに招待する[5]ことにさえ消極的だった.ミャンマーにおいて,少数民族でイスラム教徒のロヒンギャ族の迫害が深刻化していたことを問題視したためである[6].マレーシアは,この問題に

---

[5] 加盟国以外の国がAMMに参加する際の立場には「議長国ゲスト」と「オブザーバー」の二つがある.通常は,オブザーバーとして招聘される前に,議長国ゲストとして招かれる.議長国ゲストは,資料によっては「主催ゲスト」あるいは「ASC議長ゲスト」などと記載される場合があるが,本書では「議長国ゲスト」で統一する.

ASEANが共同で対処するべきだと主張したほどである［月報1992年3月号：146］．1992年のAMM（マニラ）にミャンマーを招く（オブザーバーか議長国ゲストかは明らかでない）という提案がフィリピンから出されたが，AMM直前のSOM（マニラ）でマレーシアがロヒンギャ族迫害を理由に反対したため，結局ミャンマーは招待されなかった［*ST*, June 6, July 22-23, 1992; *BT*(*M*), July 18, 1992; SOM 1992］．このマレーシアの主張は，イスラム教徒を多数派に抱える国内へのアピールとしての側面が強い．ロヒンギャ族迫害の問題は今日でも続いているが，マレーシアは，1994年9月，この問題を棚上げし，ミャンマーのASEANへの加盟を支持するという姿勢に転換する．

このマレーシアの姿勢転換には，タイの「東南アジア10カ国会議構想」にマレーシアが危機感を抱いたことが背景にある．東南アジア10カ国会議構想とは，インドシナ諸国とミャンマーの4カ国は最終的にASEANに加盟するが，とりあえずASEANとは別の全東南アジア諸国による協力体制（フォーラム）を新設してこの4カ国とASEANとの協力を進めていこうというものである．タイが提唱したこの構想にフィリピンも賛同していく．タイは，1988年に「インドシナを戦場から市場へ」というスローガンのもと，これまでの対インドシナ政策の方針を転換し，インドシナ諸国との経済関係を強化しようとしていた[7]．ASEANとは別の枠組みで協力体制を構築することは，タイがASEAN内でインドシナ諸国との関係において主導権を握ることを意味する．

1993年9月，タイのチュアン首相は，AMM議長国に就任するとすぐに，ミャンマーがAMMにオブザーバーとして出席できるように働きかけていく考えを表明した［日本経済新聞1993年9月16日］．ミャンマーを正式加盟国としてではなくオブザーバーとしてAMMに参加させる試みは，東南アジア10カ国会議の枠組みを作る布石にほかならない．しかし，ミャンマーのオブザーバー参加についてはマレーシアだけでなく他の加盟国も反対したため[8]，結局

---

6) ミャンマー政府の見解は，この民族はミャンマーの国民として登録されておらず，不法に入国した人々であるというものだった［月報1992年2月号：98-99］．

7) チャーチャーイ政権の「インドシナを戦場から市場へ」方針は1992年以降の政権にも引き継がれた．ミャンマーとの関係を強化することで得られるタイの経済的利益については Snitwongse(2001)を参照．

8) 1994年1月，インドネシアのアラタス外相は「ゲストの招聘は主催国（hosting coun-

1994年3月の特別SOM(バンコク)において，議長国ゲストという立場でのミャンマーの参加を了承することで妥協が成立した．このSOMでタイは，ASEAN6カ国とインドシナ3カ国，ミャンマーが参加する東南アジア10カ国会議の開催を提案する［月報1994年3月号：166；朝日新聞1994年3月8日］．このタイの構想にフィリピンは積極的支持を表明した［月報1994年4月号：104］．こうした動きと並行して，1994年5月末，「東南アジア非公式10カ国会議」と呼ばれる会議がマニラで開催され，カンボジアとラオス，ミャンマー，ベトナムを含む東南アジア各国の学者や官僚などが参加し，経済や安全保障について非公式に話し合う緩やかな枠組みとして「東南アジア連合」を作る構想が話し合われた．またこの構想の一環として10カ国の首脳や閣僚級の非公式会議を開催することなども話し合われたという［月報1994年6月号：171］．

1994年7月中旬，タイ外務省でAMM開催を前に開かれた記者会見でスリン副外相は，東南アジア10カ国からなる新たな会議を設置することをASEAN諸国に提案していることを明らかにし，この会議はASEAN諸国とインドシナ諸国およびミャンマーからなる政策会議(policy meeting)として機能すると説明した［ST, July 14, 1994］．しかし，マレーシアはASEAN以外の新たな会議は必要ないと反発した．反発を受けてタイのプラソン外相は，東南アジア10カ国会議構想が(1)ASEAN枠外で東南アジア諸国間の協力に資すること，(2)インドシナ諸国やミャンマーの将来の加盟の前段階として，ASEANとは別枠の会議を設置するものであることを説明した．同外相は，4カ国のASEANへの加盟条件についてはASCが検討するとし，他のASEAN諸国との協調を確認する一方［Star, July 21, 1994; BT(S), July 21, 1994］，ミャンマーの加盟を原則として支持するが，いつ実現するかはミャンマー次第だとし，加盟実現を急ぐ考えはないと発言した［BT(S), July 21, 1994］．しかし，タイの東南アジア10カ国会議構想の具体化については，ASEAN内で十分な支持が得られなかった．AMM直前のSOM(バンコク)では，東南アジア10カ国会議を1994年末頃か1995年初めに開催したいとするタイの意向について，その意向に言

---

try)の権限だが，オブザーバー参加となると各国の合意が必要だ」と指摘し，オブザーバー参加の提案に消極的な態度を示した［日本経済新聞1994年1月5日］．なお「主催国」は本書で言う「議長国」と同義であると考えてよい．

及するにとどまっている［SOM 1994］.

　7月下旬のAMM(バンコク)では，カンボジアとミャンマーが議長国ゲスト，ラオスとベトナムがオブザーバーとして参加する．参加資格の差はあれ，非公式ながら東南アジア10カ国外相による初の会合が実現し，タイの東南アジア10カ国会議構想は実現に向け重要な一歩を踏み出したかに見えた．しかしこのAMMで，マレーシアから改めてタイの構想に反対が表明された．アブドラ外相は「われわれにはASEANがありそれで十分だ．東南アジア10カ国会議構想が必要とは思わない」と主張する［日本経済新聞1994年7月22日夕刊；DR 940721: 2-3］．さらに同外相は「インドシナ諸国とミャンマーは早晩，ASEANに加盟する．ASEANと東南アジアとは同一のものになる」とも述べた［DR 940725: 2］．AMMの共同声明の草案段階では，東南アジア10カ国会議構想が盛り込まれていたが，マレーシアに加え，インドシナ諸国との関係強化のためにタイ主導で新たな枠組みが作られることを警戒したインドネシア[9]も難色を示したため，削除されている［月報1994年7月号：169; 読売新聞1994年7月22日；毎日新聞1994年7月24日］．しかし，ひとまずタイは，議長国として非公式ながら東南アジア10カ国の外相による会議を開催することができたのである．

　タイ主導のもとで東南アジア10カ国外相による非公式会議が開催されたのを機に，マレーシアはタイの東南アジア10カ国会議構想に対抗するため，ミャンマーの加盟を急ぐ必要があると認識するようになった．マレーシアにとってタイの構想は，ASEAN諸国とインドシナ諸国およびミャンマーとの関係構

---

[9]　インドネシアが1994年11月にAPEC閣僚会議・首脳会議の議長国を務めることになっていたことも，APEC以外の新たな枠組みに注目が集まりかねないタイの構想をインドネシアが警戒した理由であるとみられる．また，この時期，マレーシアがタイの構想に異を唱えた理由の一つとして，マレーシアが1990年末から推進してきた東アジア地域協力が進展したことが指摘されている［毎日新聞1994年7月23日］．1990年末，マレーシアは東アジア諸国による経済ブロックとしてEAEGを提案した．1991年10月のAEMにおいてASEAN諸国は，インドネシアの提案によりEAEGを東アジア経済会議(協議体)(EAEC)に変更し，ASEANとして必要に応じてASEAN以外の国々に提案することを決めた．その後，マレーシアはEAECの実現に向け働きかけを続けており，1994年7月，EAECの協議のために，ASEAN諸国と日本，中国，韓国の外相が初めて非公式会議を開くという進展がみられた［山影1991: 141-42, 323］．

築においてタイが主導権を握ることを可能にするものであり，ASEAN 内でのタイの影響力を増大させる手段である．マレーシアとしては，タイの構想が既成事実化しないうちに，ミャンマー加盟の道筋を作る必要があった．1994 年 9 月，マハティール首相は，「ASEAN の強化のためには新規加盟国を受け入れる必要がある．マレーシアは，ベトナムとラオス，カンボジアの加盟を真剣に検討するとともに，ミャンマーも民主化を達成し ASEAN の一員となることを希望する」と語った [*ST*, September 20, 1994]．

こうして，マレーシアは，イスラム教徒迫害を理由に AMM にミャンマーを招くことにさえ反対していた当初の姿勢を転換し，ミャンマーの加盟を支持するようになったのである．ただしこの時点でマレーシアは，ミャンマーの加盟には同国の民主化の達成が必要であるとの考えに立っていた．1995 年 1 月の SOM(バンコク)では，ミャンマーをひきつづき議長国ゲストとして招くことで合意する一方，民主化の行方を注視していくという方針が合意されている [月報 1995 年 1 月号：176][10]．

(2) ASEAN10 の実現をめざして

マレーシアは，以下の三つのことをきっかけにして「1997 年のミャンマー加盟」という目標を設定するに至る．第一に，ミャンマー国内情勢の一時的な好転である．1995 年 7 月，ミャンマーの軍事政権がアウンサンスーチーの自宅軟禁を解いたことで，マレーシアはミャンマーの民主化の行方に対して楽観的な立場をとるようになり，正式にミャンマーの加盟に積極姿勢を示し，ミャンマーがオブザーバー資格を取得することも承認すると発表した [*Star*, July 25, 1995]．7 月末の AMM(バンダルスリブガワン)に招かれたミャンマーは，加盟の前提条件である TAC 受諾書[11]を議長国ブルネイに提出し，加盟の意思を表明する [日本経済新聞 1995 年 7 月 29 日；朝日新聞 1995 年 7 月 29 日；*ST*, July 28, 1995]．

第二のきっかけは，ラオスが 1997 年に加盟する意思を示したことである．

---

10) 1995 年 5 月の SOM(バンダルスリブガワン)でも，ミャンマーを議長国ゲストとして招く点が確認された [SOM 1995a]．
11) TAC 署名は加盟の条件になっていた [山影 1997b: 164-68; 2008]．

1995年のAMMでは，ベトナムがASEAN加盟を達成し，すでにオブザーバー資格を取得していたラオスが1997年に加盟したいとの希望を表明する［*ST*, July 30, 1995; 月報1995年7月号：164］．アブドラ外相は，ラオスの加盟を積極的に支持するだけでなく，カンボジアとミャンマーも同時に加盟できると語った［*Star*, July 31, 1995］．この発言には，1997年のAMMで議長国を務めることを見据えて，1997年にカンボジアとラオス，ミャンマーの加盟を実現しようというマレーシアの意図がみてとれる．

第三のきっかけは，1997年が「ASEAN設立30周年」の年だったことである．マレーシアは，カンボジアとラオス，ミャンマーの3カ国を加盟させて，全東南アジア諸国から構成されるASEAN10を実現することで30周年を祝おうとしたのである．

ASEAN10の実現を目指すという合意は1995年12月の第5回首脳会議(バンコク)で成立した．この首脳会議で発表された「バンコク宣言」には「21世紀を迎えるにあたり，全東南アジアから構成されるASEANの実現に向けて努力する」と明記された［ASEAN 1995］．ASEAN10の実現時期について，この宣言草案を了承したASEAN諸国外相の(経済閣僚との)共同発表では，「2000年までの実現を目指す」と明記されている［*DR* 951212: 10］．すなわちASEAN諸国は，2000年までのASEAN10の実現に合意したとみることができる．

ちなみに1995年末のこの首脳会議には，カンボジアとラオス，ミャンマーの首脳が招かれ，非公式の10カ国首脳会議が開かれている．1994年のAMMで開催された東南アジア10カ国の外相による非公式会議に続いて，東南アジア10カ国の首脳が集ったのである．この非公式首脳会議では，1980年代からASEAN諸国が検討してきた東南アジア非核兵器地帯(SEANWFZ)条約に，ASEAN加盟国だけでなく，ASEAN非加盟の東南アジア3カ国(カンボジア，ラオス，ミャンマー)が署名する．SEANWFZ条約は，東南アジア全域を覆う構想として検討されてきたため，東南アジア10カ国の同時署名が望まれていた．ASEAN諸国は，1995年に入り，SEANWFZ条約をASEAN非加盟の3カ国に説明しており[12]，東南アジア10カ国が同条約を同時に署名したのは，

---

12) この点でインドネシアは早くからSEANWFZ条約の策定を主張していた．1994年のAMMでアラタス外相は，東南アジア諸国と域外大国は，冷戦終結に伴う不安定な時期に，

2. ミャンマーの早期加盟に至る協議

ASEAN 非加盟国の加盟希望を利用して ASEAN 側が3カ国に署名を要求したからだと考えられる［山影 1997b: 172-73］. いいかえれば，カンボジアとラオス，ミャンマーは，ASEAN に加盟したいなら SEANWFZ 条約に署名するよう求められたのである.

2000年までに ASEAN10 を実現することが合意されたことや，加盟を希望する3カ国が SEANWFZ 条約に署名したことに示されるように，東南アジア10カ国による非公式首脳会議の開催は，カンボジアとラオス，ミャンマーの新規加盟に向けた一歩と位置づけられている. つまりこの非公式首脳会議の開催自体は，ASEAN とは別の枠組みを作るという東南アジア10カ国会議構想を実現するためにタイが提案したものだが，開催された時点では，この構想を実現するためのものではなくなっていたのである[13]. その理由は，非公式首脳会議の開催前にタイで政権交代が起こり，新政権がこの構想を推進しなくなったことにある[14]. 東南アジア10カ国会議構想を主導してきたチュアン政権は，1995年7月に退陣し，野党だったタイ民族党の党首バンハーンが首相に就任した.

　　互いに自制を求めることに合意しなければならないとし，ZOPFAN の一要素である同条約の早期策定を主張する［*ST*, July 23, 1994］. 同外相は，1994年10月の国連総会でも，SEANWFZ 条約の草案作成作業を進めている点を強調した［*JP*, Octber 20, 1994］. 1995年2月には，米国のクリントン大統領が SEANWFZ の構想を支持する書簡をスハルト大統領に送っている［毎日新聞 1995年7月31日］. 1995年の AMM の後，インドネシアは AMM の議長国に就任する. 1995年の AMM 開催直後にアラタス外相は，1995年末の首脳会議で SEANWFZ 条約の締結を目指す考えを表明した［読売新聞 1995年7月31日］. インドネシアは，1995年11月に開催された「ZOPFAN と SEANWFZ に関する SOM 作業部会」の議長を務め，核保有国の米国と英国，中国，フランスの代表を招聘して SEANWFZ 条約草案について協議する場を設定している［SOM 1995b］.

13）　1995年末の首脳会議にあわせて10カ国首脳会議を開催することが決定されたのは，1995年1月の SOM（バンコク）においてである. この SOM においては，10カ国首脳会議が，タイの東南アジア10カ国会議構想実現の延長線上に位置づけられていた. 10カ国首脳会議の開催が ASEAN 諸国とインドシナ諸国，ミャンマーから成る「新たな会議」の創設に向けた取り組みととらえられたために，タイ以外の加盟国（特にマレーシア）は，首脳会議の開催に原則として合意するものの，ASEAN 非加盟の4カ国をどのように扱うかについて結論を見送っている［*BP*, January 8, 1995］.

14）　1995年4月，シンガポールでフィリピン人メイドの死刑が執行されたことに対する責任をとり，フィリピンのロムロ外相が辞任した［*BP*, April 18, 1995］. タイの東南アジア10カ国会議構想を支持してきたフィリピンのこうした動向も，構想実現に否定的な影響を及ぼしたものと考えられる.

バンハーン新政権のカセーム外相は，1995年末の首脳会議（タイが議長国）の主要議題として，市民や学識経験者などが参加する ASEAN 諮問機関を設置するという提案を行うなど，ASEAN の組織改革などに言及している [*BP*, July 31, 1995; December 2, 1995]．このことは，東南アジア 10 カ国会議構想といった ASEAN 枠外の協力を模索してきたタイが，ASEAN の協力に積極的になったことを意味しており，東南アジア 10 カ国会議構想をタイ政府が事実上取り下げたことを示唆する．また，バンハーン首相も，1995年末の首脳会議の席上，「一つの東南アジアは地域の平和と繁栄を守ることになろう」と述べ，カンボジア，ラオス，ミャンマーの 3 カ国の早期加盟を通じて東南アジアのすべての国が ASEAN の傘の下に入る意義を強調した［朝日新聞 1995年12月14日］．こうしたタイ政府の方針転換により，1995年末の非公式 10 カ国首脳会議は，カンボジア，ラオス，ミャンマーの将来の ASEAN 加盟に向けた一歩ととらえられるようになった．しかし，タイ政府はミャンマーの加盟時期についてマレーシアに同意したわけではない．以下に説明するように，加盟時期をめぐる加盟国間の対立は続いていく．

　1996年3月末にラオスが，4月にカンボジアが，ASEAN 加盟申請書を提出する［朝日新聞 1996年4月4日；月報 1996年3月号：39；4月号：39；*JP*, April 4, 1996; *ST*, April 2, 1996］．両国の申請を受けて，4月の特別 SOM（スラバヤ，インドネシア）では，1997年の AMM においてカンボジアとラオスの加盟を承認すること，そしてミャンマーには 1996年の AMM でオブザーバー資格を付与することが合意された［読売新聞 1996年4月10日；朝日新聞 1996年4月9日；月報 1996年4月号：29］．この合意にもとづき，1996年7月の AMM（ジャカルタ）にミャンマーはオブザーバーとして参加する．この AMM で発表された共同声明では，「カンボジアとラオスが 1997年に加盟したいとの申請がなされ，その申請を受理した」とする一方，ミャンマーについては「オブザーバー資格を付与する」とするに留まった．この合意には，1996年の AMM 議長国インドネシアの意向が反映している．インドネシアのアラタス外相は，ミャンマーの内政問題はオブザーバー資格付与の基準にならないとの見解を示す一方［読売新聞 1996年7月21日］，同国の加盟時期については作業部会が検討中と答えている［*DR* 960718: 7］．つまり，この時点でインドネシアは，

2. ミャンマーの早期加盟に至る協議

1997 年の AMM でミャンマーの加盟を目指すマレーシアに同調していたわけではない。1996 年 8 月、スハルト大統領は、2 年以内にミャンマーが加盟することを希望すると述べている [*ST*, August 14, 1996]。ミャンマーの早期加盟に消極的なタイは、ミャンマーが 1998 年に正式加盟したいとの意向を伝えてきたとしたうえで、加盟条件として経済政策の自由化などが必要であるとした [*ST*, June 23, 1996; 月報 1996 年 6 月号：178]。

一方、マレーシアのアブドラ外相は、1996 年の AMM の閉会スピーチで「1995 年末の ASEAN 首脳会議で ASEAN10 を目指すことは合意された。この確立された合意に従い、ASEAN 設立 30 周年にあたり ASEAN10 の実現をみるだろう」と発言した [ASEAN 1996b: 79]。この発言は、マレーシアが 1997 年の AMM でミャンマーを加盟させる意思があることを改めて内外に示したものといえる。つまり、マレーシアは、「1997 年の AMM でカンボジアとラオスの加盟を承認する」という 1996 年の AMM での合意をふまえ、1997 年にミャンマーの加盟も承認し、当初 2000 年までとしていた ASEAN10 の実現時期を早めたいという意向を加盟国に伝えたのである。

(3) ミャンマーの早期加盟に対するインドネシアの支持

マレーシアは AMM 議長国に就任後、ミャンマーの加盟に向けた諸手続きを開始すると同時に、1997 年の AMM での加盟に反対する加盟国への説得に乗り出していく。このマレーシアの対応にミャンマー側も積極的に反応した。1996 年 8 月、ミャンマーのタンシュエ SLORC 議長(以下、タンシュエ議長)はマレーシアを訪問し、ASEAN への加盟を申請する [年報 1997 年版：443]。マハティール首相は、ミャンマーの加盟を翌年(97 年)実現することに積極姿勢を示した [読売新聞 1996 年 8 月 14 日；*NST*, August 13, 1996; *Star*, August 13, 1996; *ST*, August 13, 1996]。ミャンマーのオンジョー外相も「ASEAN 設立 30 周年記念となる来年(1997 年)にミャンマーが加盟すべきであるというマハティール首相の提案を支持し、ミャンマーはできるだけ早く ASEAN の加盟国になりたい」と語っている [*DR* 960814: 47]。

一方、マレーシアは、自国の提案に反対する声が ASEAN 内にあることを十分承知していた。アブドラ外相は、加盟申請は加盟国に回覧され、話し合いの

結果決定されると説明し、他の加盟国に配慮する姿勢をみせている［ST, September 18, 1996］．しかし，1996年9月の国連総会の機会に開催された非公式外相会議では，ミャンマーが1997年に加盟することについてフィリピンやタイが消極姿勢を示し，インドネシアも積極的にマレーシアを支持しなかったため，決定が先送りされた［ST, September 30, 1996；月報1996年9月号：171］．

反対派は，経済的な準備が不十分であることを問題にするシンガポールと，経済的問題に加え民主化の問題を取り上げるタイとフィリピンだった．特に後者の主張をさらに強めるきっかけとなったのは，1996年9月以降に再燃したミャンマー軍事政権による民主化勢力への弾圧である．軍事政権は，民主化を求める最大野党NLDが計画した会議を阻止するため関係者を拘束する．10月末にはNLD副議長のチーマウンを拘束し，NLDの学生デモへの関与につき事情聴取を行うとともに，アウンサンスーチーに外出自粛を要請した［年報1997年版：444］．こうした動きを受けて，欧米諸国は次々とミャンマーに制裁措置を発動する．

しかし，こうしたミャンマーの情勢悪化にもかかわらず，マレーシアの姿勢は変化しなかった．つまり，ミャンマーの加盟を実現するにあたって，民主化の進展よりもASEAN設立30周年記念をASEAN10で祝うという政策目標が優先されたのである．マレーシアは，二つの方法を用いて反対派を説得することにした．第一の方法は，1996年11月末に開催される非公式首脳会議（ジャカルタ）の議長国インドネシアの支持をとりつけることである[15]．第1章で述べたように，定例首脳会議の合間に非公式首脳会議を開催するという合意は1992年の第4回首脳会議（シンガポール）でなされたが，実際には非公式会議は1995年までは開催されなかった[16]．1995年末の第5回首脳会議（バンコク）

---

15) 首脳会議の議長国の担当順序は，定例会議ではAMMに準拠し，加盟国の英語表記のアルファベット順である．しかし非公式首脳会議については，その後の開催状況をみると「ASEAN設立時の加盟国」のアルファベット順であった．カンボジア，ラオス，ミャンマー，ベトナムを加盟国に迎えた後も，非公式会議の議長国は，マレーシアが第2回（1997年），フィリピンが第3回（1999年），シンガポールが第4回（2000年）を担当している．非公式会議の開催は第4回までで，2001年以降は定例会議が年次開催されている．

16) 1993年と1994年のAPEC首脳会議の際に，非公式首脳会議を開催することが検討され，タイやフィリピンは開催を支持したが，結局他の加盟国の合意が得られず開催が見送られている．1996年の非公式首脳会議の開催合意の背景には，スハルト大統領とマハ

2. ミャンマーの早期加盟に至る協議

で議長国タイが，非公式首脳会議の開催を改めて提案し，スハルト大統領が1996年の第1回非公式首脳会議の議長国となることを了承したことで，ようやく非公式会議の開催が合意される ［月報1995年12月号：149; *DR* 951215: 2］[17]．マレーシアは，自国の目標に対するインドネシアの理解を求め，非公式首脳会議の議事運営に反映してもらうよう働きかけた．1996年のAMMが開催された時点でインドネシアは，マレーシアの目標を積極的に支持していなかったが，タイなどの反対派と比べれば理解を得られる余地はあった．

1996年10月のASC（クアラルンプール）の開会スピーチでアブドラ外相は「ASEAN10の実現は，過去の対立を清算する歴史的価値のある成果であり，この地域の政治的安定を確保し，経済統合を加速させるだろう．この歴史的和解の取り組みは遅延されてはならない」と表明した ［*BT(M)*, October 4, 1996］．その上で同外相は，「ミャンマーの正式加盟問題は11月の非公式首脳会議で最終決定される」と述べている ［読売新聞1996年10月4日］．非公式首脳会議の議長国インドネシアのアラタス外相も，首脳会議でミャンマーの加盟について話し合う可能性に言及した ［*JP*, October 3, 1996］．

このASCの直後にスハルト大統領はマレーシアを訪問し，マハティール首相と会談を行っている．この首脳会談の主要議題はシパダン領有権問題[18]であったが，ミャンマーへの対応も話し合われ，両国はミャンマーを孤立させることは地域の安定にとって好ましくないという点で意見の一致をみた ［*NST*, October 8, 1996］．地域の安定に配慮したのは，ミャンマーと緊密な関係にある中国の東南アジア地域への影響力をインドネシア・マレーシア両国が懸念した結果だとみられる ［*FEER*, July 28, 1994: 28］．この会談後，アラタス外相は，ASEAN内でミャンマーの加盟時期について意見が対立していることを認めた

ティール首相の関係改善があったとの見方もある ［*DR* 951219: 88-89］．

17) タイのバンハーン首相の声明によれば，ASEAN諸国は1997年の第2回非公式首脳会議の議長国をマレーシアとすることまで合意した ［*DR* 951218: 6］．アラタス外相は，1995年の首脳会議を踏襲し1996年の非公式首脳会議にもカンボジア，ラオス，ミャンマーを招聘することを明らかにした ［*JP*, January 4, 1996; 月報1996年1月号：159］．

18) シパダン島はリギタン島とともにボルネオ島北東端沖に位置し，マレーシアとインドネシアが領有権を争っていた．この紛争は1998年に国際司法裁判所（ICJ）の判決にゆだねられることとなり，2002年にICJはマレーシアの主権を認める決定を行った ［山影2008: 3］．

が［*JP*, October 8, 1996］．ミャンマーの 1997 年の加盟に向けた障害は，関税などが基準を満たせるかどうかであり，人権状況が問題ではないとの見解も同時に明らかにした［月報 1996 年 10 月号：82］．アブドラ外相は，加盟時期について ASEAN の合意はないとしつつも，インドネシアとマレーシアは同じ立場をとると発言している［*South China Morning Post*, October 8, 1996］．この会談以降，1996 年 11 月末の非公式首脳会議が近づくにつれ，インドネシアはミャンマーの加盟に前向きとの報道がなされるようになる［読売新聞 1996 年 11 月 3 日］．

　1996 年の非公式首脳会議でマハティール首相は，カンボジアとラオス，ミャンマーの 3 カ国同時加盟を改めて提案し，他の加盟国に同意を求めた［朝日新聞 1996 年 12 月 4 日］．ミャンマー側も 1997 年に加盟を実現するため外交攻勢に出た．タンシュエ議長はスハルト大統領と個別に会談し，民主化の取り組みについて説明する［毎日新聞 1996 年 11 月 30 日］．マハティール首相とタンシュエ議長からの働きかけを受け，スハルト大統領は，首脳会議の席上，「ミャンマーを孤立させてはならない」として 3 カ国同時加盟提案に支持を表明し，フィリピンなどの早期加盟反対派に「隣人を見殺しにしてもいいのか」と問いかけた［朝日新聞 1996 年 12 月 1 日：12 月 4 日］[19]．大国インドネシアからの圧力を受け，早期加盟反対派は譲歩し，首脳会議の合意文書には「カンボジアとラオス，ミャンマーの 3 カ国同時加盟を実現する」という文言が挿入された．

　ただし「3 カ国の加盟時期については今後発表される」とし「1997 年の AMM で加盟を承認する」という形にはならなかった［ASEAN 1996a］．カンボジアとラオスについては，前述のように，1996 年 4 月の SOM において 1997 年の AMM で加盟を承認することが合意されている．そのためマハティール首相は，3 カ国が 1997 年に加盟することで ASEAN 内にほぼ合意があると主張したが［*ST*, December 12, 1996］，インドネシアのアラタス外相は，ASEAN 内で加盟時期について意見の相違があることを明らかにした［*JP*, December 1, 1996］．1997 年 3 月，シンガポールのゴー首相は，ラオスを訪問し，加盟の時

---

[19]　この首脳会議開催時には，インドネシアは EU から東チモールでの人権侵害を非難されていた．ミャンマーの人権侵害を問題視しないというインドネシアの方針には，こうした批判をかわす目的もあったと考えられる［朝日新聞 1996 年 12 月 1 日］．

期は加盟準備が最も遅れた国にあわせることになると語っている［ST, March 26, 1997; 月報1997年3月号：73］．インドネシアは，議長国として早期加盟反対派の意向も汲んで，加盟時期の明記を見送ったのである．つまり，早期加盟反対派は，ミャンマーの加盟時期は明記しないという条件で，「3カ国同時加盟」に反対することを控えたといえる．ただし，一加盟国としてのインドネシアの立場は，マレーシア支持で固まっていた．1997年2月，アラタス外相は，「3カ国が7月にクアラルンプールで(開かれるAMMで)加盟できることを望む」と表明する［ST, February 21, 1997］．スハルト大統領も，ミャンマーを訪問し，7月の加盟を承認すると話した［ST, February 22, 1997］．

(4) マレーシアの対ミャンマー民主化要求とミャンマーの加盟承認

早期加盟に反対する加盟国を説得するためにマレーシアがとった第二の方法は，ミャンマー政府に働きかけを行うことである．対ミャンマー外交は二つのルートで実施された．一つは，マレーシア出身のアジット・シンASEAN事務総長を活用し，経済問題などについてミャンマーが加盟準備を整えていることを報告させることである．二つめは，民主化に向けた取り組みを加速するようにミャンマー政府に圧力をかけることである．

フィリピンのラモス大統領やシアソン外相は，1996年10月，貿易の自由化と民主主義制度の維持がミャンマーの加盟の前提と語り，早期加盟に反対の意向を表明する［ST, October 3, 1996; 月報1996年10月号：163; NST, October 3, 1996］．10月中旬，非公式首脳会議直前に開かれたSOM(クアラルンプール)では，タイのカセーム外相も，加盟には民主化が必要であり2, 3年はかかるだろうと従来の方針を改めて表明した［ST, October 31, 1996; 年報1997年版：295］．ゴー首相も，ミャンマーが加盟するにはASEAN自由貿易地域(AFTA)[20]などの各種取り決めで責任を負わなければならないが，ミャンマーはその準備ができていないとした［月報1996年11月号：64］．

---

20) あらかじめ決められたスケジュールにしたがって段階的に関税を削減することを目指して，1992年にASEAN諸国はAFTAの創設に合意した［ASEAN 1992b］．2010年，先行6カ国(ブルネイ，インドネシア，マレーシア，フィリピン，シンガポール，タイ)の間で，ほぼ全品目において関税が撤廃されている［AEM 2010］．

経済的な準備ができていないとするシンガポールの主張に対して、マレーシア政府は、マレーシア出身のアジット・シン ASEAN 事務総長を活用した。11月、事務総長は、加盟に向けた準備についての調査のためにミャンマーを訪問し、英語能力に問題がないことや関税などの経済制度が整備されていること、WTO に加盟していることなどを挙げ、ミャンマーの加盟に技術的問題はないと発言する［*ST*, November 10, 1996; 年報 1997 年版：438］。事務総長によるこの調査結果は、1997 年の AMM の直前に報告書として提出されることになる。

　タイやフィリピンが問題視する民主化については、アブドラ外相がミャンマーを訪問し、民主化に向けた取り組みを加速するよう要請することで説得しようとした。1996 年 10 月、ミャンマーを訪問したアブドラはタンシュエ議長と会談し、ASEAN がミャンマー加盟について外部からの圧力を受けないことを確約する一方、「隣国はミャンマーの動向に強い関心を持っている。ミャンマー政府が（民主化の進展について）我々に確信を与える何らかの措置を講ずることを期待する」と述べた［*Asia Pulse*, October 22, 1996］。また、マハティール首相は「もしミャンマーが ASEAN に加盟すれば、加盟国は軍事政権に一定の影響力を行使することが出来るだろう」と語り、フィリピンやタイが憂慮する民主化遅延を解決するには加盟が先決だとの考えを表明した［*Reuter News*, October 5, 1996］。同首相は、1997 年 3 月にも「（ミャンマーが）ASEAN に入ることで国際社会の声も届きやすくなる。関係強化によってこそミャンマーの状況を改善することができる。ミャンマーを締め出しては影響力を行使することもできない。加盟により軍事政権指導者らは民主主義と自由市場経済の価値を理解するだろう」と発言し、ミャンマーの早期加盟の利点を強調している［月報 1997 年 3 月号：63-64］。しかし反対派はなかなか譲歩せず、1997 年 4 月、ニューデリーでの NAM の際に開かれた非公式外相会議でも対立は解消しなかった。このため 5 月に特別外相会議を開き、加盟時期を最終決定することになった［月報 1997 年 4 月号：156］。

　「ASEAN に加盟させることでミャンマーの情勢は好転する」というマレーシアの主張は、米国の圧力をきっかけとして早期加盟反対派の加盟国にとって説得的なものとなっていく。4 月末、ミャンマーに対して経済制裁を継続する

米国は，ASEAN 諸国にミャンマーの加盟を延期するよう要請した [ST, April 27, 1997]．この動きを受けてシンガポールとタイ，フィリピンの外相はプーケットで会談し，ミャンマーの加盟について協議した結果，「ミャンマーを地域に取り込んでいくことは戦略的に重要」との認識で一致する [読売新聞 1997 年 4 月 30 日]．タイのプラチュアップ外相は，ASEAN はミャンマーの加盟につき経済的な準備ができているかどうかだけを考慮に入れると表明し，5 月末に ASEAN 事務総長が提出する経済面における ASEAN 加盟準備の報告書次第で，加盟の是非を決定すると述べた [BP, April 28, 30, 1997]．フィリピンのセベリノ外務事務次官も，ミャンマーを ASEAN に取り込む方がミャンマーの人々や東南アジア地域の，そしてフィリピンの利益になると考えていると表明した [Reuter News, May 22, 1997]．早期加盟反対派は，ミャンマーの加盟を延期するよう求めた米国の圧力に屈することは戦略的に得策でないと考える点では一致し，ミャンマーの加盟について譲歩の姿勢をみせはじめたのである．

しかし，これはあくまで米国への対応という側面が強かった．つまり，反対派はミャンマーの加盟時期を 1997 年の AMM とすることについて納得するまでには至っていなかったのである．こうした反対派の立場を受けて，5 月初め，マハティール首相は，もし ASEAN がミャンマーの情勢好転を望むなら，同国の加盟は最善の選択肢だとする主張を繰り返した [BT(M), May 1, 1997]．

5 月の特別外相会議直前に開かれた ASEAN 事務総長と ASEAN 諸国外相との非公式協議には，カンボジアとラオス，ミャンマーの 3 カ国の加盟準備状況に関する報告書が ASEAN 事務総長によって提出された．この報告書では，この 3 カ国が AFTA の履行や ASEAN 局（加盟各国の外務省に設置される国内事務局のこと）の設置など加盟に向けた準備を整えていることが説明されている [月報 1997 年 5 月号：170]．

5 月末の特別外相会議（クアラルンプール）で ASEAN 諸国は，ついに，1997 年の AMM でミャンマーを正式に加盟させることで合意する [読売新聞 1997 年 5 月 31 日夕刊；毎日新聞 1997 年 6 月 1 日]．ただし，この会議当日にも早期加盟反対派が改めて反対の意向を表明するほど合意可能性は低いとみられていた [BT(M), June 9, 1997]．最終的に反対派がその主張を取り下げた背景には，マレーシアが「加盟させたほうがミャンマーへの影響力を強められる」こ

とを証明すると約束したことにある．この特別外相会議の直後の1997年6月，アブドラ外相は，ミャンマーを訪問し，加盟の承認を伝達するとともに以下の三つの点を要求した．第一に，新憲法の制定作業を進めて議会選挙を実施すること，第二に，軍事政権と民主化運動指導者アウンサンスーチーとの対話を進めること，第三に，各国の非政府組織やマレーシア，ブルネイ，インドネシアの世論は，ミャンマーにおける少数派イスラム教徒(ロヒンギャ族)[21]迫害の報に当惑しているので，ASEAN諸国内のイスラム教徒の誤解を解消するためにこの問題に対処することである［月報1997年6月号：105; 1997年7月号：115-16］．これに対しタンシュエ議長は，ミャンマーはASEANの一員としての責任と役割を認識していると応じた［*BBC Monitoring Service, Asia-Pacific*, June 14, 1997］．ASEAN諸国はこのミャンマーの対応を期待を込めて前向きに捉えた．こうして1997年7月のAMM(クアラルンプール)でミャンマーの加盟が実現することとなったのである．AMMに参加したミャンマーのオンジョー外相は，加盟国としての義務を果たし，国内と地域の発展の調和を維持することに努めると表明した［Ohn Gyaw 1997］．

3. カンボジアの加盟遅延に至る紛糾

(1) カンボジアの加盟への当初の順調な道のり

ミャンマーの加盟は実現したが，1997年のAMMの開催直前に発生したカンボジアの政変によってASEAN諸国はカンボジアの加盟延期を決定する．マレーシアがミャンマーの加盟を後押しする背景となっていた「ASEAN設立30周年にASEAN10を実現する」という目標は結果として実現できなかったのである．

政変が発生する直前までは，加盟国はカンボジアの加盟について意見の一致をみていた．カンボジア紛争終結後，国連の暫定統治下に置かれたカンボジアでは1993年5月に国連監視下の総選挙が実施され，二人の首相を置く立憲君

---

21) マレーシアイスラム青年運動(ABIM)はマレーシア政府に対し，ミャンマー国内のイスラム教徒弾圧が止むまでミャンマーのASEAN加盟を延期するように要請していた［*ST*, May 28, 1997］．

主制が確立された．総選挙の結果，第一党となったフンシンペック党の党首ラナリットが第一首相，第二党であるカンボジア人民党(CPP)のフン・センが第二首相に就任する．1993年9月，新憲法が発布され，シアヌークが国王に復位し[22]，カンボジア王国が23年ぶりに誕生した．

　1993年7月，ASEAN諸国はカンボジアを議長国ゲストとしてAMMに招聘する方針を決めた［*BT*(*S*), July 20, 1993］．この決定に基づき，カンボジアは1993年と1994年のAMMに招聘され，1994年のAMMではオブザーバー資格を得るため，議長国タイの外相にTAC調印の意思を表明している［月報1994年7月号：169］．1994年11月には，議長国のブルネイにTAC署名の申請を行い［月報1994年11月号：170］，1995年6月のカンボジアの国会によるTACの批准を経て［月報1995年6月号：41］，7月にはウン・フォト外相が，1，2年以内にASEANに正式加盟したいとの意向を表明した［月報1995年7月号：38-39］．こうしたカンボジア側の積極姿勢を受けて，ASEAN諸国は1995年7月のAMMでカンボジアにオブザーバー資格を付与することになる．1995年10月のASC(ジャカルタ)では，カンボジアとラオスに加盟準備のための調査団(団長はインドネシアのASEAN国内事務局長)を派遣することが合意された［月報1995年10月号：145］．この頃にはラオスが1997年の加盟希望を表明しており，カンボジアもラオスと同時に加盟できるとの観測がなされていた［*ST*, December 5, 9, 1995］．1996年2月には，カンボジアとASEAN諸国の高官会議がプノンペンで開催され，カンボジアの加盟について討議している．その際，ウン・フォト外相は，カンボジアは1997年にASEANに加盟する準備があり，1996年7月にその申請を行うとした［*ST*, February 6, 1996; 月報1996年2月号：38］．実際のところ，カンボジアの加盟申請は7月より早い4月になされている．すなわち，ウン・フォト外相がジャカルタを訪問して，1996年のAMM議長国インドネシアにASEAN加盟の申請書を提出したのである［*JP*, April 4, 1996; *ST*, April 2, 1996; 月報1996年4月号：39］．7月のAMMでは，カンボジアの加盟申請が受理され，1997年にカンボジアとラオスの加盟を承認することで合意が成立している．1996年11月の非公式首脳会

---

22)　シアヌークは，カンボジアがフランスの保護国だった1941年から独立後の1955年まで国王だった［年報1994年版：233］．

議で「カンボジアとラオス，ミャンマーの3カ国同時加盟」が合意された際にもカンボジアの加盟は問題にならなかった．このようにカンボジアの加盟については，ASEAN内で大きな対立はなく，順調に進められていたのである．

　1997年のAMMまでの間，加盟諸国はミャンマーの加盟条件をめぐって対立しており，この問題における協議の過程で，新規加盟に政治的条件をつけるべきかどうかが争点化していた．こうした状況下でカンボジアの政変が発生し，これまで何の条件も付されていなかったカンボジアの加盟が問題化したのである[23]．加盟国間の争点は，政変後の政治体制の整備をどの程度，加盟の条件として考慮するかだった．こうしてカンボジアの加盟は，ミャンマーの加盟をめぐる利害対立と協議の結果の影響を受けることとなったのである．

(2) カンボジアの政変と加盟延期決定

　既に述べたように，1997年5月の特別外相会議では，カンボジアとラオスとともに，ミャンマーが1997年のAMMで加盟することが承認された．しかしこの時点で既にカンボジアの政情は悪化していた．二大政党間の争いが激化し，国会が開けない状況が続いていたのである．カンボジア外務省は予定通り加盟を受け入れてもらうようにASEAN事務局と折衝を始めた［月報1997年5月号：45］．特別外相会議では，政情を問題視して加盟を延期するべきとの意見も出たようだが，カンボジア情勢の好転を待つよりもさらに悪化しないために協力する方がいいと判断したマレーシアとインドネシアが早期加盟を主張したため，カンボジアの加盟についてASEANの決定に変更はなされなかった［月報1997年5月号：170］．6月，アブドラ外相はアジット・シンASEAN事務総長とともにカンボジアを訪問し，加盟承認を伝えている［月報1997年6月号：43；読売新聞1997年6月10日；毎日新聞1997年6月11日；*ST*, June 10, 1997］．

　しかし，7月に入ると，カンボジアの情勢はさらに悪化した．プノンペンで，

---

23)　ミャンマーの場合にはミャンマーの民主化の進展や人権侵害の改善を待つことなく加盟を承認し，カンボジアに関しては加盟条件を提示したことについて，1997年の拡大外相会議(PMC)とARFに出席したEU代表はASEANの加盟条件には一貫性がない(ダブルスタンダード)と批判した［*FEER*, July 31, 1997: 17］．

3. カンボジアの加盟遅延に至る紛糾

フンシンペック党と CPP の軍隊が衝突するという事件が起こり，フンシンペック党の党首であるラナリット第一首相がパリに亡命したのである．この事態に議長国マレーシアは重大な関心を持って情勢を見守るとして強い懸念を表明したが，加盟に関する当初の方針に変更はないとした［読売新聞 1997 年 7 月 8 日；*ST*, July 8, 1997; 月報 1997 年 7 月号：43］．マレーシアとしては，ASEAN 設立 30 周年に ASEAN10 を実現したかったのである．カンボジアのフン・セン第二首相も，マレーシアのマハティール首相に書簡を送付し，1997 年の AMM で加盟する意思を改めて表明するとともに，ラナリット追放の理由や今後の計画について説明した［*Star*, July 15, 1997］．

しかし他の加盟国は，カンボジア情勢を深刻に受け止めた．そして，インドネシアが加盟承認に慎重になり，アラタス外相がアブドラ外相にこの問題を話し合うための緊急会議の開催を要請する［*ST*, July 8, 1997; 月報 1997 年 7 月号：43］．7 月 10 日に開催された非公式外相会議で，ASEAN 諸国はカンボジアの加盟延期を決定した．加盟延期の理由は，ラナリット第一首相が追放されたことで，現在のフン・セン第二首相の「連立政権」はカンボジアを代表する政府として認められないというものである[24]．そして，加盟の条件として(1)二人の首相をトップとする連立政権の回復，(2)国会の維持，(3)憲法の擁護，(4)カンボジア和平を規定した「パリ和平協定」[25]の遵守が挙げられたのである［読売新聞 1997 年 7 月 11 日；毎日新聞 1997 年 7 月 12 日；月報 1997 年 7 月号：44］．

マレーシアはカンボジア政府に「新しい第一首相の選出など，連立政権の維持を明確にする手続きが終われば，(1997 年の)AMM で加盟を認めることもあり得る」と伝えた［読売新聞 1997 年 7 月 13 日；日本経済新聞 1997 年 7 月 19 日；*BT*(*S*), July 19, 20, 1997］．ASEAN 設立 30 周年に ASEAN10 を実現したいマレーシアは，最後まで加盟承認の可能性を探ったが，肝心のカンボジア情勢が変化しなかった．結局，1997 年 7 月下旬の AMM では，ラオスとミャンマーのみ加盟が承認された．その後も事態は好転せず，1997 年末の第 2 回

---

24) アラタスも当時を述懐し，カンボジアを代表する政府が不在だったためとその理由を説明した［アラタス氏へのインタビュー］．

25) 1991 年 10 月に締結された「カンボジア紛争の包括的政治解決に関する協定」の通称．

非公式首脳会議(クアラルンプール)の共同声明でも，カンボジアの加盟が次回の首脳会議(1998年末)前に実現することを希望するとの言及がなされるにとどまっている［ASEAN 1997a］．

(3) カンボジアの上院設置と加盟承認

その後カンボジアでは，1998年3月にラナリット前第一首相が帰国する．そしてフン・セン第二首相の公約通り，1998年7月(1998年のAMMの直後)に総選挙が実施された．総選挙は自由かつ公正に実施されたという国際的評価を受けた．これをうけて，1998年後半からAMM議長国となったシンガポールは，選挙結果を十分に反映した連立政権の成立を期待するという声明をASEANとして発表する［ST, September 4, 1998; 月報1998年9月号：185］．9月の非公式外相会議(ニューヨーク)では，新政権が樹立されれば加盟を承認するとの方針が打ち出された［ST, September 25, 1998; 月報1998年9月号：42］．カンボジアでは9月に国会が召集され，11月にフン・センを首相(首相一人制)とする連立政権樹立で合意し，新内閣が国会で承認された．連立政権樹立合意の際，帰国したラナリットが首相の地位を手放す代わりに何らかの政治ポストを要求したため，フン・センとラナリットは，上院の新設を決め，現在の国会を「下院」として下院議長にラナリットが就任することで合意した．

カンボジアの加盟条件をめぐるASEAN内の争点は，何をもって「新政権樹立」とみなすかにあり，対立の構図はミャンマーのときと同じだった．すなわち，シンガポールやフィリピン，タイは，上院の設立をもって新政権樹立とみなすと主張して，早期加盟に慎重な構えを見せる．一方，上院設置まで新政権樹立の条件とする必要はなく，連立政権が樹立されれば加盟を承認するとの立場をとったのが，マレーシアとインドネシア，ベトナム，そしてこの時点で加盟国となっていたラオスとミャンマーである［年報1999年版：231-32; 月報1998年12月号：43-44］．つまり，これらの国は，カンボジアの加盟に緩い政治的条件をつけ，加盟を早期に実現すべきとする立場をとったのである．

ラナリットとフン・センによる連立政権が樹立され，上院を設置することが合意されたのを受けて，インドネシアのアラタス外相は「連立政権ができたことを歓迎する．これで加盟の障害となってきたカンボジアの内政問題は解決し

3. カンボジアの加盟遅延に至る紛糾

たことになり，加盟問題は一気に解決に向けて加速される」と述べた［月報 1998 年 12 月号：43-44］．マレーシアのアブドラ外相も，カンボジアの加盟決定は 12 月のハノイでの首脳会議でなされると発言し，ベトナムも初めて議長国を務める 1998 年末の首脳会議でカンボジアの加盟を実現することに積極姿勢を見せた［*Star*, November 18, 1998］．またミャンマーなどいくつかの国もハノイの首脳会議での加盟決定を支持した［月報 1998 年 12 月号：43-44］．

　一方，タイのスリン外相やフィリピンのシアソン外相は，加盟を急ぐべきではなく，持続可能な連合政府が確認されなければならないとの見解を示す［*ST*, December 3, 1998］．タイ外務省報道官は「上院が設置されていない段階であわてて加盟させることが ASEAN に有利かどうか判断する必要がある」と述べた［月報 1998 年 12 月号：43-44］．タイやフィリピンと立場を同じくしたのが，AMM 議長国シンガポールである．11 月，APEC 閣僚会議の際に開催された非公式外相会議で，ジャヤクマル外相はカンボジアの加盟について意見の相違があるとし，「機能する政府(functioning government)」の存在を確認するまでは，加盟は時期尚早だという点で加盟国は一致したと述べた［*ST*, November 18, 1998］．マレーシアのアブドラ外相は，上院設置の合意を受けてシンガポールが緊急会議を開くだろうと述べたが［*BT(S)*, November 26, 1998; *ST*, November 27, 1998］，シンガポールは緊急会議開催の予定はないと発表し，事態を見守る構えを見せた［*ST*, November 27, 1998; 朝日新聞 1998 年 12 月 1 日；月報 1998 年 11 月号：189］．シンガポールは会議を開けば何らかの結論を出すために慎重な舵取りが求められることを予想したのである．ゴー首相は「上院が設置され上院議員が任命されることにより，カンボジアの連立政権が十分に機能していることを確認しなければ加盟承認はできない」との見解を表明した［*ST*, December 10, 1998］．

　興味深いのは，早期加盟積極派に属し，1998 年 12 月の第 6 回首脳会議の議長国としてカンボジアの加盟実現に意欲を見せていたベトナムも，このシンガポールの判断に従ったことである．ベトナム外務省は「カンボジアの加盟時期については，議長国シンガポールのジャヤクマル外相が発議し，外相会議を招集して決まる」との見解を示している［毎日新聞 1998 年 12 月 2 日；読売新聞 1998 年 12 月 16 日；月報 1998 年 12 月号：43］．首脳会議前に開催された外相

会議では，インドネシアとマレーシア，ベトナム，ミャンマー，ラオスがカンボジアの加盟を支持したが，シンガポールとタイ，フィリピンが加盟延期を主張したため，加盟承認の合意は成立しなかった［*JP*, December 14, 15, 1998; *ST*, December 12, 13, 1998; *Manila Bulletin*, December 14, 1998; *Star*, December 15, 1998; *BP*, December 12, 1998］．ただし首脳会議では，カンボジアの加盟実現に意欲を示していた議長国のベトナムに配慮して「10番目のメンバーとしてカンボジアを受け入れ，加盟式典はハノイで行う」ことが合意されている［ASEAN 1998］．

1999年3月，カンボジア国会は上院設置のための憲法改正案を可決した．これを受けてAMM議長のジャヤクマル外相は，カンボジアのASEAN加盟式典を開催する書簡を全加盟国宛に送付した［読売新聞1999年3月6日；月報1999年3月号：49, 179］．これを受けて，4月末，ハノイでカンボジアの加盟式典が行われ，7月のAMM（シンガポール）では（カンボジアの加盟で）ASEAN 10が完成したことを歓迎する声明が発表された．

第6章　内政不干渉原則の見直し論議

　本章では，1990年代に加盟国の利害が対立した問題のうち，ASEANの組織原則である内政不干渉原則の見直しに関するASEANの合意形成を，議長国の議事運営に注目して分析する．1998年にタイによって提案された同原則の見直しは，他の加盟国の反対でASEANの合意とならなかった．一方，同原則の相対化を狙ったASEANトロイカの設置がタイによって1999年に提案され，2000年に合意されている．本章では，前章の分析もふまえて，1990年代における合意形成において，1980年代を通じて維持された利害調整における適切性の基準（「説得材料の提示による拒否権の不行使」）に加盟国が従い，議長国の不利にならない「利害の一致箇所」を決めていた点が示される．

1．ASEANの組織原則をめぐる対立

　ASEANの設立以来，加盟国間の内政不干渉の原則はASEANの重要な原則として強調されてきた．1990年代後半，ミャンマーの加盟をめぐる議論および同国の加盟をきっかけとして，ASEANの組織原則である内政不干渉原則を見直そうという主張が加盟国からなされるようになる．すなわち，1998年にタイが，ASEANの重要な組織原則である内政不干渉原則を見直すことを提案したのである．この主張は，ASEAN域内の問題に発展するような加盟国の国内情勢にASEANとして積極的な関与をすべきだというものである．このタイの提案にフィリピンは支持を表明したが，その他の加盟国は反対する．

　その後，タイは，内政不干渉原則を相対化する仕組みとして1999年に「ASEANトロイカ(Troika)」の設置を提案する．ASEANトロイカとは，前議長国・現議長国・次期議長国が東南アジア地域の緊急事態に共同で対処する仕組みである．加盟国間紛争や加盟国の国内問題に関与しうるASEANトロイカの権限のあり方をめぐり，タイと一部の加盟国が対立した．

内政不干渉原則の見直しが議題となったのは，1998年のAMMにおいてであり，このときの議長国はフィリピンだった．フィリピンは，一加盟国としてタイの同原則見直し提案を支持する立場をとる．ASEANトロイカの設置が議論され，合意されるのは2000年のAMMにおいてである．このときの議長国は，ASEANトロイカ設置を提案したタイであった．

2．内政不干渉原則の見直しをめぐる応酬

(1) ミャンマーの民主化遅延と建設的関与政策変更論の浮上

　内政不干渉原則は，加盟国の国内問題に互いにあるいはASEANとして関与しないというものであり，ASEANの原則として重視されてきた．しかし，1990年代に入り，ミャンマーの民主化が問題となるにつれ，この原則を見直そうとする動きがASEAN内で出てくる．

　ミャンマーの人権侵害や民主化の問題に対するASEANの政策は，1990年代に入って，「建設的関与(constructive engagement)政策」とよばれた．これはもともと，タイの対ミャンマー政策の呼称である[1]．ASEAN外相と域外対話国との1991年の会談で，欧米諸国からのミャンマー批判に対し，タイのアーサ外相によって最初に使われ［Chongkittavorn 1997］，その後，1992年のASEAN拡大外相会議(PMC)からASEANの政策ととらえられるようになった［Buszynski 1998］．建設的関与政策とは，ミャンマーにおける民主化の遅延や人権侵害に対してASEANとして非公式に助言を行い，問題解決の手助けを行うというものである．それは，経済制裁といったあからさまな介入を否定した政策でもあり，この際の「関与」とは，「干渉」や「介入」ではなく，むしろ内政不干渉原則に沿ったものであった［湯川 2009: 58-59］．

　1990年代，ミャンマーの情勢は一進一退を繰り返していた．1990年の総選挙後，軍事政権は議会の開催を拒み続けた．国際的な批判が高まる中，1995年7月，軍事政権はアウンサンスーチーの自宅軟禁を無条件で解く．しかし，1996年9月以降，勢力を拡大しつつあった民主化勢力に対する軍事政権の大

---

1) 建設的関与政策は，中国へのミャンマーの接近に対応するための政策だったともいわれる［Thayer 1999］．

2. 内政不干渉原則の見直しをめぐる応酬

規模な弾圧が展開された.

この事件をきっかけにフィリピンとタイは, ミャンマーの加盟を延期し, 同国の民主化を進展させるために ASEAN が具体的な支援をおこなうことができるよう, 建設的関与政策を変更すべきだと主張し始めた [FEER, October 17, 1996: 16-17]. 1996年10月, フィリピンのラモス大統領は, 「ASEAN はミャンマーへの政策を変更するかもしれない」と発言する [NST, October 3, 1996]. 11月, タイのチャワリット首相も「多くの人が人権, 民主化を問題にしている. 今のやり方では駄目だ, と話すつもりだ」と述べ, ミャンマーの民主化促進へ向けて軍事政権を説得する意向を表明した [月報1996年11月号:45]. タイは, 1995年末頃から軍事政権による少数民族の弾圧の影響を受け, ミャンマーとの国境付近の治安が不安定化していることに頭を悩ませていた. 軍事政権は, タイとの国境付近に居住するカレン族を弾圧しており, 結果としてタイの国境を侵犯することとなっていたからである. またカレン族も, 軍事政権の弾圧に対抗して武装化し, タイ国境付近でゲリラ戦を展開したため, ミャンマーとタイの国境は軍事的緊張状態にあった [FEER, March 16, 1995: 32]. 1995年末には, 武装化したカレン族がタイ領内の村を襲い, 村民を殺害するという事件が発生している [月報1995年12月号:51]. また, ミャンマーがタイとの国境貿易を封鎖し, タイ製品の不買運動を展開するなど, 両国の経済関係も悪化していた [FEER, July 13, 1995: 19, 22]. フィリピンとタイはこれまでミャンマーに対する ASEAN の建設的関与政策の変更はないと言い続けてきた. しかし, ミャンマーの政情の好転がみられないことで, 建設的関与政策がミャンマーに何ら政策変更を促さないと判断するに至った. つまり, 両国は事実上, 内政不干渉原則の見直しを唱え始めたのである.

しかし, その他の加盟国は建設的関与政策の維持を主張した. マレーシアは建設的関与政策がミャンマーの政策変化を促したと主張する [FEER, October 17, 1996: 16-17]. また, 1996年10月, スハルトとマハティールの首脳会談では, ミャンマーへの建設的関与政策を継続していく立場を確認している [読売新聞1996年11月3日][2]. シンガポールも建設的関与政策の維持を主張した.

---

2) インドネシアとマレーシアの国内には, 個人の資格で内政不干渉原則の見直しを主張するものもいた. 1997年6月, インドネシアの戦略国際問題研究所(CSIS)のユスフ・ワ

1997年2月のASEAN-EU外相会議(シンガポール)でEU側からのミャンマー非難に対して,シンガポール外相は建設的関与政策の必要性を強調し,加盟国の内政にはお互い干渉すべきではないという見解を表明している[月報1997年2月号:150-51].

1997年5月にミャンマーのASEAN加盟が決定された後も,フィリピンとタイはミャンマーへの政策変更を主張し続けた.6月末,香港返還式典に参加する機会を利用して開催された非公式外相会議(香港)で,タイのプラチュアップ外相は「対ミャンマーで実施している建設的関与政策を見直すべきだ.この件について,すでに首相の了解を得ている」と発言する[月報1997年6月号:167; 7月号:63-64].この発言の背景には,ミャンマーの加盟が承認された後も,同国の政治情勢の好転がみられなかったことがある.タイ高官は,1997年7月,マレーシアのアブドラ外相がミャンマーの加盟承認の決定を伝えるために同国を訪問した際,ASEANとしてアウンサンスーチーと軍事政権の話し合いの場を持つように求めたにもかかわらず,軍事政権はその要求を拒否したことに言及した[*ST*, July 5, 1997].

ミャンマーが加盟する1997年のAMMの開催を前に,タイのプラチュアップ外相は,ASEANの原則である内政不干渉を見直す必要があると各国外相に呼びかけた[月報1997年7月号:63].AMMの開会スピーチでフィリピンのシアソン外相も「21世紀を迎えるにあたり,ASEANは新旧の諸問題に対処できるように自己改善(re-tooling)しなければならない.特に,安全保障分野で我々は新しく,革新的な思考が必要である」と述べた[Siazon 1997][3].しかし,1997年のAMMではミャンマーの加盟が承認されたのみで,建設的関与政策の変更については議論されなかった[4].

　ナンディは,内政不干渉原則の見直しを主張した[Thayer 1999].同年7月には,マレーシアのアンワル副首相(当時)が内政不干渉原則を見直し,「建設的介入(constructive intervention)」を行うべきであると主張した[*FEER*, July 31, 1997: 5; *Newsweek*, July 21, 1997: 13].
3) Haacke(1999: 582)はシアソン外相のこの発言を,アンワル副首相の「建設的介入」を支持する内容であるとしている.
4) 1997年のAMMの議長国だったマレーシアのアブドラ外相は,「ミャンマーに対する政策は建設的関与政策と呼ばれていたが,同国が加盟した後はこう呼ぶ必要はない,ミャ

(2) タイの内政不干渉原則見直し提案

その後も,フィリピンとタイ両国はミャンマーを非難しつづけたが,両国のアプローチは若干異なっていた.フィリピンはミャンマーに直接,民主化を求める方法をとる一方,タイは ASEAN の内政不干渉原則の見直しを提案することで ASEAN としてミャンマーに圧力をかけようとしたのである.

1997年10月,フィリピンのラモス大統領はミャンマーを公式訪問する.この公式訪問に同行したシアソン外相は,ミャンマーの民主化勢力を率いる野党 NLD のアウンシュエ議長およびアウンサンスーチーと秘密裏に会談している[5].また,1998年2月には,フィリピンの人権団体「フィリピン自由ビルマ連合」がアウンサンスーチーのビデオメッセージをマニラで公開した.そのなかで,アウンサンスーチーは「フィリピン国民と政府が(ミャンマーの)国家平和開発評議会(SPDC)議長(タンシュエ)に対し,フィリピンが民主主義の砦であることを明確に示してくれることを望む.フィリピンが独裁制から民主制に移行して成功したことは疑いがなく,フィリピン国民は,それを誇るべきである.ASEAN 諸国がこれまで以上に同情的になることを望む.安定し繁栄したビルマは ASEAN にとって大きな利点となるであろう」と表明した［月報1998年2月号:122］.

このメッセージは,軍事政権のタンシュエ議長のフィリピン訪問に合わせて発せられており,ラモス大統領は,国内の民主化支援団体が計画しているデモに対し自粛を求めつつ,タンシュエ議長のフィリピン訪問に際し,「フィリピン政府の目的の一つは同議長らに我が国の対外開放や規制撤廃政策,自由で民主的な社会を正確に理解してもらうことである」と説明した［月報1998年2月号:122］.つまり,フィリピン政府は国内の民主化支援団体の要求に応じ,ミャンマーの民主化を支援する意思を表明したのである.フィリピンでは1998年6月にエストラーダが大統領に就任する.6月初旬,大統領に就任するエストラーダ副大統領にあてたメッセージのなかで,アウンサンスーチーは,

---

ンマーへの政策はより包括的になる」と話した［*ST*, July 16, 1997］.しかし,これまでのマレーシアの主張から,包括的な政策とは,建設的関与政策の抜本的な変更を意味したものではないと考えられる.

5) フィリピン政府は,ラモス大統領とアウンサンスーチーとの会談を望んだが,軍事政権側に拒否された［月報1997年10月号:106］.

ASEANがミャンマーの民主化を支援するよう(他のASEAN諸国を)説得して欲しいと訴えている［月報1998年6月号：124］.

一方，タイの対ミャンマー政策には二つの目的があった．一つは，欧米諸国のミャンマー批判に何らかの対応が必要だとの判断に基づき，民主主義の推進や人権の保障を訴えることである［Haacke 1999］．もう一つは，ミャンマーと国境を接していることにより生じた諸問題を解決することであった．具体的には，麻薬・難民対策である［Snitwongse 2001］．タイは，ミャンマーとの国境でゲリラ戦を展開するカレン族の動向や，カレン族の難民[6]の流入に頭を悩ませていた．1998年3月，チュアン首相はタイ・ミャンマー国境のカレン族難民に対する政府の方針を転換し，国連難民高等弁務官事務所(UNHCR)に本格的に支援を要請する意向を明らかにする［月報1998年3月号：64］．タイは，これまでミャンマーとの関係を重視し，カレン族難民の問題を国際問題化せず，UNHCRの介入を拒否してきたが，ミャンマーの民主化が遅延し，軍事政権による少数民族弾圧が収束しないことに苛立ち，この問題を国際社会に正式に訴えたのである．タイ政府は，こうした難民問題の解決のためにもミャンマーの民主化が不可欠であると判断した．

1998年6月，タイのスリン外相は，クアラルンプールとバンコクで行ったスピーチのなかで，ASEANの内政不干渉原則を「建設的介入(constructive intervention)政策」に変更すべきであると提案した[7]．まず6月1日のアジア太平洋ラウンドテーブル(クアラルンプール)で，グローバル化の中で投資や金融において密接な協力が必要なことを主張するとともに，人権や民主主義の問題を挙げて「単に内政不干渉原則があるからといって加盟国の国内事項に一切触れないのはとるべき姿勢ではない．加盟国の国内事件が地域の平和と繁栄にとってだけでなく，他の加盟国に悪影響を及ぼすとき，ASEANはもっと積極的な役割を果たすべきである」と述べた［Haacke 1999: 585-86］．続いて，6月12日のタマサート大学(バンコク)での講演において「たとえ国内の問題であ

---

6) カレン族は，ミャンマー政府と反政府武装勢力，カレン民族同盟との戦闘を逃れ，過去20年以上の間に総計約10万人がタイ領内に流入している［月報1998年3月号：64］.
7) この政策の提案がアンワル副首相の主張(注2を参照)をふまえたものであるかは不明だが，内容としてはそれほど変わらないと考えられる．

っても，必要な時に支援の手を差し伸べることを内政干渉と解釈すべきでない．ASEAN は内政不干渉原則に修正を加えるべきときである．これにより域内にも影響を与える国内問題の予防・解決に向け，ASEAN は建設的役割を果たすことが可能になる．国内問題が地域の安定に影響を与えているときなどに受ける，仲間からのちょっとした圧力(a dose of peer pressure)や友好的助言は有益である」と述べた［月報 1998 年 6 月号：59-60, 194-95］．

以上のスリンのスピーチでは，建設的介入政策の具体的中身について詳細には述べられていないが，他の加盟国や地域全体に悪影響を及ぼす際には，少なくともその国の政策について公に批判あるいは議論し，助言を行うことだと考えられる．この提案の背景には，ミャンマーの軍事政権の人権侵害や民主化の遅れへの懸念と 1997 年のカンボジア政変に対する不満があったといわれる［*FEER*, July 30, 1998: 32］．

しかし，この提案の発表直後に他の ASEAN 諸国から反発の声があがった．その理由は，タイの提案がミャンマーにおける民主化の遅延を正面から扱うと捉えられたことにある．そこで，スリン外相は建設的介入政策という名称を変更し，ASEAN 諸国の反発に対処しようとした．すなわち外務省内で配布した文書の中で，労働力移動や難民問題，麻薬対策，環境問題など国境を越える諸問題に対し，より柔軟な対応を可能にする「柔軟な関与(flexible engagement)政策」を採用するように ASEAN 諸国に求めていく考えを説明したのである［*ST*, June 27, 1998; 月報 1998 年 6 月号：194-95］．タイ外務省も「スリン外相は現在でも ASEAN の内政不干渉原則を重要と考えているが，彼が求めているのは，加盟国が意見を表明し，必要なときには各国の政策に助言を与えるための柔軟性であり，その結果，ASEAN 全体の評価が高まる」と説明した［月報 1998 年 7 月号：195］．すなわちタイは，同国の提案がミャンマーに民主化を求めるものではなく，越境的な問題に対処するものであることを強調することで，ASEAN 諸国の同意を得ようと考えたのである．

1998 年 7 月初め，タイは柔軟な関与政策の提案を AMM 議長国のフィリピン政府に書簡で提出した．このなかでタイは，通貨危機を受け ASEAN は(他地域に対する)交渉力を落としたため，国際社会の支持を得ることができる柔軟な姿勢に転換すべきであることや，域内各国の政治問題について意見を表明

しあい助言することなどの柔軟性をもつことが望ましいと提言している．この提案を受けて，AMM議長であるシアソン外相は「昨年(1997年)の経済危機と各国の政治状況の変化でASEANは困難な状況に直面しており，政治的安定は極めて重要」としてタイの提案を支持する考えを示した．ただし，同外相は「公的議題」にはそぐわないとし，AMMの開催中に何らかの形で取り上げる方針を打ち出している［月報1998年7月号：195］．非公式議題として取り上げるというシアソンの決定は，最終的にこの提案について合意が成立するかどうかは会議の成果と無関係であることを確認するものだったといえる．フィリピンは一加盟国としてタイの提案に賛同したが，議事運営を担う議長国としては，タイの提案には他の加盟国の強い反対が予想されるため，合意に達するための協議の対象として公式に扱うことに消極的な立場をとったのである．

3. 内政不干渉原則の再確認と相対化の試み

(1) タイ提案への合意不成立と内政不干渉原則の維持

こうしたフィリピンの消極姿勢もあり，内政不干渉原則の見直しについてASEAN諸国の合意を取り付けるために奔走したのは提案国のタイだった[8]．先述したように，加盟国の反対を受けてタイの提案は，ミャンマーにおける人権侵害や民主化の遅延といった問題に対処するという当初の内容から，麻薬の取り締まりや難民問題など越境的問題に対処するという，加盟国が正面から反対しにくい内容へと変更されていた．しかし，タイ提案の意図は，ASEANがミャンマーに民主化を求めることにあった．この点は，提案を支持したフィリピンとタイの政府関係者による発言からみてとることができる．そして，このタイの意図は，タイ提案に反対する加盟国にも伝わった．

1998年7月初旬，ミャンマーでは，地方遊説を軍事政権に干渉されたことにアウンサンスーチーが抗議し，車内籠城を決行したため，軍事政権によって自宅に強制送還されるという事件が起こった．ミャンマー情勢の悪化を受けて，

---

8) ただしフィリピン高官は，加盟各国の在マニラ大使館に意見を聞いており，各国大使は加盟国の政治問題について折に触れ意見交換すること自体には前向きだったという［BT(M), July 4, 1998］．

3. 内政不干渉原則の再確認と相対化の試み

フィリピンのシアソン外相は「ミャンマーの政治問題のために ASEAN と欧米の関係が冷え込んでいる，一国の問題が ASEAN 全体に影響を与えている以上，ともに問題解決を図らなければならない」と発言する［月報 1998 年 7 月号：205］．タイのスクンパン副外相も「タイはこれまで国際社会にミャンマーの立場を理解するように訴えてきたが，SPDC(軍事政権)と NLD(民主化勢力，野党)の対立激化はタイだけでなく，ASEAN 各国に大きな影響を与える．双方に自制を求めたい」と述べた［月報 1998 年 7 月号：205］．また，タイのコープサック外務省報道官は，ミャンマーで混乱が起きれば，ASEAN に対する国際社会の印象が悪くなるとし［月報 1998 年 7 月号：205］，「タイは隣国(ミャンマー)の国内情勢にコメントする政策をとる．こうした政策は(タイの提案である)柔軟な関与がすでに機能している証であり，タイは内政不干渉原則を尊重しつつも，他の国がタイの国境で頻発する問題を引き起こしているため干渉(interfere)せざるを得ない」とした［*ST*, July 12, 1998; *Star*, July 11, 1998; *Nation*, July 11, 1998］．

以上の諸発言を受けて，ミャンマーはタイの提案を押しつけがましいとして批判する［*FEER*, July 23, 1998: 20; *ST*, July 12, 1998; *Star*, July 11, 1998］．タイのスリン外相は 7 月初旬にシンガポールやインドネシアを訪問し，柔軟な関与政策について説明を行うが［月報 1998 年 7 月号：67］，フィリピン以外の加盟国はタイの提案に反対の立場を変えなかった．インドネシアのアラタス外相は，「長年の原則の変更は加盟国間に対立を引き起こす恐れがある」と述べ，他の加盟国にタイの提案を採用しないように要請する［*ST*, July 16, 1998; 月報 1998 年 7 月号：194］．マレーシアのアブドラ外相も，「問題が起こっても相手の尊厳を損なわないという我々流のやり方で解決する」としてタイ提案に否定的な見解を示した［*ST*, July 19, 1998; 月報 1998 年 7 月号：194］．また，ベトナムとシンガポールも反対の意向を表明した［月報 1998 年 7 月号：19; *ST*, July 24, 1998］．

そこで，7 月下旬の AMM 直前の SOM(マニラ)でタイは柔軟な関与政策は ASEAN の原則やルールに反しないことを強調した．すなわち，ASEAN ビジョン 2020[9]に描かれた ASEAN 共同体を実現するために二国間関係の迅速な処理を目指す必要があることや，越境的問題の解決や問題発生の未然防止の為に

率直な意見交換が必要であることなどを挙げる一方，柔軟な関与政策のもとで内政不干渉原則は維持されると説明したのである［MFAT 1998］．

シアソン外相はタイの提案を支持したが，他の加盟国の反発は必至であることを認識していたため，この問題を非公式議題として取り上げることで，合意が成立しなくても AMM の結果に対する評価に影響が及ばないようにした．他方，タイの提案が加盟各国に受け入れられるなら AMM の合意にする心づもりであった．シアソンは「AMM での話し合いが内政不干渉原則の見直しの第一歩となろう，他の加盟国はタイの提案に反対や留保をしないかもしれない (may not have reservations)」と語り，合意が成立するかどうかについて静観する構えを見せた［NST, July 14, 1998］．シアソンの議事運営通り，この問題は AMM（マニラ）の非公式夕食会で話し合われた．タイの提案に賛同したのはフィリピンのみで，他の加盟国は揃って反論した［月報 1998 年 7 月号：193］．「タイの提案は内政不干渉原則と矛盾しないし，同原則を変更するものでもない」というタイ政府の主張は反対派に字義通りには受け止められなかったのである．タイ国内でも報道されたように，反対派は，提案の目的が内政不干渉原則の変更，より具体的にはミャンマーに政策変更を求めるものであるととらえたからである［BP, July 29, 1998］．アラタス外相は「他の加盟国に影響を与えるような問題についてはもっと率直に話し合うべきだというなら，そうするべきだ．しかし，それが内政不干渉原則の変更になるなら受け入れられない」と述べている［FEER, August 6, 1998: 24-25］．アブドラ外相も開会スピーチで明確に内政不干渉原則の堅持を主張した［Abdullah 1998］．

こうしてタイの提案は ASEAN の合意とならなかった．代わりに，インドネシアのアラタス外相の提案で加盟国は非公式に問題を話し合う「一層の相互作用 (enhanced interaction)」に合意したといわれる［BP, July 24, 1998; BT(S), July 25-26, 1998］．しかしこの概念は，AMM の共同声明には明記されなかった[10]．そして，内政不干渉原則の見直しの問題はその後，議題にのぼることは

---

9) 1997 年末の第 2 回非公式首脳会議（クアラルンプール）で発表された 2020 年の ASEAN のあるべき姿を示した文書．この文書において ASEAN 諸国は，2020 年までに ASEAN の名の下に，東南アジア諸国が協調して外向き志向で，互いに平和と安定，繁栄を重視し，ダイナミックな発展のためのパートナーシップと思いやりのある社会から構成された共同体を目指すとしている［ASEAN 1997b］．

なかった．次期議長国のシンガポールのジャヤクマル外相は，内政不干渉原則とコンセンサス(制)がASEANの協力の要だとして，次期AMMで議題として取り上げるつもりはないことを表明している［山影2001: 130-31］．

タイの提案が加盟国間の合意可能範囲を逸脱していることを十分に認識していた議長国フィリピンのシアソン外相は，非公式議題としてタイの提案を取り上げるという決定を下し，提案に反対する加盟国との利害調整をタイに任せた．利害調整を一任されたタイは，他の加盟国との協議を十分に行わず，提案に反対する加盟国の譲歩を引き出すような説得材料も提示できなかった．ASEAN諸国は，スリン外相が提案を事前にASEAN諸国と協議せずに公にしてしまったことに不満を表明している［*Asiaweek*, August 14, 1998: 32］．また，タイがいくら内政不干渉原則の変更ではないと主張しても，他の加盟国はタイの提案に合意すれば同原則を見直すことになると捉えて反対を表明し続けたのである．

(2) 内政不干渉原則の相対化とASEANトロイカの設置

こうしてタイの内政不干渉原則見直し提案は否決された．しかしその後，タイは同原則の柔軟な解釈を可能にする制度構築に取り組んでいる．すなわち，AMMの議長国に就任した後，1999年11月の第3回非公式首脳会議(マニラ)でASEANトロイカの設置を提案するのである．タイ提案によれば，ASEANトロイカとは，前・現・次期議長国の3カ国が地域の平和と安定のために役割を果たす制度である［月報1999年11月号: 176］[11]．

実は，このタイ提案以前に，ASEAN諸国はASEANトロイカと似通った取り決めに合意していた．ASEAN諸国は，カンボジアの加盟延期を決定した

---

10) 「一層の相互作用」は，内政不干渉原則の変更には反対したものの，地域秩序を乱す国内問題の存在を認識した上でアラタス外相が提案した用語である(アラタス氏，元インドネシア外務事務次官のヌグロホ氏へのインタビュー)．Haacke(1999: 582)はスリン外相のAMMでの開会スピーチを引用して，この「一層の相互作用」が採用されたと主張する．しかし厳密には，スリンは「一層の相互作用」という用語は使っておらず，「全ての国の利益のために加盟国間の相互作用を強化する(enhancing our interactions for the benefit of all)」と言及したのみである［Surin 1998］．

11) この制度のモデルはOSCEやEUにある．OSCEのトロイカ制度はOSCEの前身であるCSCEの制度をその起源とする．CSCEのトロイカ制度については吉川(1994: 231-32)，EUのトロイカ制度についてはHayes-Renshaw and Wallace(1997: 137-39)を参照．

1997年7月の非公式外相会議で，インドネシアを団長とし，フィリピンとタイが加わったASEAN特使をカンボジアに派遣することに合意する［毎日新聞1997年7月16日］．ただし当時のAMM議長国はマレーシアだったので，カンボジアに派遣されたASEAN特使は，タイが提案した「前・現・次期議長国」の構成にはなっていないし，この措置はカンボジア情勢悪化への臨時的な対応に過ぎなかった．しかし，タイのスリン外相は，1998年のAMMの開会スピーチのなかで，このASEAN特使を「トロイカ」と呼んだ［Surin 1998］．その後，同外相は，内政不干渉原則の見直し提案とトロイカ設置提案とが関連している点に言及している［*BP*, July 16, 2000］．このことからスリン外相は，1998年のAMMで内政不干渉原則見直し提案が否決された後も，ASEANとして加盟国の国内状況に一定の関与をすべきとの方針を持ち続けたといえる．

　タイのASEANトロイカ設置提案は，カンボジアに派遣されたASEAN特使の経験をもとになされたものであった．そうした経緯もあり，ASEAN諸国は提案がなされた非公式首脳会議でASEANトロイカの設置で原則合意し，詳細を詰める作業をSOMに指示した［月報1999年11月号：176］．しかしその後，ASEANトロイカの権限をめぐって加盟国は対立し，設置が危ぶまれる事態が生じた．強い権限を付与したいタイに対して，新規加盟国やインドネシア，マレーシアから実効的な機能を付与することについて消極姿勢が相次ぎ，ASEANトロイカはアドホックにとどまり，制度化されてはならないとする意見も出された［*JP*, July 25-26, 2000; *Star*, July 28, 2000; *NST*, July 22, 2000］．そこで，タイはトロイカの権限についてはそうした反対意見に譲歩することで，ひとまず設置を実現することを優先させた．その結果，タイが議長国を務める2000年7月のAMM（バンコク）でASEANトロイカが正式に設置されたのである．設置を規定した文書ではASEANトロイカを，地域の政治・安全保障にとって共通の脅威となるような諸問題が発生したとき，ASEANとして迅速に対応できる制度と定める一方，トロイカの実施にあたっては「コンセンサス（制）と内政不干渉原則に従う」ことが明記された［ASEAN 2000b; 2003: 91-93］．弱い権限ではあるが，ASEANトロイカが設置されたことは，1998年の内政不干渉原則見直し提案と比べれば，タイの意向が反映された合意だといえる．

表5　1990年代のAMMを中心とした利害調整の帰結と議長国

AMM	議長国	利害調整パターン	利害調整の帰結	適合性
1997	マレーシア	a	ミャンマーの加盟承認	○
1998	フィリピン	c	内政不干渉原則の見直しに対する合意不成立	○
1999	シンガポール	b	カンボジアの加盟承認	△
2000	タイ	a	ASEANトロイカの設置	○

出所：筆者作成

4．小括——議長国制度の持続

　以上，前章と本章では，1990年代にASEAN諸国間の利害が対立した事例を取り上げ，議長国の議事運営と合意形成の関係を分析した．以下では，第1章で提示した利害調整パターン(図2)との適合性を検証する(表5)．ここでも適合性の検証は二つの指標にもとづいて行った．第一の指標は，利害調整の「過程」において，提案側が説得材料を提示しようとしたか，あるいは，協議を継続するかどうかを議長国が判断したかどうかである．第二の指標は，利害調整の「結果」が利害調整パターンの想定に合致しているかどうかである．この二つの指標にもとづいて事例がパターンに適合する場合には○を，適合しない場合には×を付し，どちらかの指標において利害調整パターンと適合しない場合は△で表示した．

　利害調整パターンaは，議長国が提案側となり，提案について合意を成立させる場合である．ミャンマーの加盟承認(1997年)とASEANトロイカの設置(2000年)の事例がこのパターンに該当する．この二つの事例は，もし仮に議長国制度がなかったとしたら，早期加盟反対派や強い権限のトロイカ設置に反対する加盟国の拒否権が重視される結果，合意不成立となった可能性が高い．

　1997年のAMMでミャンマーが加盟することになったのは，議長国マレーシアが「1997年のAMMでミャンマー加盟を実現する」という提案を行い，提案に反対する加盟国を様々な方法で説得した結果である．マレーシアは，1997年のAMMでミャンマーの加盟を承認し，ASEAN10を実現することでASEAN設立30周年を祝うという目標を議長国就任前に設定する．目標実現のため，マレーシアはいくつかの方法を利用した．1997年のミャンマー加盟

承認という合意に大きく貢献したのは，1996年11月の非公式首脳会議の議長国インドネシアの協力をマレーシアが得たことである．この非公式首脳会議でミャンマーを含む3カ国の同時加盟に合意したことは，1997年のAMMにおける加盟承認に向けた大きな一歩だった．最終的には，マレーシアがミャンマーに民主化を進めるように説得し，ミャンマーからある程度の確約を取り付けることを条件に，早期加盟に反対していた加盟国は譲歩した．

　タイの内政不干渉原則見直し提案は，同国が議長国となった2000年のAMMにおいてASEANトロイカの設置という形で一部実現したといえる．提案側で議長国のタイは提案反対側の加盟国にトロイカの権限に制約を加えるという形で譲歩したが，設置が実現したことはタイにとって不利にならない合意ととらえられる．

　利害調整パターンbは，議長国が提案反対側となり，自国の利害に沿った説得材料を提示するように提案側に求め，提案側の対応次第で協議継続の是非を判断するものである．このパターンとの適合性を検証する対象としてカンボジアの加盟承認(1999年)が挙げられる．この事例の提案側は，上院設置を待たずにカンボジアを加盟させることを主張したインドネシアなどの加盟国であり，議長国のシンガポールは上院設置が加盟の条件と主張して提案反対側となった．シンガポールは，上院の設置を見届けてはじめて加盟式典の準備に同意する．上院設置後にカンボジアの加盟が承認されたことは，早期加盟慎重派のシンガポールの主張に沿うものであった．

　しかし，厳密には，この加盟承認は，提案側(早期加盟積極派)が提案反対側(早期加盟慎重派)に説得材料を提示した結果もたらされたものではない．カンボジアの加盟が承認されるのは，同国の国内政治情勢が上院設置という形で好転し，提案反対側である早期加盟慎重派の主張する加盟承認の条件を満たしたからである．その意味で，この事例と利害調整パターンbとの適合性には一定の留保が付される．また，この結果は，議長国制度が不在で加盟諸国が「各国の拒否権重視」という適切性の基準に従っていた場合でも得られた可能性がある．拒否権を行使してきたシンガポールは，カンボジアにおける上院設置によって，拒否権を行使する必要がなくなったと捉えられるからである．仮に1999年のAMM開催までにカンボジアで上院が設置される見込みが立たなか

4. 小括

ったとしたら，シンガポールは拒否権を行使しつづけただろう．ただし，議長国が協議の継続あるいは打ち切りを判断する立場にあった点は指摘できる．議長国シンガポールがカンボジアの加盟承認を協議する会議をなかなか開催しなかったことは，この問題に関する協議を一時中断したととらえることができる．ベトナムなど他の加盟国はこの議長国の議事運営を尊重している．

利害調整パターンcは，議長国が提案側でも提案反対側でもない場合である．この場合，議長国は，積極的に利害調整に参画するか，利害関係諸国同士の利害調整に結果を委ねるか，あるいは合意が難しいと判断する場合には協議を打ち切るかを選択する．1998年の内政不干渉原則の見直しに対する合意不成立がこのパターンに該当する．この問題は，タイが提案側となり，議長国フィリピンは利害中立的な立場をとった．フィリピンは，一加盟国としてタイの提案に賛同する一方，議長国としては協議を静観する構えをみせて，利害調整をタイに一任する．フィリピンはタイの提案に対して協議を打ち切るという判断こそしなかったが，タイの提案に対して加盟国が同意することは難しいと判断したのである．この点は，フィリピンがタイ提案をAMMの非公式議題としたことからうかがえる．逆に言えば，フィリピンは，タイ主導の利害調整が功を奏し，反対した加盟国の同意が得られれば，AMMの成果の一つとして発表する用意があったということである．しかし，タイが提案に反対する加盟国との協議を十分に行わず，説得材料を提示できなかったことで，内政不干渉原則の見直しを主張した同国の提案は否決される結果となる．

内政不干渉原則見直し提案が否決されたという結果は，議長国制度が成立しておらず，加盟諸国が「各国の拒否権重視」という適切性の基準に従っていた場合でも観察し得る．しかし，議長国制度がなかったならば，内政不干渉原則の見直しについて協議そのものが継続しなかった可能性が高い．同原則の見直しに反対する声は根強かった．議長国制度が成立していなければ，利害調整において各国の拒否権が重視されるため，反対派の加盟国は拒否権を行使して，早い段階で協議を打ち切ることが可能だったはずである．

1990年代には，公式および非公式首脳会議の合意内容や首脳会議の議長国の立場がAMMの議長国の議事運営に一定の影響を及ぼしていたことが確認された．特に，1995年の第5回首脳会議と1996年の第1回非公式首脳会議の

結果は，1997年のミャンマー加盟承認に大きく影響したといえる．第5回首脳会議でASEAN10の実現に向けて努力することが謳われたことで，マレーシアは1997年のASEAN設立30周年をASEAN10の実現で祝うという政策目標を設定することになった．第1回非公式首脳会議において3カ国同時加盟という合意が成立したことは，首脳会議の議長国インドネシアの采配に依るところが大きい．この首脳会議での合意によって，マレーシアは1997年にミャンマーの加盟を承認するための議事運営を展開しやすくなったのである．

終 章　国際合意の形成と議長国制度

　本書は議長国制度が利害調整のルールとして機能する点を，ASEAN の合意形成を事例に示した．その主張は，議長国制度のもとでは，拒否権が行使されにくい傾向にあることと，利害調整の帰結は議長国の不利にならない場合が多いことである．終章では，分析結果を総括するとともに，現在の ASEAN についても議長国制度が機能している点を説明する．また，ASEAN 以外のレジームにおいて，議長国制度が利害調整ルールとして機能する可能性について検討する．最後に，ASEAN が主権国家間の協力形態を体現していることをふまえ，ASEAN の合意形成が国際合意形成のモデルとしてとらえられる点を示す．

1. 拒否権の不行使と議長国に不利にならない帰結

　本書は，政治・安全保障分野における ASEAN の合意形成過程を議長国の議事運営に注目して分析することで，議長国制度が「利害の一致箇所」を決めるための制度である点を示すことをめざした．本書の主張は，制度の存在下では，不在のときと比べて，合意形成に際し，第一に拒否権行使自制の傾向があること，第二に議長国にとって不利な結果にならない傾向があることの二点である．
　第一の主張に関して，議長国制度の成立は，加盟国が従うべき利害調整に関する適切性の基準の変更を意味する点を指摘した．議長国制度の成立によって加盟国は，利害調整において「各国の拒否権重視」よりも「説得材料の提示による拒否権の不行使」のほうが適切だとみなすようになる．この新しい基準は，議長の議事運営に関する正統性によって支えられる．議長国の役割は，説得材料の提示が可能になるような状況，つまり協議の場を作り出すことである．本書は，「説得材料の提示による拒否権の不行使」という適切性の基準に ASEAN の加盟国が従ってきた点を，外相会議である AMM における意思決定を事例に明らかにした．

議長国制度は，ASEAN 諸国が AMM を意思決定の場として捉えるようになった結果，合意成立を容易にするために導入した，利害調整に関する制度だと考えられる．ASEAN 諸国は，ASEAN 設立当初，AMM を意思決定の場というよりは，外相同士が直接話し合うことで互いの信頼感を高めていく場とみなしていた．その後，1970 年代中盤から後半にかけて，AMM の共同声明の形式が変化し，AMM の準備会合として SOM の制度化が進んでいったことは，ASEAN 諸国が AMM を意思決定の場として捉えるようになったことを示唆している．こうした変化とともに，議長国制度が成立していったと考えられる．

AMM の議長国制度は，議長国担当ルールが確立したと考えられる 1974 年頃に成立した．適切性の基準が変更された兆しを最初に確認できるのが，1974 年の AMM での合意である．この AMM の議長国だったインドネシアは，自国に事務局を誘致するために同じく誘致を希望するフィリピンと協議をつづけ，自国の誘致に成功している．AMM の直前まで両国の協議が続いたのは，この問題でインドネシアが協議を継続させるという判断をしたからである．

ただし，1974 年の AMM における決定で適切性の基準が「各国の拒否権重視」から「説得材料の提示による拒否権の不行使」に変化した兆しがみられたにせよ，その基準が十分に加盟国間に定着したことが分かるのは，1980 年代におけるベトナムに対する ASEAN 方針の策定過程においてである．カンボジアに侵攻したベトナムに対して，ASEAN 内では強硬派と柔軟派が対立した．強硬派と柔軟派は，議長国の担当機会を利用する形で，さまざまな提案をおこない説得材料を提示することで，あるいは，提案に関する協議を継続するという判断をすることで，合意形成を主導した．説得材料を提示しようとする議長国あるいは非議長国の行為は，説得材料を提示できたかどうかはともかく，「説得材料の提示による拒否権の不行使」という適切性の基準に従っている証左である．また，ある提案に対して協議を継続する，あるいは打ち切るという議長国の行為も，説得材料が提示される状態を維持するかどうかを判断していると考えられることから，この適切性の基準にもとづくものであるといえよう．

1980 年代を通じて定着したこの適切性の基準は，1990 年代にも維持されたとみなすことができる．すなわち，1970 年代半ばに成立したと考えられる議長国制度は，1980 年代に定着し，1990 年代に維持されたといえる．特に，

「1997 年にミャンマーの加盟を承認する」という合意を形成するにあたり，1997年の AMM の議長国マレーシアは，加盟承認に消極的な加盟国にさまざまな説得材料を提示し，ついに加盟を実現させた．このように，議長国制度の下で加盟国の拒否権不行使（自制）が働くようになったのである．

　本書の第二の主張は，AMM の議長国制度を活用して決められた「利害の一致箇所」が少なくとも議長国の不利にならないものになる点である．その理由は，議事運営上，議長国に強い権限が与えられていることにある．具体的には，議長国は，ある提案について協議を継続するかどうかを判断できる立場にある．加盟国が議長を担う議長国制度のもとでは，議長国はこの権限を自国の利害に照らして行使できる．強い権限が与えられた背景には，ASEAN 自体の制度的特徴がある．少ない加盟国で運用する輪番制によって特徴づけられる AMM の議長国制度のもとで，加盟国は自国利益反映の手段として議長国担当機会を最大限に活用することを互いに了解したと考えられる．

　本書では，議長国の議事運営と利害調整の帰結との関係を，三つの利害調整パターン（図2）を提示することで明らかにした．利害調整の帰結には，提案に対する合意成立（およびその内容）と合意不成立がある．

　利害調整パターン a は，議長国が提案側の場合で，議長国自らが妥協案を示す，あるいは提案反対側からの修正や留保に応じるといった説得材料を提示することで，提案反対側の非議長国に反対意見の表明を控えさせる努力を払う．非議長国は，提示された材料が，自国の利益を反映しているかだけでなく，その時置かれた様々な状況などからみて妥当性を有しているかどうかで譲歩するかどうかを判断する．ただし，提案について合意を成立させるための協議を継続するかどうかは，議事運営者である議長国に委ねられる．議長国が提案側であるということは，議長国がその提案について合意を成立させたいという意図を持っていると考えられる．そのため議長国は，場合によっては会議の当日まで協議を継続させ，説得材料を提示する機会を作り出すことが想定される．非議長国は，協議に応じるという選択しかできず，説得材料の提示を幾度となく受ける立場に置かれやすい．したがって，時間の制約はあるものの，議長国が説得材料を提示する環境が整えられ，最終的には議長国の提案について合意が成立しやすくなる．

利害調整パターンbは，議長国が提案反対側に立つ場合である．議長国は，提案側の非議長国から説得材料を提示される立場になる．議長国の意向に沿った説得材料の提示がなされれば，合意が成立する．なされない場合には，議長国は協議を中断して提案を会議の議題から外すことも可能である．その場合には，非議長国の提案について合意は成立しないという結果がもたらされやすい．

利害調整パターンcは，議長国が提案側でも提案反対側でもない場合である．議長国は，非議長国の提案について加盟国間の利害対立が先鋭化し，合意の成立が不可能だと判断する場合には，協議を打ち切ることができる．合意が可能だと判断した提案については，議長国は基本的に協議を継続し，利害関係を持つ非議長国同士の調整に結果をゆだねるか，中立的な立場あるいは提案側を支持する立場で利害調整に関与する．利害調整の帰結としては，提案側の非議長国が説得材料を提示できれば合意が成立し，合意内容は提案した非議長国にとって不利にならないものとなるが，提示できなければ合意不成立となる．利害調整の帰結と議長国の利害とは直接的に関係がない．しかし，合意不可能な提案を事前に排除することによって，議長国は利害対立が先鋭化して会議に対する評価が下がるのを回避できる．

表6では，実証部分を総括し利害調整パターンとの適合性を示した．まず，各事例において議長国がどの立場であったか(提案側あるいは提案反対側，そのどちらでもない)で，利害調整パターンを特定する．次に，特定した利害調整パターンに事例が適合するかどうかを二つの指標にもとづいて検証した．第一の指標は，利害調整の「過程」において，提案側が説得材料の提示を試みたか，あるいは，協議を継続するかどうかを議長国が判断したかである．第二の指標は，利害調整の「結果」が利害調整パターンの想定に合致しているかである．この二つの指標にもとづいて事例がパターンに適合する場合には○を，適合しない場合には×を付した．どちらかの指標において，利害調整パターンの想定と合致しない場合は，適合性に留保が付されるため△で表示した．

利害調整パターンaに適合する事例は，カンボジアの連合政府樹立支援やASEANアピールなど6事例である．議長国が提案側となったということは，そのイッシューについて議長国が利害を有していることを意味する．提案側の議長国は，提案反対側の非議長国が譲歩できるように説得材料の提示を試みた．

表6 AMMの議長国と利害調整の帰結

AMM	議長国	利害調整パターン	利害調整の帰結	適合性
1974	インドネシア	a	事務局をジャカルタに設置	△
1976	フィリピン	b	事務局の権限強化について合意不成立	△
1977	シンガポール	b	事務局の権限強化について合意不成立	△
1980	マレーシア	a	クアンタン原則への合意不成立	△
1981	フィリピン	c	連合政府樹立に向けた話し合いを歓迎，武器援助への合意不成立，地域会議の可能性	○
1982	シンガポール	a	連合政府樹立を支援	○
1983	タイ	b	5プラス2方式会合について合意不成立	○
		a	30キロ撤退案の承認	○
1984	インドネシア	a	ASEANアピール	○
1985	マレーシア	a	間接対話構想	○
1986	フィリピン	c	カクテル・パーティー案への合意不成立	○
1987	シンガポール	b	カクテル・パーティー案への合意不成立	○
1988	タイ	b	JIM開催合意	○
		a	和平計画への合意不成立	×
1989	ブルネイ	c	部分的解決案への合意不成立	○
1997	マレーシア	a	ミャンマーの加盟承認	○
1998	フィリピン	c	内政不干渉原則の見直しに対する合意不成立	○
1999	シンガポール	b	カンボジアの加盟承認	△
2000	タイ	a	ASEANトロイカの設置	○

出所：筆者作成

　説得材料のなかには議長国が自国の利益に反しない範囲で提案反対側からの修正案や留保に応じるということもあった．重要なのは，説得材料が提示されるために必要な協議を継続するかどうかは，議長国の判断に委ねられたという点である．提案側の議長国は，会議が開催されるぎりぎりまで協議を続けることができたため，合意が成立する可能性が高くなったと考えられる．

　一方，利害調整パターンaに適合しないか，適合性に留保が付される事例もあった．事務局の設置とクアンタン原則への合意不成立，カンボジア和平計画への合意不成立がこれに該当する．事務局の設置（1974年）は，議長国の意向通りに合意が成立しているため，利害調整の結果からいえば，利害調整パターンaに適合しているといえる．しかし，事務局の設置が合意される過程については，利害調整パターンaとの適合性に留保が付される．議長国インドネシアは事務局の設置問題に関する協議を継続させたが，自国に事務局を誘致するために，同じく事務局の誘致を希望していたフィリピンに説得材料を提示したか

を確認できなかったからである．ただし，説得材料を提示した可能性は指摘できる．1974年のAMMの共同声明には，事務局設置場所の決定とともにASEAN憲章の策定を検討することも盛り込まれた．ASEAN憲章の策定は以前からフィリピンが提案していたものである．このことから，インドネシアはASEAN憲章の策定に取り組むことに同意することを説得材料として，フィリピンに事務局設置で譲歩を求めた可能性がある．こうした材料がなければ，フィリピンは，1973年のAMMと同様に，インドネシアの事務局誘致提案に拒否権を行使した可能性が高いからである．

他方，クアンタン原則に対する合意不成立（1980年）とカンボジア和平計画に対する合意不成立（1988年）については，議長国（1980年はマレーシア，1988年はタイ）が提案反対側（1980年はタイ，1988年はインドネシア）に説得材料を提示できず，合意が不成立となっているため，利害調整パターンaで想定される結果に適合しない．合意不成立の原因は，提案に対して加盟国がどの程度譲歩が可能かという「合意可能な範囲」を議長国が見誤ったからである．合意可能な範囲は，提案が出されて形成されるものであり，合意可能な範囲を見定めるのも，議長国が合意成立に向けて取り組む作業の一つである．この作業の遂行を妨げる要因として，国際環境などの外的要因や時間的な制約などが考えられる．

ただし，この二つの事例は利害調整の過程という観点からは異なる分析が可能である．クアンタン原則の場合には，協議がAMM直前まで続けられ，議長国マレーシアがタイの安全保障に留意することを確認するなど説得材料の提示が試みられている．しかし，会議直前に起こったベトナム軍のタイ国境侵犯によって提案反対側だったタイの譲歩の余地が狭まってしまったことで，マレーシアが提示した材料は説得力を失ってしまった．したがって，この事例は，利害調整の結果としてはパターンaに適合していないが，過程では適合しているため，全体として適合性に留保が付される．一方，1988年のタイ主導の和平計画は，1988年のAMM開催の約1カ月前という段階で提示された．こうしたタイミングで提案が出されたのは，この和平計画について加盟国の賛同を容易に得られるとタイが判断したからかもしれない．これは，提案が出されてはじめて合意可能な範囲は特定されていくという点が過小評価された結果であ

る．こうしたことから，タイは計画に消極的なインドネシアに説得材料を提示すらしなかった可能性が高く，入手できた資料からもこうした行為は確認できなかった．したがって，この事例は，利害調整の結果だけでなく，過程においても利害調整パターンaに適合しない例といえる．

利害調整パターンbの対象となるのは6事例である．このうち合意が不成立となったのは，事務局の権限強化（1976-77年）と5プラス2方式会合（1983年），カクテル・パーティー案（1987年）である．議長国がある提案についてこのまま協議を続けても自国の不利になると判断した場合には，事実上協議は打ち切られ，議題から外される．1983年のAMMが開催される前に，5プラス2方式会合の提案に関する協議が議長国のタイの判断により打ち切られたのはその典型である．また，1987年のAMMでカクテル・パーティー案について合意が成立しなかったのは，提案側の非議長国インドネシアが説得材料を提示できなかったからである．議長国シンガポールはカクテル・パーティー案をAMMの議題にしないことを最終的に決定した．

ただし，事務局の権限強化に対する合意が不成立となった事例については，利害調整パターンbとの適合性には留保が付される．提案側のインドネシアが説得材料を提示したかどうか，そして議長国のフィリピンとシンガポールが協議を打ち切ったかどうかを確認できなかったからである．ただし，事務局の権限強化を提案したインドネシアが1977年のAMM議長国シンガポールに提案への支持を求めた事実は，議長国が協議を継続するかどうかの決定を行うことができたことを示唆する．この問題が話し合われたのは，議長国制度が成立したと考えられる頃から間もない時期であり，この時期には，議長国制度の成立にともなって共有されるようになった「説得材料の提示による拒否権の不行使」という適切性の基準が定着していなかった可能性がある．

一方，利害調整パターンbにおいて合意が成立した事例もある．JIM開催合意（1988年）とカンボジアの加盟承認（1999年）がこれに該当する．どちらの事例についても，提案反対側の議長国（1988年はタイ，1999年はシンガポール）にとって不利にならない合意となっている．

JIM開催合意は，開催を提案したインドネシアの外相交代をきっかけとして新外相が同国の立場を修正したことが説得材料となり，提案反対側で議長国の

タイが JIM 開催に拒否権を行使しなくなったことで成立した．インドネシア外相の交代によって，ベトナム寄りだったインドネシアの立場が修正されたのである．この修正によってインドネシア以外の加盟国による JIM 開催に向けた外交が可能となる．タイは自らソ連に働きかけてベトナムの JIM 参加を確保できたことで，JIM 開催に最終的に合意した．

　カンボジアの加盟承認は，結果的に議長国シンガポールの主張が通った形となった．しかし，利害調整パターン b との適合性には一定の留保が付される．加盟が実現したのは，早期加盟を主張する提案側が説得材料を提示したからではなく，カンボジアの国内状況の変化(上院の設置)によって，提案反対側だった議長国シンガポールが加盟承認に反対する必要がなくなったからである．

　利害調整パターン c に該当する事例は，1981 年と 1986 年，1989 年，1998 年の AMM である．このうち，カクテル・パーティー案(1986 年)やカンボジア紛争の部分的解決案(1989 年)，内政不干渉原則の見直し(1998 年)に対して合意が成立しなかったのは，提案側の非議長国が説得材料を提示できなかったからである．

　一方，1981 年の連合政府樹立に向けた話し合いを歓迎するという合意と地域会議の可能性を排除しないという合意，および武器援助への合意不成立は，議長国フィリピンの議事運営の結果である．フィリピンは，カンボジア紛争に利害中立的だったが，このときは対ベトナム強硬派の意向を重視した．連合政府樹立に向けた話し合いを歓迎するという合意は，こうした議長国の姿勢のもとで，提案側で強硬派のシンガポールが提案反対側のインドネシアに対して説得材料を提示した結果であり，その内容は強硬派の利益を反映している．

　一方，地域会議の可能性を排除しないという合意は，フィリピンが強硬派の意向に反しない範囲で，インドネシアなどの柔軟派の意向を汲んだ結果である．これは，提案について利害を有しない議長国が，加盟国間の利害調整に中立的な立場で参画した例である．そして，武器援助に対する合意が成立しなかったのは，フィリピンが早い段階で合意が難しいと判断し，協議を打ち切ったからである．合意不可能な提案を議題から外すという行為は，利害対立の先鋭化で会議の結果に対する評価が下がることを回避するために議長国が展開した議事運営である．

表6のなかで，合意が成立した事例については，議長国制度が存在しなかったならば異なる帰結がもたらされたと考えられる．合意が成立するために必要な拒否権の不行使は，議長国制度が存在しない場合に支配的な「各国の拒否権重視」という適切性の基準の下では観察されないからである．

　一方，合意が不成立となった事例については，議長国制度が仮に成立していなかったとしても結果は同じだった可能性が高い．提案に反対する加盟国が拒否権を行使する結果，合意が成立しないことが考えられるからである．ただし，説得材料の提示が試みられたこと自体は，加盟国が「説得材料の提示による拒否権の不行使」という適切性の基準にしたがっていることを示唆する．

2．2000年以降のASEANと議長国制度の持続

　本書の分析対象期間は1990年代までである．しかし，2000年以降のASEANにおいても議長国制度は重要な利害調整ルールとして機能していると考えられる．というのは，意思決定に関してASEANというレジームの特徴に基本的な変化がないからである．

　ASEANの意思決定の中核は，依然として全加盟国が参加する定例会議であり，常設機関である事務局は意思決定において実質的な権限を与えられていない．また，ASEANでは，引き続きコンセンサス制が採用されている．こうしたASEANの意思決定の特徴は，設立条約に相当するASEAN憲章が制定された(2008年に発効)後も変わっていない．憲章策定にあたって設置された賢人会議(EPG)は，多数決の導入や憲章違反に対する制裁の強化などの新しい仕組みを提案したが，結局，加盟国間の合意には至らなかった［鈴木2007］．

　ASEAN憲章は，基本的にはASEAN諸国が慣習として採用してきたルールや原則の一部を明文化したものである．そのため，ASEANの意思決定の中核が全加盟国参加の定例会議にあり，常設機関には意思決定における実質的権限は与えられていない点が憲章の規定でも確認できる．憲章では新たな常設機関として，ジャカルタに常駐する各国の代表によって構成される「ASEAN常駐代表委員会(CPR)」が設置されたが，加盟国間の連絡や調整が主な機能であり，意思決定において実質的権限は付与されていない．CPRは，AMMの準備会合

だった ASC を常設化したものである［鈴木 2011］. 第 1 章で述べたように, 1970 年代半ばから ASC に代わり SOM が実質的な AMM の準備会合として機能するようになり, ASC は形式的に AMM の各種準備会合を統括することになった. したがって, ASC に代わる CPR も意思決定において実質的な権限は与えられていないといえる. 一方, 憲章発効後も AMM の準備会合として重要な意思決定の場である SOM は常設化されず, 政府間会合として機能し続けている. また, 憲章は, ASEAN 設立から慣習として採用されてきたコンセンサス制を明記する一方で, コンセンサス制の運用方法については十分に明文化していない. 関連する規定として, 憲章第 20 条第 2 項に「コンセンサスに至らなかった場合, 首脳会議が意思決定方法を検討する」とあるのみである.

　一方, 議長国制度については, 憲章で, 同一の加盟国が同一西暦年の ASEAN の主要会議の議長を担うことが明記された. 本書では AMM の議長国制度を取り上げたが, 2008 年以降は,「ASEAN の議長国制度」とよびうるものができたといえよう. また, 憲章では, 加盟国の英語表記のアルファベット順による輪番制という議長国担当ルールが初めて明文化された. つまり, 2008 年以降, 議長国制度は不文律の制度から明文化された制度へと変化しつつあるといってよい. ただし, 利害調整における議長国の役割や議事運営上の権限など, 制度の特徴については明文化されないままである. したがって, 議長国制度は, その特徴として不文律の側面を残しているといえる. この点は, ASEAN というレジームがいまだに意思決定手続きを十分に明文化していない点と符合する.

　議長国制度が不文律の制度として長く機能しつづけてきた点は本書が実証したとおりである. 議長国担当ルールの明文化によってその形態に変化がみられた後も, 意思決定に関して ASEAN というレジームの特徴が変わらない限り, 議長国制度は重要な利害調整ルールとして機能すると考えられる. 実際, 2000 年以降も, 議長国は利害調整に重要な役割を果たしてきた. 2003 年末, 首脳会議の議長国だったインドネシアが, ASEAN というレジームに新たな方向性を与えたことはよく知られている. インドネシアは 1998 年以降の民主化が一段落したのを機に, 議長国として民主化を一つのテーマに掲げて ASEAN 第二協和宣言の発表を主導した. この協和宣言では, ASEAN の公式文書としておそらく初めて「民主的」という言葉が用いられている. ASEAN 諸国のなかに

は民主主義国家でない国もあるため，民主的という用語を文書に盛り込むかについて加盟諸国間の対立があったものの，インドネシアの強いイニシアティブのもと文言として残ったのである［湯川 2011］．

2005 年には，首脳会議の議長国マレーシアが，ASEAN＋3 と東アジアサミットの役割分担について加盟諸国間および域外諸国の利害対立があるなかで，自国の意向を結果に反映させている．東アジアサミットは 2005 年から開始され，ASEAN＋3 諸国に加え，豪州とニュージーランド，インドが参加し，2011 年にはロシアと米国も参加することになった広域の地域制度である．2005 年に問題となったのは，かねてから議論を呼んでいた「東アジア共同体」を推進する母体を ASEAN＋3 にするのか，東アジアサミットにするのかという点であった．いいかえれば，東アジア地域協力の中核になる制度はどちらかという問題ともいえる．マレーシアは中国などとともに，ASEAN＋3 が中核的な制度になると主張し，反対国への説得を重ね，一部妥協をしながらも，公式文書でその方針を明記することに成功した［鈴木 2006］．

また，2012 年の AMM では，ASEAN の歴史上，初めて共同声明が発表されないという事態が発生した．これは，一部の ASEAN 諸国が係争国となっている南シナ海問題で，議長国カンボジアが中国重視の姿勢を堅持し，共同声明の文言作成について一歩も譲らない姿勢を示したためである．係争国であるフィリピンやベトナムは，中国の行動を非難する文言を入れることを主張し，カンボジアと対立した．数々の文言案が提示されたものの，その提案を議長国カンボジアが採用することはなかった［朝日新聞 2012 年 7 月 14 日］．このことは，議長国に議事運営上の強い権限があることを示している．

なお，議長国担当ルールからの逸脱が折に触れて合意されている．第一の逸脱事例は，2005 年にミャンマーが AMM の議長国を辞退したことである［AMM 2005］．ルールに従えば，ミャンマーは 2006 年後半から 2007 年前半にかけて AMM の議長国を務める予定だったが，国内問題に専念するという理由で議長国を辞退した．辞退の背景には，ミャンマーにおける人権侵害や民主化の遅れを理由に，欧米諸国がミャンマー主催の会議には出席しないと表明したことにある．欧米諸国のこうした姿勢に他の加盟国が域外関係の悪化への危機感を強め，ミャンマーに議長国辞退を要請したのである［鈴木 2006］．ミャンマーの

辞退を受け, 2006年後半からはフィリピンがAMM議長国を担当した.

第二の事例は, 2011年のASEAN議長国がブルネイからインドネシアになったことである. ルールに沿えばブルネイが担当する年だったが, 2013年に担当予定のインドネシアが, 2013年にはAPEC議長国を担当する年であるという理由で, ブルネイに担当時期の交換を持ちかけた [*JP*, April 10, 2010]. 他の加盟国は, このような交換が先例とならない点を確認したうえで, インドネシアの提案を了承している [ASEAN 2010]. こうして2011年はインドネシア, 2012年はカンボジア, 2013年はブルネイがASEAN議長国を担当した.

第三の逸脱事例は, 2014年にミャンマーが議長国を担当することになったことである. 2014年の議長国は, ルールに従えばラオスが担当する予定であり, ミャンマーには2016年に再び担当機会が訪れるはずだった. しかし, 2005年にミャンマーが議長国を辞退した際, 共同声明で「ミャンマーは準備が整い次第, 議長国を担当することができる」との合意が明記されており [AMM 2005], この合意を受けて, 2011年, ミャンマーは民主化の進展を背景に議長国への就任を申し出る. 同国の民主化進展を評価するという形で, 加盟諸国は, 2016年を待つことなく, 2014年にミャンマーが議長国を担当することに合意したのである [ASEAN 2011].

前述のように, 議長国担当ルールは2008年に発効したASEAN憲章で明文化された. したがって, 第一の逸脱事例は議長国担当ルールが不文律の制度であったときであり, 第二, 第三の逸脱は明文化された制度となった後に合意されている. この点をふまえると, ASEAN諸国は不文律か明文化されているかに関わらず制度を柔軟に運用してきたといえよう.

3. 国際政治における議長国制度の有用性

本書は, ASEANというレジームにおいて, 議長国制度が利害調整に関する不文律の制度として機能してきたことを明らかにした. 議長国制度は「利害の一致箇所」を決めるためのルールである. この制度の有用性を示すことは, レジーム論に基づく分析が持つ問題の解決に重要な貢献をなしうる. 暗黙裡の制度を視野に入れていた点で新しい分析視角を提供したはずのレジーム論は, 実

3. 国際政治における議長国制度の有用性

証分析において不文律の制度を重視してこなかったからである．この点は，レジームと似通った概念を提示した国際制度論においても同様である．

議長国制度はASEANだけでなく多くのレジーム(より正確にはレジーム内の定例会議)に存在し，その特徴はさまざまである[1]．たとえば，議長国担当ルールについて，同じ輪番制でも，EUの閣僚理事会(外務理事会を除く)の議長任期は半年で，米州機構(OAS)の常設理事会(総会の準備組織)の議長の任期は半年以内となっている．一方，G8サミットは1年を任期とする輪番制を採用し，加盟国数も8カ国(とEU代表)と，ASEANと似通っている．また，任期は1年という点ではASEANと同じでも，立候補制あるいは互選方式を採用しているのがアフリカ連合(AU)や西アフリカ諸国経済共同体(ECOWAS)，NAM，APECなどの首脳および閣僚会議である．これらのレジームが輪番制を採用していないのは，加盟国数が多いことと関係があろう．また，国連総会[2]や国連環境計画(UNEP)，国連開発計画(UNDP)などの国連関係機関の会議は選挙によって議長国が選出されるが，議長国に立候補する国は事前に地域ごとに輪番で出すことになっている［Tallberg 2010］．

これらのレジームの意思決定において議長国制度が利害調整ルールとして機能しているかどうかは，基本的には実証に委ねられる問題である．ただし，本書で示したように，この制度が利害調整ルールとして機能するためには，意思決定において議長国の議事運営が重視される制度的性質をレジーム内の定例会議が備えていることが前提となる．つまり，第1章で説明したように，定例会議が重要な意思決定(利害調整)の場になっており，会議の意思決定においてコンセンサス制が採用され，常設機関は意思決定に実質的な役割を有しない場合である[3]．

---

1) 以下に紹介する事例の組織的特徴については，各事例の設立条約と公式ホームページ，および外務省公式ホームページ内の各国・地域情勢を参照した．
2) 国連安全保障理事会の議長国は国名(英語表記)のアルファベット順に毎月交代するが，安全保障理事会は定例開催されていないので，そもそも議長国制度が成立する条件が整っていないといえる．
3) Tallberg(2010)は，コンセンサス制は多数決制よりも議長の影響力に制限を加えると主張するが，多数決制そのものが利害調整ルールである点を見落としている．表決に付すことで合意(多数派の意向)を導く多数決制のもとでは，合意を成立させるために議長が利害調整に関与する余地は狭まる可能性がある．また，議長の影響力を検証する上で，

この観点から先に挙げた事例を検証すると，EUやOASでは，多数決制が多用される傾向にあるため，利害調整ルールとしての議長国制度の効果は限定的といえる．加えて，EUでは欧州委員会などの常設機関が意思決定に一定の役割を果たすため，議長国がEUの政策に与える影響は小さいと考えられる．この点は既存研究でも指摘されているだけでなく（第1章第2節参照），2009年以降さらに説得力をもつようになった．EUでは，加盟国の増加を受けて策定されたリスボン条約が2009年12月に発効し，意思決定に関する機構改革が実施された．まず，意思決定に多数決制がより多く採用されることとなった．また，政治的に重要な会議である欧州理事会（首脳会議に相当）と外務理事会（外相会議に相当）の議長が輪番制の議長国ではなく，常任となった．言い換えれば，WTO事務局長のように国ではなく個人が議長に任命されるということであり，議長が常設機関化したといってよい．

　一方，AUやECOWAS，APEC，G8サミット，NAMの定例会議では，常設機関が意思決定に実質的に関与することはまれである．これらのレジームでは，議長国制度が利害調整ルールとして機能している可能性が高い．ただし，コンセンサス制の採用については，これらのレジームでばらつきがある．ECOWASの設立条約では，全会一致制と多数決，コンセンサス制を採用するとされており，実際にコンセンサス制がどの程度採用されているかは実証する必要がある．また，コンセンサス制を基本とし，合意が成立しない場合には三分の二の多数決を採用するのがAUである．そして，ASEANと同様にコンセンサス制のみを採用するのがAPECやG8サミット，NAMなどの定例会議である．

　ただし，本書で示したように，議長国の議事運営上の権限が強いのか弱いのかは，レジームの定例会議ごとに検討する必要がある．議長の権限の強弱は，議長国担当ルールや加盟国数，加盟国間関係，加盟国が意思決定において共有する価値観などの要因で決まる[4]．ASEANの場合には，加盟国間の平等性が重視され，輪番制が採用された点や加盟国数が限られる点をふまえ，本書では

　　利害が対立した議題を取り上げていないという実証上の問題もある．
　4) Tallberg(2010)は，合意形成の結果に対する議長国の影響力について議長国担当ルールに着目し，選挙方式よりも輪番制のほうが影響力は大きいと主張する．しかし，この主張は十分な実証に基づいていない．

議長の権限は比較的強いと推論し，実証分析を試みた．一方，立候補制あるいは互選方式を採用する ECOWAS では，ECOWAS 内の大国であるナイジェリアが議長国を担う頻度が高い．このことが議長の権限の強弱にどう影響するのかについては，加盟国が共有する価値観などを検討する必要があろう．ASEAN の場合は，ASEAN 内の大国インドネシアの主導が抑制されてきた．一方，ECOWAS の場合は，その他の加盟国が大国ナイジェリアの主導を支持するという価値観を共有しているのかもしれない．そうであれば，議長国の権限は強いものになる可能性がある．

　議長国制度はまた，ASEAN が位置するアジアのレジームの分析に有用な視角を提供すると考えられる．その理由の一つは，アジア太平洋や東アジア地域のレジームには，ASEAN の制度的特徴を採用したものが多いということである．具体的には，APEC の他に ARF や ASEAN＋3，東アジアサミットなどが挙げられる．特に ARF や ASEAN＋3，東アジアサミットでは，しばしば ASEAN が「運転席に座る」といわれる．つまり，これらのレジームにおける議長国制度には，ASEAN 諸国が議長国を独占するという特徴があるということである．この議長国制度を活用することで，ASEAN は，広域の地域制度のあり方に重要な影響を与えていると考えられるのである．

　アジアのレジーム分析に議長国制度が有用なもう一つの理由は，ASEAN というレジームが主権国家間で最も一般的な協力形態をとっており，その制度的特徴をアジアのレジームは共通にもっていると考えられることである．これは，アジア諸国が主権を重視する傾向にあることや，他の地域に比べ，アジアではレジームの形成が未発達だとされてきたことと関係がある．近年，この地域で次々と作られているレジームの多くは，形成初期段階にある．形成初期段階には，常設機関が肥大化せず，会議外交による協力が行われることが多い．つまり，コンセンサス制が採用され，全加盟国から構成される定例会議が主要な利害調整の場となることが多いのである．こうしたレジームのあり方に加盟諸国が心地よさを感じれば，こうした制度的特徴は維持され，議長国制度も重要なルールとして機能し続けるだろう．

　国際社会においてこれから誕生する多くのレジームも，少なくとも初期には ASEAN のような制度的特徴を備える可能性が高い．主権国家が平等な立場で

参加する会議においてコンセンサス制にもとづいて意思決定を行うことは，主権国家で構成される国際社会に一般的な方法である．複数の主権国家が新たな協力関係を築こうとするときには，こうした国際的に認められたルールを採用するのが一般的である．特に，主権を重視する国々が国家間協力を志向する際には，とりあえずどのような協力ができるか探っていく，あるいは共通の利益になる領域については集団的意思決定をしていくという形がとられることが多い．議長国制度は，主権国家システムや会議外交といった古くからある枠組みの上に成り立つ制度である．近年，主権国家の変容が議論され，新たなタイプの国際制度が生まれつつあるが，主権国家システムという構造が維持される限り，会議外交による利害調整を通じて国家間の合意ができていく形に基本的な変化はない．会議の議長に一定の役割があるという一般的な通念に支えられた議長国制度は，今後も重要な利害調整ルールとして機能する場が与えられ続けるだろう．

付表1 ASEAN の主要会議と開催日程

ASEAN 首脳会議

回	年月日	開催場所	議長国
1	1976/2/23-24	バリ	インドネシア
2	1977/8/4-5	KL	マレーシア
3	1987/12/14-15	マニラ	フィリピン
4	1992/1/27-28	シンガポール	シンガポール
5	1995/12/14-15	BKK	タイ
非公式(1)	1996/11/30	JKT	インドネシア
非公式(2)	1997/12/14-16	KL	マレーシア
6	1998/12/15-16	ハノイ	ベトナム
非公式(3)	1999/11/27-28	マニラ	フィリピン
非公式(4)	2000/11/22-25	シンガポール	シンガポール

ASEAN 年次閣僚会議 (AMM)

回	年月日	開催場所	議長国
1	1967/8/8	BKK	タイ
2	1968/8/6-7	JKT	インドネシア
3	1969/12/16-17	カメロン高原	マレーシア
4	1971/3/12-13	マニラ	フィリピン
5	1972/4/13-14	シンガポール	シンガポール
6	1973/4/16-18	パタヤ	タイ
7	1974/5/7-9	JKT	インドネシア
8	1975/5/13-15	KL	マレーシア
9	1976/6/24-26	マニラ	フィリピン
10	1977/7/5-8	シンガポール	シンガポール
11	1978/6/14-16	パタヤ	タイ
12	1979/6/28-30	バリ	インドネシア
13	1980/6/25-26	KL	マレーシア
14	1981/6/17-18	マニラ	フィリピン
15	1982/6/14-16	シンガポール	シンガポール
16	1983/6/24-25	BKK	タイ
17	1984/7/9-10	JKT	インドネシア
18	1985/7/8-10	KL	マレーシア
19	1986/6/23-24	マニラ	フィリピン
20	1987/6/15-16	シンガポール	シンガポール
21	1988/7/4-5	BKK	タイ
22	1989/7/2-4	BSB	ブルネイ
23	1990/7/24-25	JKT	インドネシア
24	1991/7/19-20	KL	マレーシア
25	1992/7/21-22	マニラ	フィリピン
26	1993/7/23-24	シンガポール	シンガポール
27	1994/7/22-23	BKK	タイ
28	1995/7/29-30	BSB	ブルネイ
29	1996/7/20-21	JKT	インドネシア
30	1997/7/24-25	KL	マレーシア
31	1998/7/24-25	マニラ	フィリピン
32	1999/7/23-24	シンガポール	シンガポール
33	2000/7/24-25	BKK	タイ

ASEAN 経済閣僚会議 (AEM)

回	年月日	開催場所	議長国
1	1975/11/26-27	JKT	インドネシア
2	1976/3/8-9	KL	マレーシア
3	1977/1/20-22	マニラ	フィリピン
4	1977/6/27-29	シンガポール	シンガポール
5	1977/9/2-4	パタヤ	タイ
6	1978/6/5-7	JKT	インドネシア
7	1978/12/14-16	KL	マレーシア
8	1979/9/7-9	マニラ	フィリピン
9	1980/4/21-23	シンガポール	シンガポール
10	1980/10/24-25	BKK	タイ
11	1981/5/29-30	JKT	インドネシア
12	1982/1/14-15	KL	マレーシア
13	1982/5/20-22	マニラ	フィリピン
14	1982/11/11-13	シンガポール	シンガポール
15	1983/10/17-19	BKK	タイ
16	1984/5/7-9	JKT	インドネシア
17	1985/2/7-9	KL	マレーシア
18	1986/8/28-30	マニラ	フィリピン
19	1987/9-11	シンガポール	シンガポール
20	1988/10/17-18	パタヤ	タイ
21	1989/11/30-12/1	BSB	ブルネイ
22	1990/10/29-30	バリ	インドネシア
23	1991/10/7-9	KL	マレーシア
24	1992/10/22-23	マニラ	フィリピン
25	1993/10/7-8	シンガポール	シンガポール
26	1994/9/22-23	チェンマイ	タイ
27	1995/9/7-8	BSB	ブルネイ
28	1996/9/12	JKT	インドネシア
29	1997/10/16	スバン・ジャヤ	マレーシア
30	1998/10/7-8	マカティ	フィリピン
31	1999/9/30	シンガポール	シンガポール
32	2000/10/5	チェンマイ	タイ

出所：ASEAN の年次報告書 (*Annual Report*), 山影 (1997b: 付録 2), ASEAN 事務局ホームページをもとに筆者作成.

注：BKK = バンコク, JKT = ジャカルタ, KL = クアラルンプール, BSB = バンダルスリブガワン.

山影 (1997b: 付録 2) では, 1989 年 8 月 2・3 日にブルネイで非公式の首脳会議が開催されたとある. しかし, ASEAN 事務局ホームページではこの首脳会議の開催記録はないため, 上記リストに含めなかった. また, AMM の開催日程については, *Annual Report* と山影 (1997b: 付録 2) で記載違いがあったため, 確定できるものについては, 公式文書である *Annual Report* の記載を優先した.

付表2　高級事務レベル会合(SOM)の開催日程

年	月日	開催場所	名称
1972	7/6-8	クアラルンプール	中立化を検討する高官委員会
	12/18-20	ジャカルタ	中立化を検討する高官委員会
1973	6/20-22	バギオ(フィリピン)	中立化を検討する高官委員会
1974	3/14-16	シンガポール	中立化を検討する高官委員会
1975	1/3-4	バンコク	中立化を検討する高官委員会
	1/6-8	パタヤ(タイ)	ASEAN事務局設置に関するSOM
	5/10-12	クアラルンプール	第8回AMM前のSOM
	5/13-15	クアラルンプール	第8回AMM
	9/15-17	シンガポール	首脳会議のためのSOM
	11/6	クアラルンプール	中立化を検討する高官委員会
	11/11-12	クアラルンプール	SOM
	11/12-13	クアラルンプール	中立化を検討する高官委員会
	11/14-15	クアラルンプール	首脳会議のためのSOM
1976	1/7	マニラ	中立化を検討する高官委員会
	1/8-10	マニラ	首脳会議のためのSOM
	2/5-6	バンコク	首脳会議のためのSOM
	2/18-19	ジャカルタ	首脳会議のためのSOM
	5/21-22	マニラ	組織改革に関するSOM(第1回)
	6/21-22	マニラ	組織改革に関するSOM(第2回)
	6/24-26	マニラ	第9回AMM
1977	6/1-4	マニラ	SOM
	7/4-5	シンガポール	SOM
	7/5-8	シンガポール	第10回AMM
	7/19	バンコク	SOM
	7/29-31	クアラルンプール	首脳会議のためのSOM
1978	6/11-12	バンコク	SOM
	6/14-16	パタヤ(タイ)	第11回AMM
1979	6/25-26	バリ(インドネシア)	SOM
	6/28-30	バリ(インドネシア)	第12回AMM
1980	6/21-24	クアラルンプール	SOM
	6/25-26	クアラルンプール	第13回AMM
	7/30-31	マニラ	SOM
	8/25-27	マニラ	SOM
1981	1/5-7	プエルトアズール(フィリピン)	SOM
	3/10-12	バリ(インドネシア)	組織改革に関するSOM
	6/13-16	マニラ	SOM
	6/17-18	マニラ	第14回AMM
	8/19-20	シンガポール	SOM
	11/12-13	シンガポール	組織改革に関するSOM
1982	5/20-21	シンガポール	SOM
	6/10-12	シンガポール	SOM
	6/14-16	シンガポール	第15回AMM
	7/30-31	バンコク	SOM
	12/2-3	バンコク	SOM
1983	5/30-31	バンコク	SOM
	6/21-23	バンコク	SOM
	6/24-25	バンコク	第16回AMM
	8/11-12	ジャカルタ	SOM
	11/4-5	ジャカルタ	SOM
	11/5-6	ジャカルタ	(特別外相会議11/7のための)SOM

付　表

年	月日	開催場所	名称
1984	1/4-6	ジャカルタ	SOM
	7/5-6	ジャカルタ	SOM
	7/9-10	ジャカルタ	第17回AMM
	12/27-28	バンコク	SOM
1985	1/25-26	ジャカルタ	SOM
	2/9	バンコク	SOM
	4/23	ジャカルタ	SOM
	5/12-13	バンダルスリブガワン	SOM
	5/28-29	バンコク	SOM
	6/24	クアラルンプール	SOM
	7/5-6	クアラルンプール	SOM
	7/8-10	クアラルンプール	第18回AMM
	11/29	チェンマイ(タイ)	非公式SOM
	12/12-13	マニラ	SOM
1986	1/13-14	マニラ	SOM
	4/3-5	マニラ	SOM
	4/27-28	バリ(インドネシア)	(特別外相会議4/28-5/1のための)SOM
	6/17-19	マニラ	SOM
	6/23-24	マニラ	第19回AMM
	10/17	ジャカルタ	SOM
1987	2/17-18	シンガポール	SOM
	5/7-8	シンガポール	SOM
	6/9-11	シンガポール	SOM
	6/15-16	シンガポール	第20回AMM
	9/8-10	バンコク	SOM
	12/12	マニラ	首脳会議のためのSOM
1988	4/4-5	ホアヒン, チャアム(タイ)	SOM
	6/2-3	バンコク	SOM
	6/30-7/2	バンコク	SOM
	7/4-5	バンコク	第21回AMM
	9/2-3	バンダルスリブガワン	SOM
	12/21-22	バンコク	SOM
1989	5/26-27	バンダルスリブガワン	SOM
	7/2-4	バンダルスリブガワン	第22回AMM
1990	1/13-14	ジャカルタ	SOM
	2/12	クチン(マレーシア)	SOM
	7/20-22	ジャカルタ	SOM
	7/24-25	ジャカルタ	第23回AMM
	9/4-6	クアラルンプール	SOM
	12/4-6	ペナン(マレーシア)	SOM
1991	5/13-15	クアラルンプール	SOM
	7/16-17	クアラルンプール	SOM
	7/19-20	クアラルンプール	第24回AMM
1992	1/18-19	シンガポール	首脳会議のためのSOM
	4/9-10	マニラ	SOM
	6/25-26	マニラ	特別SOM
	7/17-19	マニラ	SOM
	7/21-22	マニラ	第25回AMM
1993	1/12-14	シンガポール	SOM
	5/18-19	シンガポール	SOM
	7/19-21	シンガポール	SOM
	7/23-24	シンガポール	第26回AMM

付表

年	月日	開催場所	名称
1994	1/18-20	バンコク	SOM
	3/7-9	バンコク	特別SOM
	4/25-27	バンコク	SOM
	7/18-20	バンコク	SOM
	7/22-23	バンコク	第27回AMM
	11/2-5	バンダルスリブガワン	SOM
1995	1/4-7	バンコク	SOM
	1/5-8	プーケット(タイ)	特別SOM
	1/5-6	バンコク	SOM
	3/17-19	シンガポール	特別SOM
	4/2	杭州(中国)	SOM
	5/19-20	バンダルスリブガワン	SOM
	6/11-12	バンコク	SOM
	7/24-26	バンダルスリブガワン	SOM
	7/29-30	バンダルスリブガワン	第28回AMM
	11/23-24	ジャカルタ	SOM
1996	1/8-10	バリ(インドネシア)	SOM
	4/8-10	スラバヤ(インドネシア)	特別SOM
	5/7-9	ジョグジャカルタ(インドネシア)	SOM
	7/8	ジャカルタ	非公式SOM
	7/17-18	ジャカルタ	SOM
	7/20-21	ジャカルタ	第29回AMM
	10/18-19	クアラルンプール	SOM
1997	3/3-4	コタキナバル(マレーシア)	SOM
	4/24-25	クチン(マレーシア)	特別SOM
	7/21-22	クアラルンプール	SOM
	7/24-25	クアラルンプール	第30回AMM
	11/8-10	マニラ	SOM
1998	3/22-23	ナスブ(フィリピン)	SOM
	5/19	マニラ	特別SOM
	7/21-22	マニラ	SOM
	7/24-25	マニラ	第31回AMM
	10/9-10	シンガポール	SOM
	12/8-9	ハノイ	首脳会議のためのSOM
1999	3/12-13	シンガポール	SOM
	5/18-19	シンガポール	特別SOM
	7/20-21	シンガポール	SOM
	7/23-24	シンガポール	第32回AMM
	10/11-12	バンコク	SOM
2000	3/16	ホアヒン(タイ)	SOM
	5/15-16	バンコク	特別SOM
	7/17-19	バンコク	SOM
	7/21-22	バンコク	SOM
	7/24-25	バンコク	第33回AMM

出所：ASEAN事務局図書館データベース，*Annual Report*，SOMの議事録(*SOM Report*)，新聞報道などをもとに筆者作成。
注：開催日程は入手した資料で確認できるもののみ記載。上記以外にもSOMは開催されていると推察される。参照した資料のなかで開催日の記載違い(数日のずれ)と開催場所の違いがあったため，公式資料である*SOM Report*と*Annual Report*の順に記載を優先した。ASEAN＋3 SOMなど，域外協力のためのSOMやSOM作業部会(Working Group)は省略した。便宜上，AMMの開催日程も記載した。

付表3　AMMの討議事項

AMM	年	内容	項目数	パーセント
AMM 1	1967	ASEAN設立	1	33.3%
		次期AMM	1	33.3%
		経済・文化・社会協力	1	33.3%
		合計	3	100.0%
AMM 2	1968	出席者等	2	28.6%
		経済・文化・社会協力	4	57.1%
		次期AMM	1	14.3%
		合計	7	100.0%
AMM 3	1969	出席者等	1	11.1%
		フィリピン・マレーシア国交	1	11.1%
		経済・文化・社会協力	5	55.6%
		次期AMM・謝辞	2	22.2%
		合計	9	100.0%
AMM 4	1971	出席者等	3	23.1%
		開会スピーチ	2	15.4%
		地域的団結	1	7.7%
		経済・文化・社会協力	4	30.8%
		次期AMM・謝辞	3	23.1%
		合計	13	100.0%
AMM 5	1972	出席者等	3	17.6%
		開会スピーチ	4	23.5%
		地域的団結・強靱性	1	5.9%
		中央事務局設置問題	1	5.9%
		経済・文化・社会協力	4	23.5%
		域外協力	1	5.9%
		フィリピン外相病状回復祈願	1	5.9%
		次期AMM・謝辞	2	11.8%
		合計	17	100.0%
AMM 6	1973	出席者等	3	18.8%
		開会スピーチ	1	6.3%
		経済・文化・社会協力	4	25.0%
		インドシナ	1	6.3%
		域外協力	3	18.8%
		中央事務局設置問題	1	6.3%
		次期AMM・謝辞	3	18.8%
		合計	16	100.0%
AMM 7	1974	出席者等	4	21.1%
		開会スピーチ	2	10.5%
		経済・文化・社会協力	3	15.8%
		域外協力	4	21.1%
		中央事務局設置問題	2	10.5%
		ASEAN憲章	1	5.3%
		次期AMM・謝辞	3	15.8%
		合計	19	100.0%
AMM 8	1975	出席者等	3	13.0%
		開会スピーチ	2	8.7%
		経済・文化・社会協力	8	34.8%
		域外協力	5	21.7%
		中央事務局設置問題	1	4.4%
		次期AMM・謝辞	4	17.4%
		合計	23	100.0%
AMM 9	1976	出席者等	3	10.7%
		開会スピーチ	3	10.7%
		首脳会議	4	14.3%
		ZOPFAN	1	3.6%
		経済・文化・社会協力	8	28.6%
		域外協力	2	7.1%
		東チモール	1	3.6%
		フィリピンの台風	1	3.6%
		中央事務局設置問題	2	7.1%
		次期AMM・謝辞	3	10.7%
		合計	28	100.0%
AMM 10	1977	出席者等	3	12.0%
		開会スピーチ	5	20.0%
		首脳会議	1	4.0%
		協和宣言・バンコク宣言	2	8.0%
		ZOPFAN	1	4.0%
		インドシナ	1	4.0%
		経済・文化・社会協力	4	16.0%
		域外協力	3	12.0%
		国際情勢	2	8.0%
		次期AMM・謝辞	3	12.0%
		合計	25	100.0%
AMM 11	1978	出席者等	4	10.3%
		開会スピーチ	6	15.4%
		ZOPFAN	1	2.6%
		インドシナ	2	5.1%
		経済・文化・社会協力	12	30.8%
		域外協力	9	23.1%
		ASEAN事務局長交代	2	5.1%
		次期AMM・謝辞	3	7.7%
		合計	39	100.0%
AMM 12	1979	出席者等	5	8.8%
		開会スピーチ	7	12.3%
		インドシナ情勢	6	10.5%
		ZOPFAN	3	5.3%
		難民問題	9	15.8%
		年次報告書	2	3.5%
		ASEAN協力	5	8.9%
		域外協力	11	19.3%
		国際経済問題	4	7.0%
		非政府団体との協力	2	3.5%
		次期AMM	1	1.8%
		謝辞	2	3.5%
		合計	57	100.0%
AMM 13	1980	出席者等	5	7.8%
		開会スピーチ	8	12.5%
		インドシナ情勢	8	12.5%
		ZOPFAN	3	4.7%
		難民問題	7	10.9%
		麻薬問題	1	1.6%
		ASEAN協力	14	21.9%
		域外協力	8	12.5%
		国際経済問題	4	6.3%
		非政府団体との協力	4	6.3%
		謝辞	2	3.1%
		合計	64	100.0%

AMM	年	内容	項目数	パーセント	AMM	年	内容	項目数	パーセント
AMM 14	1981	出席者等	6	8.6%	AMM 18	1985	出席者等	5	6.6%
		開会スピーチ	8	11.4%			開会スピーチ	4	5.3%
		ASEAN レビュー	3	4.3%			ASEAN 協力	9	11.8%
		カンプチア情勢	14	20.0%			域外協力	8	10.5%
		難民問題	5	7.1%			カンプチア情勢	16	21.1%
		ASEAN 協力	13	18.6%			難民問題	9	11.8%
		中東情勢	1	1.4%			ZOPFAN	1	1.3%
		域外協力	9	12.9%			麻薬	2	2.6%
		国際経済問題	7	10.0%			国際経済問題	10	13.2%
		非政府団体との協力	1	1.4%			軍備縮小	2	2.6%
		次期 AMM	1	1.4%			ナミビア	1	1.3%
		謝辞	2	2.9%			アフリカ経済情勢	1	1.3%
		合計	70	100.0%			中東	1	1.3%
AMM 15	1982	出席者等	6	9.0%			アフガニスタン	1	1.3%
		開会スピーチ	5	7.5%			ASEAN 事務局	3	3.9%
		ASEAN レビュー	2	3.0%			次期 AMM	1	1.3%
		カンプチア情勢	11	16.4%			謝辞	2	2.6%
		難民問題	6	9.0%			合計	76	100.0%
		レバノン情勢	1	1.5%	AMM 19	1986	出席者等	5	5.9%
		国際経済問題	5	7.5%			開会スピーチ	7	8.2%
		ASEAN 協力	17	25.4%			第3回首脳会議	2	2.4%
		域外協力	4	6.0%			カンプチア情勢	15	17.6%
		国際システム再検討	1	1.5%			難民問題	9	10.6%
		非政府団体との協力	3	4.5%			ZOPFAN	2	2.4%
		ASEAN 事務局	3	4.5%			ASEAN 協力	6	7.1%
		次期 AMM	1	1.5%			麻薬	4	4.7%
		謝辞	2	3.0%			女性の地位向上	1	1.2%
		合計	67	100.0%			域外協力	12	14.1%
AMM 16	1983	出席者等	6	9.2%			国際経済問題	9	10.6%
		開会スピーチ	5	7.7%			南南協力委員会	1	1.2%
		カンプチア情勢	14	21.5%			ASEAN タスクフォース	1	1.2%
		難民問題	7	10.8%			軍備縮小	2	2.4%
		国際経済問題	11	16.9%			アフリカ経済情勢	1	1.2%
		ASEAN 協力	10	15.4%			西アジア	1	1.2%
		域外協力	6	9.2%			アフガニスタン	1	1.2%
		ASEAN タスクフォース	2	3.1%			非政府団体との協力	1	1.2%
		ASEAN 事務局	1	1.5%			ASEAN 事務局	2	2.4%
		次期 AMM	1	1.5%			次期 AMM	1	1.2%
		謝辞	2	3.1%			謝辞	2	2.4%
		合計	65	100.0%			合計	85	100.0%
AMM 17	1984	出席者等	5	6.3%	AMM 20	1987	出席者等	5	6.8%
		開会スピーチ	9	11.3%			開会スピーチ	9	12.3%
		ASEAN レビュー	3	3.8%			第3回首脳会議	3	4.1%
		カンプチア情勢	15	18.8%			カンプチア情勢	10	13.7%
		難民問題	9	11.3%			難民問題	5	6.9%
		ASEAN 協力	8	10.0%			ZOPFAN	1	1.4%
		域外協力	10	12.5%			ASEAN 協力	6	8.2%
		国際経済問題	9	11.3%			非政府団体との協力	1	1.4%
		ASEAN タスクフォース	2	2.5%			麻薬	2	2.7%
		ZOPFAN	1	1.3%			域外協力	13	17.8%
		西アジア	1	1.3%			国際経済問題	8	11.0%
		非政府団体との協力	3	3.8%			南南協力委員会	1	1.4%
		ASEAN 事務局	2	2.5%			軍備縮小	3	4.1%
		次期 AMM	1	1.3%			西アジア	1	1.4%
		謝辞	2	2.5%			アフガニスタン	1	1.4%
		合計	80	100.0%			ASEAN 事務局	1	1.4%
							次期 AMM	1	1.4%
							謝辞	2	2.7%
							合計	73	100.0%

付　表

AMM	年	内容	項目数	パーセント
AMM 21	1988	出席者等	5	7.4%
		開会スピーチ	1	1.5%
		カンプチア情勢	5	7.4%
		JIM	2	2.9%
		難民問題	7	10.3%
		第3回首脳会議	1	1.5%
		ZOPFAN/SEANWFZ	1	1.5%
		ASEAN 協力	6	8.8%
		対フィリピン経済支援	1	1.5%
		非政府団体との協力	4	5.9%
		麻薬	3	4.4%
		アジア太平洋協力―人材育成	1	1.5%
		域外協力	9	13.2%
		国際経済問題	11	16.2%
		軍備縮小	2	2.9%
		西アジア	2	2.9%
		アフガニスタン	3	4.4%
		ASEAN 事務局	1	1.5%
		次期 AMM	1	1.5%
		謝辞	2	2.9%
		合計	68	100.0%
AMM 22	1989	出席者等	5	5.7%
		開会スピーチ	6	6.9%
		中ソ関係	1	1.1%
		カンプチア情勢	5	5.7%
		JIM	3	3.4%
		難民問題	11	12.6%
		第3回首脳会議	3	3.4%
		ASEAN 協力	7	8.0%
		対フィリピン経済支援	1	1.1%
		非政府団体との協力	1	1.1%
		麻薬	4	4.6%
		アジア太平洋協力―人材育成	1	1.1%
		域外協力	13	14.9%
		国際経済問題	9	10.3%
		軍備縮小	4	4.6%
		西アジア	2	2.3%
		アフガニスタン	2	2.3%
		南アフリカ	2	2.3%
		アジア太平洋協力	1	1.1%
		ASEAN 事務局	3	3.4%
		次期 AMM	1	1.1%
		謝辞	2	2.3%
		合計	87	100.0%
AMM 23	1990	出席者等	5	6.5%
		開会スピーチ	1	1.3%
		国際情勢	4	5.2%
		カンプチア情勢	7	9.1%
		難民問題	7	9.1%
		ZOPFAN/SEANWFZ	1	1.3%
		第3回首脳会議	2	2.6%
		ASEAN 事務局	3	3.9%
		ASEAN 協力	6	7.8%
		ASEAN 経済協力条約の提案	1	1.3%
		非政府団体との協力	1	1.3%
		麻薬	1	1.3%
		アジア太平洋協力―人材育成	1	1.3%
		域外協力	8	10.4%
		APEC	2	2.6%
		国際経済問題	5	6.5%
		南南協力(G15)	1	1.3%
		東南アジアの安全保障情勢	1	1.3%
		国際安全保障と軍備縮小	6	7.8%
		東欧・中欧	1	1.3%
		中東	3	3.9%
		レバノン	1	1.3%
		イラン・イラク	2	2.6%
		アフガニスタン	1	1.3%
		南アフリカ	3	3.9%
		次期 AMM・謝辞	3	3.9%
		合計	77	100.0%
AMM 24	1991	出席者等	6	9.2%
		開会スピーチ	2	3.1%
		国際・地域情勢	7	10.8%
		カンプチア情勢	7	10.8%
		難民問題	6	9.2%
		中東	3	4.6%
		南アフリカ	3	4.6%
		国際経済問題	9	13.8%
		ASEAN 域内協力	10	15.4%
		自由貿易地域創設	1	1.5%
		第4回首脳会議	1	1.5%
		域外協力	4	6.2%
		韓国の域外対話国・PMCの参加	1	1.5%
		APEC	1	1.5%
		EAEG	1	1.5%
		次期 AMM・謝辞	3	4.6%
		合計	65	100.0%
AMM 25	1992	出席者等	7	12.7%
		開会スピーチ	1	1.8%
		国際・地域情勢	10	18.2%
		カンプチア情勢	5	9.1%
		難民問題	2	3.6%
		中東	2	3.6%
		南アフリカ	1	1.8%
		第10回 NAM	1	1.8%
		国際経済問題	10	18.2%
		第4回首脳会議	2	3.6%
		ASEAN 事務総長選出	2	3.6%
		ASEAN 域内協力	5	9.1%
		域外協力	1	1.8%
		APEC	1	1.8%
		EAEC	1	1.8%
		ASEAN 設立25周年	1	1.8%
		次期 AMM・謝辞	3	5.5%
		合計	55	100.0%
AMM 26	1993	出席者等	1	3.2%
		政治・安全保障協力	8	25.8%
		国際・地域情勢	6	19.4%
		人権	3	9.7%
		国際経済問題	5	16.1%
		AFTA	2	6.5%
		機能協力	1	3.2%
		ASEAN 事務局再編	1	3.2%
		域外協力	1	3.2%
		EAEC	2	6.5%
		APEC	1	3.2%
		合計	31	100.0%
AMM 27	1994	出席者等	1	3.1%
		政治・安全保障協力	4	12.5%
		国際・地域情勢	9	28.1%
		国際経済問題	3	9.4%
		APEC	1	3.1%
		EAEC	1	3.1%
		AFTA	1	3.1%
		他の経済協力	1	3.1%
		機能協力	4	12.5%
		ASEAN 基金	1	3.1%
		ASEAN の旗	1	3.1%
		域外協力(対話国関係)	2	6.3%
		域外協力(非対話国関係)	1	3.1%
		域外協力(ラオス・ベトナム)	1	3.1%
		第5回首脳会議	1	3.1%
		合計	32	100.0%

付表

AMM	年	内容	項目数	パーセント
AMM 28	1995	出席者等	3	8.3%
		政治・安全保障協力	4	11.1%
		国際・地域情勢	9	25.0%
		第5回首脳会議	1	2.8%
		アジア欧州会合(ASEM)	1	2.8%
		国際経済問題	5	13.9%
		AFTA	3	8.3%
		他の経済協力	2	5.6%
		EAEC	1	2.8%
		APEC	1	2.8%
		機能協力	3	8.3%
		域外協力(対話国関係)	2	5.6%
		域外協力(非対話国関係)	1	2.8%
		合計	36	100.0%
AMM 29	1996	出席者等	1	1.8%
		第5回首脳会議	2	3.6%
		政治・安全保障協力	17	30.9%
		経済協力(AFTA, 他, EAEC, APEC)	14	25.5%
		ASEAN共通時間帯	1	1.8%
		機能協力	11	20.0%
		域外協力(ASEM 他)	9	16.4%
		合計	55	100.0%
AMM 30	1997	出席者等	1	1.8%
		第5回首脳会議	5	8.8%
		政治・安全保障協力	7	12.3%
		地域・国際情勢	11	19.3%
		経済協力(AFTA 他)	9	15.8%
		国際経済問題(APEC, ASEM, EAEC 他)	11	19.3%
		機能協力	7	12.3%
		域外協力	5	8.8%
		ASEAN事務総長選出	1	1.8%
		合計	57	100.0%
AMM 31	1998	出席者等	1	1.6%
		第5回首脳会議	6	9.4%
		政治・安全保障協力	4	6.3%
		地域・国際情勢	18	28.1%
		経済協力(AFTA 他)	8	12.5%
		国際経済問題(APEC, ASEM, EAEC 他)	9	14.1%
		機能協力	14	21.9%
		域外協力	4	6.3%
		合計	64	100.0%
AMM 32	1999	出席者等	4	7.1%
		ASEAN外相会議リトリート	5	8.9%
		共同ASEANロードショー	1	1.8%
		第5回首脳会議	2	3.6%
		経済協力(AFTA 他)	7	12.5%
		政治・安全保障協力	4	7.1%
		機能協力	10	17.9%
		域外協力	2	3.6%
		ASEAN事務局の役割	1	1.8%
		地域・国際情勢	13	23.2%
		国際経済問題	7	12.5%
		合計	56	100.0%
AMM 33	2000	出席者等	3	4.7%
		包括的開発アジェンダ	10	15.6%
		政治・安全保障協力	6	9.4%
		地域・国際情勢	14	21.9%
		東アジア協力	2	3.1%
		強靱性と統合を通した持続可能な復興	10	15.6%
		国際経済問題	2	3.1%
		APEC	1	1.6%
		ASEM	1	1.6%
		市民中心アプローチ	9	14.1%
		域外協力	6	9.4%
		合計	64	100.0%

出所:AMM の共同声明から筆者作成.
注:パーセントの合計は小数点以下を四捨五入した.

参考文献

1. 日本語文献

赤根谷達雄(1992)『日本のガット加入問題——レジーム理論の分析視角による事例研究』東京大学出版会

石田淳(2000)「コンストラクティヴィズムの存在論とその分析射程」『国際政治』第124号　11-26頁

宇佐美誠(2000)『決定』社会科学の理論とモデル4　東京大学出版会

菊池努(1995)『APEC——アジア太平洋新秩序の模索』日本国際問題研究所

吉川元(1994)『ヨーロッパ安全保障協力会議(CSCE)——人権の国際化から民主化支援への発展過程の考察』三嶺書房

黒柳米司(1983)「ASEAN15年の政治的総括——国益と地域主義の相克」『国際問題』No. 275(1983年2月)　17-28頁

――(1992)「カンボジア紛争終結過程とASEAN諸国——「ポスト・カンボジア」への教訓」岡部達味編『ポスト・カンボジアの東南アジア』日本国際問題研究所

――(1997)「等身大のASEAN像を求めて」『国際政治』第116号　1-16頁

佐藤考一(2003)『ASEANレジーム』勁草書房

鈴木早苗(2000)「APECの議長国制度——1993-1995年における米国・インドネシア・日本の議長国運営」『国際関係論研究』第14号　27-49頁

――(2003)「緩やかな協議体における議長国制度の意義——APECとサミットを事例として」『国際政治』第132号　138-52頁

――(2006)「2005年の東南アジア・東アジア地域協力とASEAN議長国・マレーシアの采配」『ワールドトレンド』第127号　35-40頁

――(2007)「ASEAN憲章(ASEAN Charter)策定に向けた取り組み——賢人会議(EPG)による提言書を中心に」『アジア経済』第48巻第6号　72-81頁

――(2008)「ASEAN憲章の策定——第13回首脳会議における憲章署名までの道のり」『ワールドトレンド』第150号　43-50頁

――(2011)「ASEANにおける組織改革——憲章発効後の課題」山影進編『新しいASEAN——地域共同体とアジアの中心性を目指して』アジア経済研究所

田川正人(1988)「カンボジア問題をめぐるASEANの政治協力——結束の形成・維持の論理」東京大学大学院総合文化研究科修士論文

パリバトラ，スクンバン(1987)「ASEANとカンボジア紛争」高坂正堯，ロバート・ス

カラピーノ編『アジアで政治協力は可能か』人間の科学社
船橋洋一(1980)『サミットの思想』朝日新聞社
──(1991)『サミットクラシー』朝日新聞社
──(1995)『アジア太平洋フュージョン』中央公論社
三浦聡(2000)「行為の論理と制度の理論」『国際政治』第 124 号　27-44 頁
村瀬信也(1987)「ASEAN と国際法──域内協力体制の法形態」安田信之編『ASEAN 法──その諸相と展望』アジア経済研究所
最上敏樹(1996)『国際機構論』東京大学出版会
山影進(1980)「東南アジア連合成立過程分析」『東南アジア研究』第 18 巻第 1 号　3-21 頁
──(1991)『ASEAN──シンボルからシステムへ』東京大学出版会
──(1997a)「アジア太平洋経済協力の制度化にみられる特徴──ASEAN と APEC の組織原理と運営原則を中心に」『世界法年報』第 16 号　2-33 頁
──(1997b)『ASEAN パワー』東京大学出版会
──(2001)「ASEAN の基本理念の動揺」山影進編『転換期の ASEAN──新たな課題への挑戦』日本国際問題研究所
──(2008)「ASEAN の変容──東南アジア友好協力条約の役割変化からみる」『国際問題』No. 576(2008 年 11 月)　1-12 頁
──(編)(1999)『ASEAN 資料集成 1967-1996』日本国際問題研究所
山本吉宣(1995)「協調的安全保障の可能性──基礎的な考察」『国際問題』No. 425(1995 年 8 月)　2-20 頁
──(1996)「国際レジーム論──政府なき統治を求めて」『国際法外交雑誌』第 95 巻第 1 号　1-53 頁
──(2008)『国際レジームとガバナンス』有斐閣
湯川拓(2009)「ASEAN 研究におけるコンストラクティヴィズム的理解の再検討──「ASEAN Way」概念の出自から」『国際政治』第 156 号　55-68 頁
──(2011)「ASEAN における規範──論争から変容へ」山影進編『新しい ASEAN──地域共同体とアジアの中心性を目指して』アジア経済研究所
渡部茂己(1985)「コンセンサス決議の国際法上の意義」『法学紀要』第 27 巻　203-39 頁

2. 英語文献

Abdullah (1998) Opening Statement of H. E. Dato' Seri Abdullah Ahmad Badawi, Minister of Foreign Affairs of Malaysia, the 31st ASEAN Ministerial Meeting, Manila, Philippines, 24 July. (http://www.aseansec.org/3921.htm) 2008 年 8 月 29 日ダウンロード

Acharya, Amitav (1995) 'A Regional Security Community in Southeast Asia?,' *Journal of*

Strategic Studies, 18(3): 175-200.

――(1997) 'Ideas, Identity and Institution-Building from the "ASEAN Way" to the "Asia-Pacific Way",' *The Pacific Review*, 10(3): 319-46.

――(2001) *Constructing a Security Community in Southeast Asia: ASEAN and the Problem of Regional Order*. London and New York: Routledge.

Aditjondro, George J. (1997) 'A Poisoned 30th Birthday Present for ASEAN: Suharto's Intimate Relationships with the Burmese Military Junta,' in Ralph Bachoe and Debbie Stothard (eds.), *From Consensus to Controversy: ASEAN's Relationship with Burma's SLORC*. Bangkok: Alternative Asean Network on Burma (ALTSEAN-BURMA).

Antolik, Michael (1990) *ASEAN and the Diplomacy of Accommodation*. New York: M. E. Sharpe.

Bailey, Sydney D. (1988) *The Procedure of the UN Security Council*, 2nd edition. New York: Clarendon Press.

Buszynski, Leszek (1998) 'Thailand and Myanmar: The Perils of "Constructive Engagement",' *The Pacific Review*, 11(2): 290-305.

Buzan, Barry (1991) *People, States and Fear: An Agenda for International Security Studies in the Post-Cold War Era*, 2nd ed. Hemel Hempstead: Harvester Wheatsheaf.

Caballero-Anthony, Mely (1998) 'Mechanism of Dispute Settlement: The ASEAN Experience,' *Contemporary Southeast Asia*, 20(1): 38-66.

Castro, Renato De (1989) *Decision Making in Regional Organization: The EC and ASEAN Experiences*. Manila: Foreign Service Institute, Department of Foreign Affairs.

Chanda, Nayan (1986) *Brother Enemy: The War after the War*. San Diego: Harcourt Brace Jovanovich.

Chongkittavorn, Kavi (1997) 'The Evolution of "Constructive Engagement",' in Ralph Bachoe and Debbie Stothard (eds.), *From Consensus to Controversy: ASEAN's Relationship with Burma's SLORC*. Bangkok: Alternative Asean Network on Burma (ALTSEAN-BURMA).

Cohen, Benjamin J. (1983) 'Balance-of-Payments Financing: Evolution of a Regime,' in Stephen D. Krasner (ed.), *International Regimes*. Ithaca and London: Cornel University Press.

Cox, Gary W., and Mathew D. McCubbins (2005) *Setting the Agenda: Responsible Party Government in the U.S. House of Representatives*. Cambridge: Cambridge University Press.

Crone, Donald (1998) 'Southeast Asia: A Year When High Ambition Was Challenged,' *Southeast Asian Affairs 1998*, 3-17. Singapore: Institute of Southeast Asian Studies.

Duffield, John S. (2003) 'The Limits of "Rational Design",' *International Organization*, 57

(2): 411-30.
Emmers, Ralf (2003) *Cooperative Security and the Balance of Power in ASEAN and the ARF*. London: RoutledgeCurzon.
Finlayson, Jack A., and Mark W. Zacher (1983) 'The GATT and the Regulation of Trade Barriers: Regime Dynamics and Functions,' in Stephen D. Krasner (ed.), *International Regimes*. Ithaca and London: Cornel University Press.
Finnemore, Martha, and Kathryn Sikkink (1998) 'International Norm Dynamics and Political Change,' *International Organization*, 52(4): 887-917.
Franck, Thomas M. (1988) 'Legitimacy in the International System,' *The American Journal of International Law*, 82(4): 705-59.
Funston, John (1998) 'Thai Foreign Policy: Seeking Influence,' *Southeast Asian Affairs 1998*, 292-306. Singapore: Institute of Southeast Asian Studies.
Garrett, Geoffrey, and Barry R. Weingast (1993) 'Ideas, Interests and Institutions: Constructing the European Community's Internal Market,' in Judith Goldstein and Robert O. Keohane (eds.), *Ideas and Foreign Policy: Beliefs, Institutions, and Political Change*. Ithaca: Cornell University Press.
Gehring, Thomas (1992) *Dynamic International Regimes: Institutions for International Environmental Governance*. Frankfurt: Peter Lang.
Haacke, Jürgen (1999) 'The Concept of Flexible Engagement and the Practice of Enhanced Interaction: Intramural Challenges to the "ASEAN Way",' *The Pacific Review*, 12(4): 581-611.
——(2003) *ASEAN's Diplomatic and Security Culture: Origins, Development and Prospects*. London and New York: Routledge.
——(2006) *Myanmar's Foreign Policy: Domestic Influences and International Implications*. Adelphi Paper No. 381. London: The International Institute for Strategic Studies.
Hampson, Fen Osler with Michael Hart (1995) *Multilateral Negotiations: Lessons from Arms Control, Trade, and the Environment*. Baltimore and London: The Johns Hopkins University Press.
Hayes-Renshaw, Fiona, and Helen Wallace (1997) *The Council of Ministers*. Basingstoke: Macmillan.
Ho, Albert H. L. (ed.) (1988) *A Compilation of ASEAN Decisions and Guidelines*. Jakarta: ASEAN Secretariat.
Hoang Anh Tuan (1996) 'ASEAN Dispute Management: Implications for Vietnam and an Expanded ASEAN,' *Contemporary Southeast Asia*, 18(1): 61-80.
Hurd, Ian (1999) 'Legitimacy and Authority in International Politics,' *International Organization*, 53(2): 379-408.

Huxley, Tim (1993) *Insecurity in the ASEAN Region.* London: Royal United Services for Defence Studies.

Irvine, David (1982) 'Making Haste Less Slowly: ASEAN from 1975,' in Alison Broinowski (ed.), *Understanding ASEAN.* London: Macmillan Press.

Jervis, Robert (1982) 'Security Regimes,' *International Organization,* 36(2): 357-78.

Jorgensen-Dahl, Arnfinn (1976) 'ASEAN 1967-1976: Development or Stagnation?' *Pacific Community,* 7(4): 519-35.

Kaufmann, Johan (1996) *Conference Diplomacy: An Introductory Analysis.* London: Macmillan Press.

Keohane, Robert O. (1989) *International Institutions and State Power: Essays in International Relations Theory.* Boulder: Westview Press.

Khong Kim Hoong and Abdul Razak Abdullah (1987) 'Security Co-operation in ASEAN,' *Contemporary Southeast Asia,* 9(2): 129-39.

Koremenos, Barbara, Charles Lipson and Duncan Snidal (2001) 'The Rational Design of International Institutions,' *International Organization,* 55(4): 761-99.

Krasner, Stephen D. (1983) 'Structural Causes and Regime Consequences: Regimes as Intervening Variables,' in Stephen D. Krasner (ed.), *International Regimes.* Ithaca and London: Cornel University Press.

Kratochwil, Friedrich, and John Gerald Ruggie (2001) 'International Organization: A State of the Art on an Art of the State,' in Lisa L. Martin and Beth A. Simmons (eds.), *International Institutions.* Cambridge, Mass. and London: The MIT Press.

Kroef, Justus M. Van Der (1981) 'ASEAN, Hanoi, and the Kampuchean Conflict: Between "Kuantan" and a "Third Alternative",' *Asian Survey,* 21(5): 515-35.

Kurus, Bilson (1995) 'ASEAN Triad: National Interest, Consensus-Seeking and Economic Cooperation,' *Contemporary Southeast Asia,* 16(4): 404-20.

Lau Teik Soon (1983) 'National Threat Perceptions of Singapore,' in Charles E. Morrison (ed.), *Threats to Security in East Asia-Pacific: National and Regional Perspectives.* Lexington: D. C. Health and Company.

Leifer, Michael (1980) *Conflict and Regional Order in South-East Asia.* Adelphi Paper No. 162. London: The International Institute for Strategic Studies.

——(1983) *Indonesia's Foreign Policy.* London: George Allen and Unwin.

——(1989) *ASEAN and the Security of South-East Asia.* London and New York: Routledge.

——(1992) 'Debating Asian Security: Michael Leifer Responds to Geoffrey Wiseman,' *The Pacific Review,* 5(2): 167-69.

Luhulima, C. P. F. (2000) 'Re-assessment of ASEAN Non-Intervention Principle,' *The In-*

donesian Quarterly, 28(2): 125-30.

MacIntyre, Andrew J. (1987) 'Interpreting Indonesian Foreign Policy: The Case of Kampuchea 1979-1986,' *Asian Survey*, 27(5): 515-34.

Mahbubani, Kishore (1983/84) 'The Kampuchean Problem: A Southeast Asian Perception,' *Foreign Affairs*, 62(2): 407-25.

March, James G., and Johan P. Olsen (1989) *Rediscovering Institutions: The Organizational Basis of Politics*. New York: Free Press.

Martin, Lisa L., and Beth A. Simmons (eds.) (2001) *International Institutions: An International Organization Reader*. Cambridge: The MIT Press.

M'Bow, Amadou-Mahtar (1978) 'The Practice of Consensus in International Organizations,' *International Social Science Journal*, 30(4): 893-903.

Moravcsik, Andrew (1999) 'A New Statecraft? Supranational Entrepreneurs and International Cooperation,' *International Organization*, 53(2): 267-306.

Müller, Harald (1993) 'The Internalization of Principles, Norms, and Rules by Governments: The Case of Security Regimes,' in Volker Rittberger (ed.), *Regime Theory and International Relations*. Oxford: Charendon Press.

Nair K K (1984) *ASEAN-Indochina Relations since 1975: The Politics of Accommodation*. Canberra: The Strategic and Defence Studies Centre, Research School of Pacific Studies, Australian National University.

Narine, Shaun (1999) 'ASEAN into the Twenty-First Century: Problems and Prospects,' *The Pacific Review*, 12(3): 357-80.

Nischalke, Tobias Ingo (2000) 'Insights from ASEAN's Foreign Policy Cooperation: The "ASEAN Way", a Real Spirit or a Phantom?' *Contemporary Southeast Asia*, 22(1): 89-112.

――(2002) 'Does ASEAN Measure Up? Post-Cold War Diplomacy and the Idea of Regional Community,' *The Pacific Review*, 15(1): 89-117.

Ohn Gyaw (1997) Opening Statement by H. E. U Ohn Gyaw, Minister for Foreign Affairs of Myanmar, the 30th ASEAN Ministerial Meeting, Kuala Lumpur, Malaysia, 24-25 July.(http://www.asean.org/communities/asean-political-security-community/item/opening-statement-by-he-u-ohn-gyaw-minister-for-foreign-affairs-of-myanmar）2013 年 8 月 2 日ダウンロード

Paribatra, Sukhumbhand (1987) *From Enmity to Alignment: Thailand's Evolving Relations with China*. Bangkok: Institute of Security and International Studies.

Putnam, Robert D., and Nicholas Bayne (1987) *Hanging Together: The Seven Power Summits*. Cambridge, Mass.: Harvard University Press.（ロバート・パットナム／ニコラス・ベイン　山田進一訳(1986)『サミット――先進国首脳会議』TBS ブリタニカ）.

Riker, William H. (1986) *The Art of Political Manipulation.* New Haven: Yale University Press.

Risse, Thomas (2000) '"Let's Argue!" Communicative Action in World Politics,' *International Organization*, 54(1): 1-39.

Risse, Thomas, and Kathryn Sikkink (1999) 'The Socialization of International Human Rights Norms into Domestic Practice: Introduction,' in Thomas Risse, Stephen C. Ropp and Kathryn Sikkink (eds.), *The Power of Human Rights: International Norms and Domestic Change.* Cambridge: Cambridge University Press.

Romulo, P. Carlos (1979) *The Challenges of the 80s.* Manila: Department of Foreign Affairs.

Siazon, L. Domingo, Jr. (1997) Opening Statement by H. E. Domingo L. Siazon, Jr., Secretary of Foreign Affairs, the 30th ASEAN Ministerial Meeting, Kuala Lumpur, Malaysia, 24-25 July. (http://www.aseansec.org/4001.htm) 2008年8月29日ダウンロード

Snitwongse, Kusuma (2001) 'Thai Foreign Policy in the Global Age: Principle or Profit?' *Contemporary Southeast Asia*, 23(2): 189-212.

Sohn, Louis B. (1974) 'United Nations Decision-Making: Confrontation and Consensus?' *Harvard International Law Review*, 15: 438-45.

Surin (1998) Opening Statement by His Excellency Dr. Surin Pitsuwan, Minister of Foreign Affairs of Thailand, the 31st ASEAN Ministerial Meeting, Manila, Philippines, 24 July. (http://www.aseansec.org/3925.htm) 2008年8月26日ダウンロード

Tallberg, Jonas (2003) 'The Agenda-Shaping Powers of the EU Council Presidency,' *Journal of European Public Policy*, 10(1): 1-19.

―― (2010) 'The Power of the Chair: Formal Leadership in International Cooperation,' *International Studies Quarterly*, 54(1): 241-65.

Thambipillai, Pushpa (2000) 'Challenge to the ASEAN Way: Musyawarah and Non-Interference,' *Kajian Malaysia (Journal of Malaysian Studies)*, 18(1-2): 157-70.

Thambipillai, Pushpa, and J. Saravanamuttu (1985) *ASEAN Negotiaions: Two Insights.* Singapore: Institute of Southeast Asian Studies.

Thayer, Carlyle A. (1999) 'Re-inventing ASEAN: From Constructive Engagement to Flexible Intervention,' *Harvard Asia Pacific Review*, 3(2): 67-70.

Tilman, Robert O. (1984) *The Enemy Beyond: External Threat Perceptions in the ASEAN Region.* Research Notes and Discussions Paper No. 42. Singapore: Institute of Southeast Asian Studies.

Viraphol, Sarasin (1983) 'National Threat Perceptions: Explaining the Thai Case,' in Charles E. Morrison (ed.), *Threats to Security in East Asia-Pacific: National and Regional Perspectives.* Lexington: D. C. Health and Company.

Wallace, Helen (1985) 'The Presidency of the Council of Ministers of the European Community: Tasks and Evolution,' in Colm O'Nuallain and Jean-Mac Hoscheit (eds.), *The Presidency of the European Council of Ministers*. London, Sydney, Dover and New Hampshire: Croom Helm.

Weatherbee, Donald E. (1984) 'ASEAN Regionalism: The Salient Dimension,' in Karl D. Jackson and M. Hadi Soesastro (eds.), *ASEAN Security and Economic Development*. Berkeley: Institute of East Asian Studies, University of California.

Wilson, Dick (1975) *The Neutralization of Southeast Asia*. New York: Praeger Publishers.

Young, Oran R. (1989) *International Cooperation: Building Regimes for Natural Resources and the Environment*. Ithaca and London: Cornel University Press.

―― (1991) 'Political Leadership and Regime Formation: On the Development of Institutions in International Society,' *International Organization*, 45(3): 281-308.

Zainal Abidin bin Abdul Wahid (1983) 'Malaysian Threat Perceptions and Regional Security,' in Charles E. Morrison (ed.), *Threats to Security in East Asia-Pacific: National and Regional Perspectives*. Lexington: D. C. Health and Company.

Zemanek, Karl (1983) 'Majority Rule and Consensus Technique in Law-Making Diplomacy,' in R. St. J. Macdonald and Douglas M. Johnston (eds.), *The Structure and Process of International Law: Essays in Legal Philosophy, Doctrine and Theory*. Dordrecht: Martinus Nijhoff Publishers.

3. 定期刊行物

『朝日新聞』
『日本経済新聞』
『毎日新聞』
『読売新聞』
月報：『東南アジア月報』
年報：『アジア動向年報』

Asia Pulse
Asiaweek
BBC Monitoring Service, Asia-Pacific
BP: Bangkok Post
BT(M): Business Times (Malaysia)
BT(S): Business Times (Singapore)
DR: Daily Report, Foreign Broadcast Information Service (FBIS), Asia & Pacific (〜June

1987), *East Asia*（～August 1996）
FEER: Far Eastern Economic Review
JP: Jakarta Post
Kompas
Manila Bulletin
Nation
Newsweek
NST: New Straits Times
Reuter News
South China Morning Post
ST: Straits Times
Star

4. 公文書

ASEAN

AEM（1982）*Joint Press Release of the Fourteenth ASEAN Economic Ministers Meeting.* Singapore, 11-13 November.

――（2010）*Joint Media Statement of the 42nd ASEAN Economic Ministers' Meeting.* Da Nang, Viet Nam, 24-25 August.（http://www.aseansec.org/25084.htm）2011 年 7 月 13 日ダウンロード

AMM（1997-2000）*Joint Comminique.*（http://www.aseansec.org/19471.htm）2010 年 7 月 15 日ダウンロード

――（2005）*Joint Communique of the 38th ASEAN Ministerial Meeting.* Vientiane, Laos, 26 July.（http://www.aseansec.org/18781.htm）2011 年 1 月 28 日ダウンロード

ASC（1968）*Minutes, Decisions and Summary of the First, Second, Third Sessions of the Standing Committee and of the First Meeting of the Heads of the ASEAN National Secretariats,* Vol. 1. February, Djakarta, Indonesia.

――（1972）*Report of the Fourth Session of the ASEAN Standing Committee.* Singapore, 19-20 January.

――（1973）*Report of the Third Meeting of the ASEAN Standing Committee.* Jakarta, Indonesia, 28 December.

――（1974）*Report of the Fifth Meeting of the ASEAN Standing Committee.* Jakarta, Indonesia, 2 May.

ASEAN（1976）*Agreement on the Establishment of the ASEAN Secretariat.* Bali, Indonesia, 24 February.（http://www.aseansec.org/1265.htm）2012 年 10 月 20 日ダウンロード

――(1977) *Report of the Special Meeting of the ASEAN Foreign Ministers*. Manila, the Philippines, 24 February.

――(1982-83) *Annual Report*. Jakarta: ASEAN Secretariat.

――(1983) *Report of ASEAN Task Force to the 16th Ministerial Meeting*. Kuala Lumpur: Institute of Strategic and International Studies (ISIS).

――(1985) *Report of the Sepcial Meeting of the ASEAN Foreign Ministers*. Bangkok, Thailand, 11-12 February.

――(1992a) *Singapore Declaration of 1992*. Singapore, 28 January. (http://www.aseansec.org/5120.htm) 2009 年 5 月 8 日ダウンロード

――(1992b) *Framework Agreement on Enhancing ASEAN Economic Cooperation*. Singapore, 28 January. (http://www.aseansec.org/5125.htm) 2011 年 3 月 6 日ダウンロード

――(1993-94) *Annual Report*. Jakarta: ASEAN Secretariat.

――(1995) *Bangkok Summit Declaration of 1995*. Bangkok, Thailand, 14-15 December. (http://www.aseansec.org/5189.htm) 2008 年 3 月 7 日ダウンロード

――(1996a) *Press Statement, The First Informal ASEAN Heads of Government Meeting*. Jakarta, Indonesia, 30 November. (http://www.aseansec.org/5206.htm) 2008 年 8 月 28 日ダウンロード

――(1996b) *Twenty-Ninth ASEAN Ministerial Meeting (AMM), Post Ministerial Conferences with Dialogue Partners (PMC) and Third ASEAN Regional Forum (ARF)*. 20-21 July. Jakarta: ASEAN Secretariat.

――(1997a) *Press Statement of the 2nd ASEAN Informal Meeting of Heads of State/Government of the Member States of ASEAN*. Kuala Lumpur, Malaysia, 15 December. (http://www.aseansec.org/1816.htm) 2008 年 8 月 29 日ダウンロード

――(1997b) *ASEAN Vision 2020*. Kuala Lumpur, Malaysia, 15 December. (http://www.asean.org/news/item/asean-vision-2020) 2013 年 8 月 2 日ダウンロード

――(1998) *Ha Noi Declaration of 1998*. Ha Noi, Vietnam, 16 December. (http://www.aseansec.org/8752.htm) 2009 年 12 月 28 日ダウンロード

――(1999) *Chairman's Press Statement on ASEAN 3rd Informal Summit*. Manila, the Philippines, 28 November. (http://www.aseansec.org/5300.htm) 2010 年 10 月 21 日ダウンロード

――(2000a) *Press Statement by Chairman, 4th ASEAN Informal Summit*. Singapore, 25 November. (http://www.aseansec.org/5310.htm) 2010 年 10 月 21 日ダウンロード

――(2000b) *The ASEAN Troika*. Bangkok, Thailand, 24-25 July. (http://www.aseansec.org/3637.htm) 2008 年 8 月 26 日ダウンロード

――(2001) *Press Statement by the Chairman of the 7th ASEAN Summit and the Three ASEAN + 1 Summits*. Bandr Seri Begawan, Brunei Darussalam, 6 November. (http://

www.aseansec.org/5316.htm）2010 年 10 月 21 日ダウンロード
——（2002）*Press Statement by the Chairman of the 8th ASEAN Summit, the 6th ASEAN + 3 Summit and the ASEAN-China Summit*. Phnom Penh, Cambodia, 4 November.（http://www.aseansec.org/13188.htm）2010 年 10 月 21 日ダウンロード
——（2003）*Handbook on Selected ASEAN Political Documents*. Jakarta: ASEAN Secretariat.
——（2007）*Charter of Association of Southeast Asian Nations*. Singapore, 20 November.（http://www.aseansec.org/21069.pdf）2008 年 6 月 11 日ダウンロード
——（2010）*Chairman's Statement of the 16th ASEAN Summit "Towards the Asean Community: From Vision to Action"*. Ha Noi, Vietnam, 9 April.（http://www.aseansec.org/24509.htm）2011 年 1 月 22 日ダウンロード
——（2011）*Chair's Statement of the 19th ASEAN Summit*, Bali, Indonesia, 17 November.（http://www.aseansec.org/documents/19th%20summit/CS.pdf）2012 年 3 月 1 日ダウンロード
SOM（1972a）*First Meeting of Committee of Senior Officials*. Kuala Lumpur, Malaysia, 6–8 July.
——（1972b）*Second Meeting of Committee of Senior Officials*. Jakarta, Indonesia, 18–20 December.
——（1973）*Third Meeting of the Committee of Senior Officials*. Baguio City, the Philippines, 20–22 June.
——（1974）*Fourth Meeting of Committee of Senior Officials*. Singapore, 14–16 March.
——（1975a）*First Meeting of ASEAN Senior Officials to Consider the Establishment of ASEAN Secretariat*. Pattaya, Thailand, 6–8 January.
——（1975b）*Meeting of the Committee of Senior Officials Prior to the Eighth ASEAN Ministerial Meeting*. Kuala Lumpur, Malaysia, 10–12 May.
——（1976a）*The Third Pre-ASEAN Summit Senior Officials' Meeting*. Manila, the Philippines, 8–10 January.
——（1976b）*Report of the Meeting of Senior Officials on the Reorganization of ASEAN*. Manila, the Philippines, 21–22 May.
——（1976c）*Report of the Second Meeting of the Senior Officials on the Reorganization of ASEAN*. Manila, the Philippines, 21–22 June.
——（1980a）*Report of the ASEAN Senior Officials Meeting*. Manila, the Philippines, 30–31 July.
——（1980b）*Report of the ASEAN Senior Officials Meeting*. Manila, the Philippines, 25–27 August.
——（1981a）*Report of the ASEAN Senior Officials Meeting*. Puerto Azul, Ternate Cavite,

the Philippines, 5–7 January.
──(1981b) *Report of the ASEAN Senior Officials Meeting*. Singapore, 19–20 August.
──(1982) *Report of the ASEAN Senior Officials Meeting*. Singapore, 20–21 May.
──(1983) *Report of the ASEAN Senior Officials Meeting*. Jakarta, Indonesia, 4–5 November.
──(1984a) *Report of the ASEAN Senior Officials Meeting*. Jakarta, Indonesia, 5–6 July.
──(1984b) *Report of the ASEAN Senior Officials Meeting*. Bangkok, Thailand, 27–28 December.
──(1986) *Report of the ASEAN Senior Officials Meeting*. Manila, the Philippines, 13–14 January.
──(1987) *Report of the ASEAN Senior Officials Meeting*. Singapore, 7–8 May.
──(1988) *Report of the ASEAN Senior Officials Meeting*. Bangkok, Thailand, 2–3 June.
──(1989) *Report of the ASEAN Senior Officials Meeting*. Bandar Seri Begawan, Brunei Darussalam, 26–27 May.
──(1992) *Report of the Meeting of the ASEAN Senior Officials*. Manila, the Philippines, 17–19 July.
──(1994) *Report of the ASEAN Senior Officials Meeting*. Bangkok, Thailand, 18–20 July.
──(1995a) *Report of the ASEAN Senior Officials Meeting*. Bandar Seri Begawan, Brunei Darussalam, 19–20 May.
──(1995b) *Report of the ASEAN-SOM Working Group on ZOPFAN and SEANWFZ*. Jakarta, Indonesia, 20–21 November.

その他
外務省(2004)「東南アジアにおける友好協力条約」(http://www3.mofa.go.jp/mofaj/gaiko/treaty/pdf/B-H1617-006.pdf) 2011年3月3日ダウンロード
APEC (1989) *Chairman's Summary Statement, First APEC Ministerial Meeting*. Camberra, Australia, 6–7 November.
──(1997) *APEC Ministerial Statement on Membership, Ninth APEC Ministerial Meeting*. Vancouver, Canada, 21–22 November.
──(2007) *Fifteenth APEC Economic Leaders' Meeting, "Strengthening Our Community, Building a Sustainable Future."* Sydney, Australia, 9 September.
──(2010) *2010 Leaders' Declaration, Yokohama Declaration, "The Yokohama Vision – Bogor and Beyond."* Yokohama, Japan, 13–14 November.
DFA(1975) *Institutionalizing the ASEAN*. Manila: Department of Foreign Affairs, Republic of the Philippines.
FSI(1997) *Philippine Foreign Policy Statements of Rodolfo C. Severino, Undersecretary of*

Foreign Affairs. Manila: Foreign Service Institute, Department of Foreign Affairs, Republic of the Philippines.

MFAM (1979) *Foreign Affairs Malaysia*, 12(1)-(4). Kuala Lumpur: Ministry of Foreign Affairs, Malaysia.

——(1980) *Foreign Affairs Malaysia*, 13(1). Kuala Lumpur: Ministry of Foreign Affairs, Malaysia.

MFAT (1985) *Documents on the Kampuchean Problem 1979-1985*. Bangkok: Department of Political Affairs, Ministry of Foreign Affairs, Thailand.

——(1988) *Thailand Foreign Affairs Newsletter*, September. Bangkok: Information Department, Ministry of Foreign Affairs, Thailand.

——(1989) *Thailand Foreign Affairs Newsletter*, July. Bangkok: Information Department, Ministry of Foreign Affairs, Thailand.

——(1998) *Thailand's Non-Paper on the Flexible Engagement Approach*. 27 July. Washington: Ministry of Foreign Affairs, Thailand.（http://www.thaiembdc.org/pressctr/pr/pr743.htm）2008年8月29日ダウンロード

5．インタビュー（敬称略）

アジット・シン（Ajit Singh，元ASEAN事務総長）
　2006年4月5日　於クラン，マレーシア
アリ・アラタス（Ali Alatas，元インドネシア外務大臣）
　2007年3月27日　於ジャカルタ，インドネシア
ガザリ・シャフィ（Muhammad Ghazali Shafie，元マレーシア外務大臣）
　2006年7月28日　於スバンジャヤ，マレーシア
カミル・ジャファール（Ahmad Kamil Jaafar，元マレーシア外務事務次官）
　2005年12月21日　於クアラルンプール，マレーシア
ザイナル・アビディン・スロン（Zainal Abidin Sulong，元マレーシア外務事務次官）
　2006年7月25日　於クアラルンプール，マレーシア
ナナ・ストレスナ（Nana Sutresna，元インドネシア外務省政治局長）
　2007年4月3日　於ジャカルタ，インドネシア
ヌグロホ・ヴィシュヌムルティ（Nugroho Wisnumurti，元インドネシア外務事務次官）
　2007年3月21日　於ジャカルタ，インドネシア
マルズキ・ダルスマン（Marzuki Darusman，ASEAN人権メカニズム作業部会会長）
　2007年4月11日　於ジャカルタ，インドネシア
モフタル・クスマアトマジャ（Mochtar Kusmaatmadja，元インドネシア外務大臣）
　2007年5月2日　於ジャカルタ，インドネシア

あとがき

　本書は 2011 年に東京大学大学院総合文化研究科（国際社会科学専攻）に提出した博士論文「緩やかな協議体における議長国制度——ASEAN の意思決定を事例として」を加筆修正したものである．ASEAN 諸国の利害はたびたび対立してきたにもかかわらず，なぜ合意が成立するのか．しかも，その合意が最大公約数的合意の形をとらない場合があるのはなぜなのか．本書はこうした問題意識にもとづいて，議長国制度というルールにもとづく利害調整を実証分析したものである．

　博士論文のタイトルから分かるように，私の関心は国際合意形成における議長国の役割や影響力にあり，ASEAN は国際合意を形成するレジームの一事例でしかなかった．もともと国家が地域統合を志向するのはなぜかという点に興味を持ち，学部生のときに AIKOM（Abroad in Komaba）という東京大学教養学部の留学プログラムで英国に留学する機会を得て，EU 研究に触れることになった（思えば，この留学が研究者の道に進むきっかけを与えてくれたのかもしれない）．EU 研究で最も興味を引いたのは，地域統合の進め方をめぐって加盟諸国の意見が異なり，EU の諸制度は加盟国間の妥協の産物だという点である．留学後，アジアでも APEC という名の下に行われる協力に何を期待するのかをめぐって加盟諸国が対立していた．貿易自由化の進め方はその典型である．そこで，加盟国間の利害対立の結果，APEC はどのような地域制度になっているのかを卒業論文の問いに据えて事実関係を整理し始めると，利害調整において議長国の動向が重要なのではないかという感触を得た．これが私と議長国との出会いである．卒業論文では APEC の議長国について，修士論文では G7 サミット（現在の G8 サミット）の議長国が意思決定に与える影響について分析した．博士論文まで議長国との付き合いが続いたのは，意思決定における議長国の影響力について納得できる答えを見いだせなかったからである．本書の校正作業で読み返すと，まだ不完全な箇所が多く，十分な答えを見いだせた

とはいえないが，読者の方々のご批判を仰ぐためにも，この辺りで世に問うことにする．

　私がASEANに関心を持つようになったのは，博士論文の指導教官である山影進先生（現・青山学院大学）がASEAN研究の第一人者だったからではない．その理由は，日本貿易振興機構アジア経済研究所（アジ研）に入所し，ASEANを分析対象とするようになったことにある．特定の国を研究対象にする研究者が多いアジ研で，ASEANという国際組織を対象にする研究者は少ない．私も入所当初はマレーシアを担当していた．しかし，国際合意形成のメカニズムに興味がある私の思いにアジ研は応えてくれた．最初にマレーシアとご縁があったために，ごく自然な流れとして「東南アジア」という地域とその地域の国際組織であるASEANにたどりついた．そのASEANについて卒業論文から関心のあった議長国の影響力を分析しようと思い，それが博士論文のテーマとなっていった．しかし，博士論文を書き終えるあたりから，議長国よりはASEANそのものに関心を持つようになってきている．

　アジ研から調査研究のために，マレーシアとインドネシアに滞在する機会を与えられたときに，タイやシンガポール，フィリピンなど他の東南アジア諸国にも赴き，資料収集やインタビューを実施した．膨大な量の公式文書のあるEUと比べて，ASEANの公式文書は少ないが，公式文書には記されていない不文律のルールや共通了解が利害調整に重要なことは明らかであり，そうした不文律のルールや共通了解を発見する鍵はインタビューにあった．集団的意思決定に臨むとき，加盟諸国の政策担当者はどういう意図を持ち，どう行動したのか．インタビューにのぞむ前に私は回答を予想して質問項目を作っていたが，その予想は次々と覆され，用意していた質問のいくつかは取るに足りないものになっていた．最初は試行錯誤の連続で苦労したが，インタビューを実施するたびに新たな発見があり，ゾクゾク興奮したのを覚えている．東南アジア諸国を訪問するまでは，私にとって論文執筆は基本的に机の上での作業だった．その作業が重要でないわけではないが，実証分析に不可欠なのは現地に行くことだと改めて認識させられた（ちなみに，こうした現地主義はアジ研の研究スタイルの一つでもある）．

なお，本書の一部はすでに下記の論文として成果を発表している．

「ASEAN のコンセンサス形成における制度的要因——国際レジーム論再考に
　向けて」『アジア経済』第 50 巻第 11 号　64-84 頁（2009 年）
「ベトナムのカンボジア侵攻に対する ASEAN コンセンサス形成と議長国の役
　割」『アジア経済』第 51 巻第 12 号　22-54 頁（2010 年）

　本書のベースとなった博士論文を完成させることができたのは，ひとえに指導教官だった山影先生のご尽力のおかげである．先生には東京大学教養学部に在籍したときからのご縁で，卒業論文・修士論文の執筆もご指導いただいた．論文指導を目的とした先生のゼミ（山影ゼミ）での発表では，自分でも何を主張したいのか分からないほど，しどろもどろになることがたびたびだった．山影先生は，私の弱点を知り尽くしながらも余計な手助けをすることなく，私が自分の主張を整理できるのを辛抱強く待ってくださった．山影先生に出会えたことが，研究者としての今日の私を支えているといっても過言ではない．

　また，私が学んだ東大の駒場キャンパスには多くの得難い先生方がおられた．古城佳子先生と石田淳先生，田中明彦先生，遠藤貢先生には博士論文の審査委員会のメンバーとして貴重なコメントをいただいた．古城先生には国際制度論のゼミに参加させていただき，国際制度に関する基本的な考え方を学んだ．また，石田先生には，博士論文の審査の過程で，議長の権限について貴重なご助言をいただいた．本書の出版にあたって博士論文を加筆修正する際にも，先生方からいただいたコメントが大変参考になった．ここに感謝の意を表したい．

　また，山影ゼミとアジ研の方々には本当にお世話になった．山影ゼミの当時の院生（既に教職にある方がほとんど）には数多くの有益なコメントをいただき，大変お世話になった．とくに，岡田晃枝さんや増原綾子さん，湯川拓さんは，ゼミ終了後も時間を割いて相談にのってくださった．アジ研の中村正志さんも分析枠組みの構築に悩む私に参考文献を紹介してくれ，的確なアドバイスをくださった．また，紙幅の都合上，お名前を挙げられないが，アジ研の東南アジア各国の研究者は，各国の事情に不慣れな私に，各国の国内政治における「常識」を教えてくれ，資料収集にも協力くださった．その他，アジ研の図書館や

事務部門，編集部門のみなさんにも，資料収集や海外調査などで多大な協力をいただいた．

海外調査にあたっては，客員研究員として私を受入れてくれたマレーシアの戦略国際問題研究所(ISIS)とインドネシアの戦略国際問題研究所(CSIS)には，資料収集やインタビューの実施において便宜を図ってもらった．特に，CSISの故 Hadi Soesastro 前所長には ASEAN 事務局とのパイプを作ってくださり，貴重な資料を入手するきっかけをいただいた．ここに感謝の意を表するとともに，氏の冥福を祈りたい．その他，ASEAN 事務局図書館，マラヤ大学図書館，シンガポール国立大学図書館，東南アジア研究所(シンガポール)図書館，バンコクポスト新聞社資料部，フィリピン外務省図書館，フィリピン大学図書館から資料収集上の便宜を受けた．

本書の出版にあたっては，大平正芳記念財団から環太平洋学術研究助成費をいただくことができた．同財団の関係者および選考委員会の先生方に御礼申し上げる．また，東京大学出版会の奥田修一氏は，論文の内容に対して有益なコメントを下さり，最終段階の加筆修正に大変参考になった．また，入念に原稿を確認して，ケアレスミスを指摘してくださり，編集作業を円滑に進めることができた．ここに感謝の意を表する．

最後に，本書の出版をサポートしてくれた家族に御礼を言いたい．本書の出版に向けた作業は出産後まもなく始まったため，父・鈴木孝尚と母・直子が老体にむち打ち，子供の面倒をみてくれた．また，夫・中山和郎とその両親にも協力を得ることができた．こうした彼らの支えがなければ，育児で手一杯のこの時期に本書を出版することは不可能だっただろう．心から感謝している．目標に向かってひたむきに努力することの大切さを教えてくれた姉・鈴木美紀の冥福を祈るとともに，息子・中山楽人の健やかな成長を祈っている．

2013 年 11 月

鈴木　早苗

人名索引

ア 行

アーサ（Asa Sarasin） 150
アウンサンスーチー（Aung San Suu Kyi） 126, 131, 136, 142, 150, 152-53, 156
アウンシュエ（Aung Shwe） 153
アキノ（Corazon C. Aquino） 105
アジット・シン（Ajit Singh） 139-140, 144
アブドラ（Abdullah Ahmad Badawi） 130, 132, 135, 137-38, 140, 142, 144-45, 147, 152, 157-58
アラタス（Ali Alatas） 111-12, 116, 118, 128, 132-34, 137-39, 145-46, 157-59
アンワル（Anwar Ibrahim） 152, 154
アンワル・サニ（Anwar Sani） 89
イエン・サリ（Ieng Sary） 86
ヴァルトハイム（Kurt Waldheim） 88
ウン・フォト（Ung Huot） 143
エストラーダ（Joseph Estrada） 153
オンジョー（Ohn Gyaw） 135, 142

カ 行

ガザリ（Muhammad Ghazali Shafie） 82, 89, 92-93, 97, 117
カストロ（Pascificado Castro） 34
カセーム（Kasem S. Kasemsri） 113, 134, 139
キュー・サンパン（Khieu Samphan） 89
クリアンサック（Kriangsak Chammanand） 79, 82
ゴー（Goh Chok Tong） 138-39, 147
コーブサック（Kobsak Chutikul） 157

サ 行

ザイナル・アビディン・スロン（Zainal Abidin Sulong） 101
シアソン（Domingo L. Siazon） 139, 147, 152-53, 156-59
シアヌーク（Norodom Sihanouk） 85-87, 89-91, 96, 103, 105-06, 113-15, 118, 122, 143
シティ（Siddhi Savetsila） 83-85, 87-88, 92-93, 97, 99, 101-02, 104, 106, 112, 114, 116-18
ジャヤクマル（S. Jayakumar） 147-48, 159
スクンパン（Sukhumbhand Paribatra） 157
スハルト（Suharto） 63, 69, 79, 81, 88, 96, 99, 126, 133, 135-39, 151
スリン（Surin Pitsuwan） 129, 147, 154-55, 157, 159-60
ズン（Van Tien Dung） 104
セベリノ（Rodolfo C. Severino） 141
ソン・サン（Son Sann） 85-86, 89-91

タ 行

タク（Nguyen Co Thach） 82-83, 85, 87-88, 92-93, 98-99, 109, 112
タナット（Thanat Khoman） 27
ダナバラン（Suppiah Dhanabalan） 88, 90-91, 107-08, 111, 114
ダルソノ（Hartono Rekso Dharsono） 69
タンシュエ（Than Shwe） 135, 138, 140, 142, 153
チーマウン（Kyi Maung） 136
チャーチャーイ（Chatichai Choonhavan） 116-18, 128
チャワリット（Chavalit Yongchaiyudh） 151
チュアン（Chuan Leekpai） 126, 128, 133, 154
ドン（Pham Van Dong） 79

ハ 行

バンハーン（Banharn Silpa-archa） 133-34, 137
ヒエン（Phan Hien） 80
フセイン（Hussein Onn） 79, 81-84
プラソン（Prasong Soonsiri） 129
プラチュアップ（Prachuab Chaiyasarn） 141, 152
プレム（Prem Tinsulanonda） 82-84, 86, 101, 116
フン・セン（Hun Sen） 114-17, 143, 145-46

ヘン・サムリン(Heng Samrin) →ヘン・サムリン政権(事項索引)

マ 行

マハティール(Mahathir Mohamad)　85, 91, 101, 131, 135-38, 140-41, 145, 151
マリク(Adam Malik)　27, 63, 69
マルコス(Ferdinand E. Marcos)　63, 81, 84, 105, 126
ムハンマド・アッサーフィー(Mohamed Essaafi)　88
ムルダニ(Benny Murdani)　98, 104
モフタル(Mochtar Kusumaatmadja)　78-79, 82, 86-88, 91, 95-99, 101-02, 104-12

ヤ 行

ユスフ・ワナンディ(Jusuf Wanandi)　151-52

ラ 行

ラウレル(Salvador H. Laurel)　105
ラザク(Abdul Razak Hussein)　27
ラジャラトナム(Sinnathamby Rajaratnam)　27, 79, 85, 90-92
ラナリット(Prince Norodom Ranariddh)　143, 145-46
ラモス(Narciso Ramos)　27
ラモス(Fidel V. Ramos)　139, 151, 153
リー(Lee Kuan Yew)　69, 86, 91
リタウディン(Tengku Ahmad Rithauddeen)　46, 80-81, 87-88, 100-01, 104-05, 108
ロムロ(Carlos P. Romulo)　63, 85-86, 88-89, 93
ロムロ(Roberto R. Romulo)　133

事項索引

ア 行

アジア太平洋経済協力(会議)(APEC) 7, 11-12, 22-23, 30-31, 37-40, 48, 130, 136, 147, 176-79
ASEANアピール 18, 95-100, 109, 120, 124, 168-69
ASEANウェイ 7-8
ASEAN協和宣言 1, 28-29, 33, 68
ASEAN経済閣僚会議(AEM) 28, 33, 35, 45, 70, 130
ASEAN憲章 2, 7, 23, 25, 29, 34, 45, 60, 63-64, 72, 170, 173-74
ASEAN国内事務局(長)(会議) 27, 34, 62, 65-66, 69, 141, 143
ASEAN事務局 2, 15, 20-22, 26, 28, 34-35, 53-55, 59-73, 144, 166, 169-71, 173
ASEAN事務局設置協定 15, 28, 60, 65-69, 73
ASEAN(事務局)事務総長 15, 28, 66-67, 69, 140-41
ASEAN自由貿易地域(AFTA) 139, 141
ASEAN首脳会議 18, 26, 28, 33-35, 38, 45-47, 65, 68, 70, 105, 132-39, 143-44, 146, 148, 158-60, 162-64, 174-75
ASEAN常駐代表委員会(CPR) 173-74
ASEAN常任委員会(ASC) 27-28, 34-35, 38, 60-63, 65-66, 68-70, 78-80, 127, 129, 137, 143, 174
ASEAN設立宣言 27, 29, 31, 46-47
ASEAN第二協和宣言 29, 174
ASEAN対話者 99, 101-07, 109, 117
ASEAN地域フォーラム(ARF) 2, 179
ASEAN10 18-19, 125-26, 132-33, 135-37, 142, 145, 148, 161, 164
ASEAN特別外相会議 31-34, 47, 78-79, 100, 103, 105, 107, 140-42, 144
ASEANトロイカ 149-50, 159-62, 169
ASEAN非公式外相会議 32-34, 47, 69, 80-81, 87-88, 90-93, 97, 99, 110, 136, 140, 145-47, 152, 160
ASEAN+3 2, 175, 179
アフリカ連合(AU) 177-78
意思決定手続き 2-5, 7-9, 13, 21-23, 29-31, 41, 174
インドシナ3カ国外相会議 84, 88-89, 96, 102, 104, 107
インドシナ紛争 →カンボジア紛争
「インドシナを戦場から市場へ」 116, 128
インドネシア 1, 14-21, 27-28, 38, 45-48, 55-56, 59-73, 76-80, 82-83, 85-92, 95-124, 126-28, 130, 133-34, 136-39, 142-46, 148, 151, 157-58, 160, 162, 164, 166, 169-72, 174-76, 179
インドネシア国軍 98, 104, 124
英国 11, 32, 40, 133
欧州安全保障協力会議(CSCE)／欧州安全保障協力機構(OSCE) 8, 11, 159
欧州連合(EU) 11, 23, 30, 37-38, 138, 144, 152, 159, 177-78
オブザーバー 53, 127-32, 134, 143

カ 行

会議外交 23, 36, 39, 179-80
カクテル・パーティー案 105-11, 114, 116, 120-23, 169, 171-72
カレン族 151, 154
韓国 2, 40, 130
関税及び貿易に関する一般協定(GATT) 30
間接対話構想 18, 100-03, 105-06, 120, 169
カンプチア国際会議(ICK) 85, 87-89, 96-98
カンプチアに関するSOM作業部会 97, 103, 111, 148
カンボジア(カンプチア) 1-2, 16-18, 26, 40, 46-47, 53, 55-56, 75-82, 84-89, 91-93, 95-96, 99-100, 104-09, 113-15, 117-19, 125-27, 129-38, 141-48, 155, 159-63, 166, 168-69, 171-72, 175-76

カンボジア人民党(CPP)　143, 145
カンボジア(インドシナ)紛争　53, 75-77, 79, 82-85, 89, 92-93, 95-97, 100-01, 103-05, 107-08, 110, 112, 117-19, 123, 125, 142, 172
カンボジア紛争の包括的政治解決に関する協定(パリ和平協定)　119, 145
議事運営　23-26, 36, 39, 41-44, 47-51, 54, 59, 70-71, 75, 77, 79, 85, 89, 114, 119, 122, 124-25, 137, 149, 156, 158, 161, 163-65, 167, 172, 174-75, 177-78
議長国ゲスト　127-31, 143
共産主義　76, 89
拒否権　8, 13-17, 20-22, 24-25, 41-43, 48, 59, 61, 63-64, 70-73, 95, 123-24, 149, 161-63, 165-67, 170-73
クアンタン原則　82-84, 120-21, 169-70
クメール人民民族解放戦線(KPNLF)　85, 89
クメール・ルージュ(KR)　76, 81, 85-91, 99, 104, 107, 114-16
建設的介入政策　154-55
建設的関与政策　150-53
高級事務レベル会合(SOM)　33-35, 47, 53-54, 66-68, 84-85, 87, 89, 91, 97, 100-03, 106, 108, 112-13, 118, 128-29, 131, 133-34, 138-39, 157, 160, 166, 174
豪州　2, 117, 175
国際監視委員会(ICC)　113, 118
国際制度　3-5, 177, 180
国際組織(機構)　1-4, 8-9, 12, 28, 30, 36-37, 64
国際平和維持軍(IPKF)　113-14
国際レジーム　→レジーム
国民民主連盟(NLD)　126, 136, 153, 157
国民和解　95-96, 100, 106
国連安全保障理事会　37, 112-13, 117, 119, 177
国連開発計画(UNDP)　177
国連環境計画(UNEP)　177
国連難民高等弁務官事務所(UNHCR)　154
国家主権　→主権
コンセンサス(制)　2-3, 6-9, 11, 13-14, 21-23, 29-31, 35-41, 123, 159-60, 173-74, 177-80

サ　行

30キロ撤退案　93-94, 96-97, 99, 120, 169

G8サミット(G7サミット)　11-12, 30-31, 37-38, 40, 177-78
ジャカルタ非公式会議(JIM)　111-22, 169, 171-72
柔軟な関与政策　155, 157-58
主権　15, 29, 38, 65-66, 77-78, 137, 179-80
主権国家　1, 3, 5, 41, 76, 165, 179-80
シンガポール　1, 14, 16, 18-20, 27, 32, 40, 45, 55-57, 59-60, 69-71, 73, 75-77, 79-80, 85-92, 97-99, 106-11, 114-16, 118, 120-23, 126-27, 133, 136, 138-41, 146-48, 151-52, 157, 159, 161-63, 169, 171-72
人権(侵害)　18-19, 53, 125-26, 138, 144, 150-51, 153-56, 175
世界貿易機関(WTO)　30, 178
ソ連　14, 16, 75-76, 82-83, 89, 112, 116, 122, 172

タ　行

タイ　1, 14, 16-20, 27, 45-46, 55-57, 60, 62-63, 65-66, 70-71, 75-90, 92-94, 96-102, 104, 106, 109-18, 120-23, 126-31, 133-34, 136-37, 139-41, 143, 146-63, 169-72
大国　12, 14, 17, 19-21, 41, 48, 64, 67, 75, 83, 112, 117, 119, 132, 138, 179
多数決(制)　7, 9, 36, 173, 177-78
中国　2, 14, 16, 53, 75-76, 78-79, 81-83, 86-90, 98-99, 105, 115-17, 126, 130, 133, 137, 150, 175
定例会議　22, 24, 27-28, 30-31, 35-36, 39-40, 42, 136, 173, 177-79
適切性の基準　41-42, 48, 59, 61, 64, 70-71, 73, 95, 123-24, 149, 162-63, 165-66, 171, 173
東南アジア10カ国会議構想　128-30, 133-34
東南アジア非核兵器地帯(SEANWFZ)条約　132-33
東南アジア友好協力条約(TAC)　1, 6, 53, 131, 143

ナ　行

内政不干渉原則　20-21, 26, 53-55, 57, 125, 149-63, 169, 172
難民　17, 53, 78-79, 108-09, 154-56

事項索引

西アフリカ諸国経済共同体(ECOWAS) 177-79
日本 2, 6, 11, 17, 40, 117, 130

ハ　行

8項目提案 107, 109
パリ和平協定 →カンボジア紛争の包括的政治解決に関する協定
東アジア経済グループ(EAEG)／東アジア経済会議(協議体)(EAEC) 14, 130
東アジアサミット 2, 175, 179
非同盟諸国(会議)(NAM) 11, 88, 92, 96, 140, 177-78
ビルマ →ミャンマー
5プラス2方式会合 92-93, 120-21, 169, 171
フィリピン 1, 15, 18, 20-21, 27, 34, 45-46, 53, 55-57, 59-64, 67-73, 77, 81, 84-85, 87-89, 93, 105, 120, 122-23, 126-29, 133, 136, 139-41, 146-53, 155-61, 163, 166, 169-72, 175-76
部分的解決(案)(カンボジア紛争の) 115-18, 120, 123, 169, 172
フランス 11, 40, 117-118, 133, 143
ブルネイ 46, 55, 77, 114, 118, 120, 123, 131, 139, 142-43, 169, 176
フンシンペック党 143, 145
米国 2, 11, 14, 32, 36, 40, 43, 87, 104-05, 133, 140-41, 175
米国・ベトナム国交正常化 101, 104-05
米州機構(OAS) 177-78
平和・自由・中立地帯(ZOPFAN) 1, 14-16, 20-21, 32, 34, 133
ベトナム 1-2, 16-19, 21, 26, 40, 45, 47, 53, 55-56, 75-122, 124-27, 129-32, 146-48, 157, 163, 166, 170, 172, 175
ヘン・サムリン政権 18, 75, 77, 81, 85, 87, 92-93, 96, 100-05, 107, 109-10, 114-17, 121
奉賀帳外交 10-12, 22
包括的(政治)解決(案)(カンボジア紛争の) 76, 96, 100, 103, 115-18, 123
ホーチミン合意 109-10

マ　行

マレーシア 1, 14-20, 27, 32, 38, 46, 53, 55-56, 59-60, 63, 65-68, 70, 76-85, 87, 89, 91-93, 97, 100-06, 108-09, 114, 116-17, 120-21, 126-42, 144-48, 151-52, 157, 160-62, 164, 167, 169-70, 175
ミャンマー(ビルマ) 2, 18-21, 26, 40, 53-56, 125-42, 144-58, 161-62, 164, 167, 169, 175-76
民主化 18-20, 56, 105, 125-126, 131, 136, 138-40, 144, 150-51, 153-56, 162, 174-76
民主カンプチア(DK) 76-77, 81, 85-87, 89, 91
民主カンプチア連合政府(CGDK) 77, 91, 96, 100-03, 105-07, 109-10, 114-16
民族自決 77, 87, 96, 101, 103-04, 115

ヤ　行

緩やかな連合政府構想 90-91

ラ　行

ラオス 2, 18, 40, 53, 55-56, 84, 92-93, 112, 125-27, 129-38, 141, 143-46, 148, 176
輪番制 26, 40, 44, 46, 48, 56, 67, 167, 174, 177-78
冷戦 18, 20, 32, 119, 125, 132
レジーム 3-12, 22-24, 27-31, 36, 38-40, 173-74, 176-79
ロヒンギャ族 127-28, 142

AEM →ASEAN経済閣僚会議
AFTA →ASEAN自由貿易地域
APEC →アジア太平洋経済協力(会議)
ARF →ASEAN地域フォーラム
ASC →ASEAN常任委員会
AU →アフリカ連合
CGDK →民主カンプチア連合政府
CPP →カンボジア人民党
CPR →ASEAN常駐代表委員会
CSCE →欧州安全保障協力会議
DK →民主カンプチア
EAEC →東アジア経済会議(協議体)
EAEG →東アジア経済グループ
ECOWAS →西アフリカ諸国経済共同体

EU →欧州連合	OAS →米州機構
GATT →関税及び貿易に関する一般協定	OSCE →欧州安全保障協力機構
ICC →国際監視委員会	SEANWFZ →東南アジア非核兵器地帯条約
ICK →カンプチア国際会議	SOM →高級事務レベル会合
IPKF →国際平和維持軍	TAC →東南アジア友好協力条約
JIM →ジャカルタ非公式会議	UNDP →国連開発計画
KPNLF →クメール人民民族解放戦線	UNEP →国連環境計画
KR →クメール・ルージュ	UNHCR →国連難民高等弁務官事務所
NAM →非同盟諸国(会議)	WTO →世界貿易機関
NLD →国民民主連盟	ZOPFAN →平和・自由・中立地帯

著者略歴

1975 年　愛知県に生まれる．
1999 年　東京大学教養学部卒業．
2009 年　東京大学大学院総合文化研究科博士課程修了．
2011 年　博士（学術）取得．
現　在　日本貿易振興機構アジア経済研究所研究員．

主要業績

「東アジア地域協力の制度的特徴——ASEAN＋3（日中韓）を事例として」平塚大祐編『東アジアの挑戦——経済統合，構造改革，制度構築』アジア経済研究所研究双書（2006 年）

「ASEAN における組織改革——憲章発効後の課題」山影進編『新しい ASEAN——地域共同体とアジアの中心性を目指して』アジア経済研究所（2011 年）

「国際制度——ASEAN」中村正志編『東南アジアの比較政治学』アジア経済研究所（2012 年）

合意形成モデルとしての ASEAN
国際政治における議長国制度

2014 年 2 月 14 日　初　版

［検印廃止］

著　者　鈴木　早苗

発行所　一般財団法人　東京大学出版会

代表者　渡辺　浩

153-0041　東京都目黒区駒場 4-5-29
http://www.utp.or.jp/
電話 03-6407-1069　Fax 03-6407-1991
振替 00160-6-59964

印刷所　株式会社平文社
製本所　牧製本印刷株式会社

© 2014 Sanae Suzuki
ISBN 978-4-13-036253-5　Printed in Japan

〈(社)出版者著作権管理機構　委託出版物〉
本書の無断複写は著作権法上での例外を除き禁じられています．複写される場合は，そのつど事前に，(社)出版者著作権管理機構（電話 03-3513-6969, FAX 03-3513-6979, e-mail: info@jcopy.or.jp）の許諾を得てください．

山影　進著	国際関係論講義	A5・2800円
最上敏樹著	国際機構論［第2版］	A5・3200円
曺　良鉉著	アジア地域主義とアメリカ	A5・7400円
寺田　貴著	東アジアとアジア太平洋	A5・5800円
青山瑠妙著	中国のアジア外交	A5・5000円
坪井善明著	ヴェトナム現代政治	四六・2700円
増原綾子著	スハルト体制のインドネシア	A5・6200円
宇佐美誠著	決定　社会科学の理論とモデル4	四六・2500円

ここに表示された価格は本体価格です．ご購入の際には消費税が加算されますのでご了承ください．